KB275184

학교를 넘어선 학교,
메트스쿨

학교를 넘어선 학교, **메트스쿨**

초판 1쇄 발행 2004년 11월 20일 | 3판 2쇄 2016년 10월 25일
글쓴이 엘리엇 레빈 | 옮긴이 서울시대안교육센터 | 편집 김건우, 김경옥 | 디자인 전인애
펴낸이 현병호 | 펴낸곳 도서출판 민들레 | 출판등록 1998년 8월 28일 제10-1632호
주소 서울시 성북구 보문로 34가길 24 | 전화 02) 322-1603 | 팩스 02) 6008-4399
이메일 mindle98@empas.com | 홈페이지 www.mindle.org

One kid at a Time _Big Lessons from a small school by Eliot Levine
Copyright ⓒ 2002 by Teachers College, Columbia University.
Photographs by Cally Robyn Wolk, copyright 2004.
Korean translation copyright ⓒ Mindle Publisher, 2004.
Korean translation right arranged with Teachers Colleges Press through Eric Yang Agency
ISBN 89-88613-11-2(03370)

학교를 넘어선 학교,
메트스쿨

엘리엇 레빈 씀
서울시대안교육센터 옮김

민들레

차례

메트스쿨은 학교로서 다닐 만한 명분, 또한 모방할 만한 명분이 충분하다. 이 학교의 설립 철학은 '참여'라는 단어 하나로 설명할 수 있다. 학교에 '참여하는' 아이들은 공부를 하기 마련이다. 반면 학교에 '참여하지 못하는' 아이들은 공부를 하지 않는다. 이는 간단한 논리이다. 메트스쿨의 공동교장인 데니스 릿키와 엘리엇 워셔가 LTI(Learning through Internship)라 부르는 '인턴십 학습'은 학생들의 참여를 이끌어내는 하나의 방법, 그 이상도 이하도 아니다. 하버드대학에 가기 위해 높은 SAT(Scholastic Aptitude Test, 대학입학 학력평가시험) 점수를 받는 것 말고는 아무 데도 쓸모없는 암기식 교육은 지양하겠다는 하나의 명분을 만든 것이다.(아참, 하버드만 비난하는 일은 그만두어야 할 듯 싶다. 사실 스탠포드 학생도 별반 다를 바 없다.) _톰 피터스(경영학자)

숨 가쁘게 변모하는 21세기의 십대들에게 학교는 무엇인가? 그들의 욕구와 필요를 양립시키는 학습은 어떤 형태여야 하는가? 이러한 우리의 고민은 다른 나라들에서도 똑같이 씨름하고 있는 문제이기도 하다. 따라서 우리가 나아갈 방향을 탐색할 때, 다른 나라들의 동향을 주시하고 연구하는 작업은 매우 중요하다. 최근 세계적으로 주목을 받고 있는 첨단 공립학교인 미국의 메트스쿨 사례는 우리 대안학교의 미래상을 그리는 데 많은 시사점을 던져준다.

2002년, 서울시대안교육센터는 메트스쿨을 집중적으로 연구하기 시작했고 그해 5월 그 사례를 중심으로 국제심포지엄을 가진 바 있다. 엘리엇 워셔 교장과 최영환 교사, 그리고 앤드류라는 학생을 초청하여 학교의 비전에서 시스템, 학습 원리에 이르기까지 폭넓게 공부할 수 있었다. 그 심포지엄을 준비하는 과정에서 이 책을 알게 되어 번역하게 되었다. 이러한 교류와 연구를 통해 터득한 인턴쉽의 개념과 원리는 그 뒤에 대안교육센터의 네트워크 현장들이 새로운 배움의 원리를 세우는 데 중요한 실마리를 제공해주었다.

메트스쿨은 미국 로드아일랜드 주 프로비던스 시에 있는 고등학교로

1996년 개교하여 지금까지 2백여 명의 졸업생을 배출했다. 이 학교에 오는 학생들 가운데는 히스패닉과 저소득 가정의 아이들이 꽤 많아서 학습 동기를 부여하는 것이 결코 만만치 않다. 메트스쿨은 작은 규모를 철칙으로 삼고 교사와 교사, 교사와 학생, 그리고 학생과 학생 간의 긴밀한 학습 공동체를 도모함으로써 그 돌파구를 찾고 있다.

우리는 왜 메트스쿨에 주목하는가? 이 물음에 대한 답은 다음 다섯 가지 정도로 요약될 수 있을 것 같다.

첫째, 공립학교인 메트스쿨은 제도의 틀 안에서 새로운 교육을 모색하고 있다는 점이다. 위기에 처한 미국의 공교육에 돌파구를 마련하기 위해 출범 때부터 로드아일랜드 주 교육청과 연계하여 대안적인 학교의 모델을 실험해온 것이다. 이러한 시도는 공교육과 대안교육이라는 이분법을 넘어 교육의 공공성과 혁신 가능성을 탐구하는 우리에게 시사하는 바가 크다고 본다.

둘째, 메트스쿨은 학교 바깥의 현실세계로 과감하게 눈을 돌린 인턴쉽 학습으로 학습 내용의 혁신을 기하고 있다는 점이다. 일률적인 교과과정에 얽매이지 않고, 사회 곳곳의 현장에 뛰어들어 거기에서 이뤄지는 활동들을 직접 관찰하거나 경험하는 학습이 강조되는 것이다. 이것은 학교 교육과 사회 현실의 괴리를 좁히고, 학생들에게 흥미를 불러일으키면서도 그들에게 꼭 필요한 교과 내용을 확보해야 하는 우리에게 큰 힘이 된다.

셋째, 그러한 학습이 학생들 개개인의 관심에서 출발하여 이뤄지는 자기주도형 학습이자 맞춤형 학습이라는 점이다. 저마다 자기의 학습계획을 짜고 길잡이 교사라고 할 수 있는 어드바이저는 각각의 프로젝트가 제대로 진행될 수 있도록 도움을 주며, 그 결과에 대한 평가 역시 포트폴리오와 공개 프리젠테이션이라는 개별화된 형식을 취하고 있다. 이는 학생들의 욕구와 사회의 요구가 점점 다원화되는 시대에 걸맞은 학습 모델을 구축하는 데 소중한 지침이 될 것이다.

넷째, 이렇듯 개별화된 학습이 매우 밀도 높은 관계망 속에서 진행된다는 점이다. 어드바이저, 멘토, 학부모, 그리고 다양한 연령의 학우들이 유기적인 팀을 이뤄 서로가 서로에게 자원이 되어주면서 함께 배워가는 것이다. 청소년들이 구체적인 과제를 중심으로 사회적 관계를 형성하고 특히 어른들과 의미 있는 만남을 가지면서 인생의 항로를 탐색해가는 메트스쿨의 모습은 교육의 토대를 리모델링하려는 우리에게 심오한 메시지가 된다.

다섯째, 메트스쿨은 자족적인 성과에 안주하지 않고 보편적인 확장 모델을 개발하고 있다는 점이다. 빅픽쳐 컴퍼니라는 연구 개발 조직과 긴밀한 관계를 맺어 그 경험들을 치밀하게 분석하고 매뉴얼로 만들어가는 것이다. 이렇듯 경험의 정보화를 통해 변화를 촉매하는 전략은 질적인 개선을 광범위하게 꾀해야 하는 우리 교육 현실에도 그대로 적용될 수 있을 것이라고 본다.

"작은 것이 아름답다." 근대 산업사회에 대한 근원적 성찰과 비판의 화두로 떠오른 이 말은 그동안 여러 가지 맥락에서 의미를 생성해왔다. 양적인 규모와 무한 확장을 지향해온 문명의 폐해는 교육에도 그대로 나타났다. 대량생산 체제를 학교에도 그대로 적용해온 결과 평균적인 지적 수준은 향상되었지만 온전한 인간의 성장에는 오히려 걸림돌이 된 측면이 많았다. 그리고 이제는 효율성마저도 심각하게 저하되는 상황에 이르렀다. 거대한 학교에서 교사와 학생은 관리의 대상으로 전락하고, 인간관계도 척박해지면서 모두가 소외되는 지경에 이른 것이다.

우리가 작은 학교에 새삼 주목하는 까닭은 그 규모 자체에서 비롯되는 관심의 밀도와 소통의 충실함 때문이다. 메트스쿨의 약진을 바라보면서 이런 생각을 해본다. 크다고 큰 것이 아니고, 작다고 작은 것이 아니라고. 커다란 외형 이면에 그 비만함 때문에 허약하게 형해화되는 경우가 있는가 하면, 자그마한 몸집이지만 그 집중력과 내실이 엄청난 혁신의 기폭제가 되는 경우를 우리는 종종 경험해왔다. 메트스쿨의 실험에서 그러한 규모의 역설을 다시금 확인하게 된다.

좀더 서둘러 출간했어야 하는데 마무리 작업이 늦어져 이제야 내놓게 되었다. 번역을 책임지고 수행한 정현선 박사의 노고에 뒤늦게나마 고마움을 전한다. 그리고 관련 정보를 제공해주신 메트스쿨의 최영환 선생님, 원고를 깔끔하게 다듬어준 민들레출판사 편집진에게 깊이 감사드린다.

서울시대안교육센터 전문연구위원
김찬호

새로운 학교가 오고 있다

아마도 이 세상에
본질적으로 재미있는 것은 없을 것이다.
지식에 흥미를 느끼게 되는 것도,
적어도 처음에는 다른 사람과의 접촉이나 대화를 통해
그 의미를 알게 될 때 가능한 것이다.
내 경우에도, 처음으로 글을 쓰고 싶다는 생각을 하게 된 것은
어떤 선생님이 나를 좋아해주기를 바랐기 때문이었다.

–마이크 로즈, 『경계에 놓인 삶』 중에서

시저는 9학년이었을 때, 커서 청부살인업자가 될 것이라고 생각했다. 시저의 경력은 만만치 않았다. 조직폭력단의 일원이었고 거리에서 잔뼈가 굵은 싸움꾼이었으며 권총을 상당히 좋아했다. 이미 가족과 친구들 수십 명이 교도소에 수감된 경험이 있거나 죽었으며, 곧 그렇게 될 운명에 놓여 있었는데, 어머니마저도 시저를 포기한 상태였다.

줄리아는 다른 학생들보다 고등학교를 일 년 일찍 시작한 우등생이었으며 어려서부터 과학자가 될 소질을 보인 학생이었다. 16살에 의과대학 부속 병원에서 간암을 연구했고, 생명공학 벤처기업에서 유전자 치료법을 개발했으며, 브라운대학에서 면역학을 공부했다. 현재는 소아과 의사가 되기 위해 대학에서 강의를 듣고 있다.

시저와 줄리아는 메트스쿨 첫 졸업생이다. 메트스쿨은 미국 로드아일랜드 주 프로비던스 시에 있는 독특한 공립학교이다. 메트스쿨에는 기존 개념의 수업이나 성적, 시험이 없지만 그렇다고 쉽게 때울 수 있는 학교는 아니다. 메트스쿨 학생들은 교사와 학교 밖 어른들의 도움을 받아 다섯 가지 학습 목표를 이루는 데 중점을 두고 자신에게 맞는 학습법을 개발한다. 다섯 가지 학습 목표란 의사소통 능력을 비롯해 사회적 사고력, 경험적 사고력, 수리적 사고력, 자기관리 능력을 기르는 것을 말한다.

학생들은 일주일에 이틀씩 자신이 관심 있는 분야에서 인턴으로 일한다. 자연보호 단체에서 인턴쉽을 하는 한 여학생은 재활용 법안을 통과시키려고 로비 활동을 했고, 오염 방지에 관한 소책자를 만들었으며, 수질 검사와 관련하여 생화학을 공부하기도 했다. 그 인턴쉽이 끝난 뒤에는 2년 동안 건축과 보건에 초점을 맞춰 인턴쉽을 했다. 하지만 메트스쿨이 직업학교는 아니다. 메트스쿨의 목표는 특정 직업에 대한 기술을 학생들에게 가르치는 것이 아니라 학생들이 다양한 분야의 학습에 흥미를 느낄 수 있도록 만드는 것이다.

메트스쿨은 다른 학교들과는 공통점이 거의 없다. 메트스쿨 학생들은 다른 학교보다 적은 양의 주제를 다루지만 심도 있게 공부한다. 다른 학교에서처럼 나이가 같은 학생들끼리 공부하는 것이 아니라 학교 안팎에서 어른들과 협력하며 공부해나간다. 시험을 보는 대신 자신이 배운 것에 대해 프리젠테이션을 한다. 그리고 학생들은 A, B, C 같은 학점으로 평가를 받는 것이 아니라 교사가 아주 상세하게 쓴 평가서를 받는다. 교사와 부모, 학생, 인턴쉽 멘토로 이루어진 개별 학생의 학습계획팀은 매 분기마다 학생의 발전 정도를 평가하고 다음 분기의 학습계획을 함께 세운다.

메트스쿨의 교육은 관계 형성에 중점을 둔다. 14명의 학생과 한 교사가 친밀하게 짜인 소모임, 이른바 '어드바이저리advisory'를 이룬다. 어드바이저리는 고등학교 4년 내내 함께한다. 교사들은 자신이 맡은 어드바이저리의 학생에 대해서만 책임을 진다. 따라서 교사들은 학생 개개인에 대해 잘 알게 되며, 학생 한 명 한 명에게 다른 학습 방법을 적용시킬 수 있다. 다른 학교와 달리, 메트스쿨 교사들은 학생이 학습이나 또는 개인 신상에 심각한 문제를 안고 있다 하더라도 충분히 도와줄 수 있는 시간이 있다.

그렇다면 비용이 많이 들 것이라는 생각을 할 수도 있겠다. 하지만 메트스쿨이 공립학교 예산으로 이 학교만의 독특한 구조를 유지하는 데는 나름의 방법이 있다. 도서관 사서나 생활상담 지도교사, 교감, 독서지도 전문교사, 미술·음악 교사 같은 특수교사 수를 줄이는 것이다. 적은 수의 교사들이 여러 가지 역할을 맡아 그 자리를 메운다. 또한 메트스쿨은 학부모나 지역사회 사람들, 지역 단체 같은 학교 밖 자원을 잘 활용한다.

메트스쿨은 경험이 많은 교육가 두 사람의 작품이다. 엘리엇 워셔는

다재다능한 교육가로 20년 이상 교사와 교육행정가, 비디오 제작자로 일했다. 그는 초등학교뿐만 아니라 중·고등학교, 대학교에서 여러 가지 과목을 가르쳤는데, 하버드 케네디 행정대학원은 엘리엇의 혁신적인 교육 개혁 노력에 상을 주기도 했다.

데니스 릿키는 로드아일랜드로 오기 20년 전부터 화제가 됐던 유명한 교장이었다. 그가 교장으로 있던 뉴햄프셔의 한 시골 고등학교는 졸업률이 80%에서 98%로, 대학 입학률이 10%에서 50%로 높아졌다. 하지만 학교 이사회는 비주류의 교육 방식을 문제삼아 데니스를 해임했다. 주 대법원에까지 간 법정 소송 끝에 데니스는 학교로 복귀할 수 있었고 1993년에는 뉴햄프셔 주의 '올해의 교장'으로 선정되기도 했다. 데니스의 개혁 노력은 『데니스 릿키 박사의 학교 발전을 위한 투쟁Doc: Dennis Littky's Fight for a Better School』과 1992년 NBC 방송국에서 제작한 영화 〈갈라진 마을A Town Torn Apart〉에 잘 나와 있다.

데니스와 엘리엇은 1994년 브라운대학의 아넨버그 학교개혁연구소에 부임했다. 그들은 곧 재능 있는 사람들을 채용했고, 주 정부의 재정 지원을 받는 새로운 지역 학교의 자치권을 얻는 것을 도와줄 후원자들을 모았다. 그들은 학교의 밑그림이 다 만들어지지 않은 상태에서 주 학생감위원회에 계획서를 제출했기 때문에 위원회의 요구대로 계획서를 수정해야 했는데, 결국 주 의회의 표결을 거쳐 자금 지원을 받게 되었다. 이런 과정을 통해 1996년에 메트스쿨이 문을 열었고 해마다 9학년 학생 50명을 받으면서 단계적으로 성장해나갔다. 지금은 두 개의 캠퍼스에서 9학년부터 12학년까지 2백 명의 학생이 공부하고 있고, 앞으로 4개의 작은 학교가 들어설 새 캠퍼스가 완공되면 학생 수는 7백 명으로 늘어날 것이다.

데니스와 엘리엇은 학생들이 흥미를 느끼는 일을 하다가 생기는 문제들을 해결해나갈 때 가장 잘 배울 수 있다는 지난 백년 동안 지속되어온 진보주의 철학에 동조한다. 그래서 그런 문제들이 일반적인 학습을 넘어서는 출발점이 되는 것이다. 물론 진보주의 철학이 학생들이 하고 싶어하는 것은 무엇이든 하도록 내버려두라는 의미로 잘못 해석되기도 한다. 하지만 메트스쿨 학생들은 학습 목표와 요구 조건을 따라야만 하고, 또 교사와 학습계획팀이 학생들의 학습 진행 상황을 면밀하게 점검한다.

최근 들어 진보적인 생각들이 힘을 얻기 시작했다. 이를 단적으로 보여주는 예로 테드 사이저 전 하버드 교육대학원 학장이 설립한 '진정한 학교의 연합The Coalition of Essential Schools'이 있다. 1980년대 사이저는 데니스를 직접 발탁하여 이 연합에 소속된 한 학교의 교장으로 임명했다. 지금은 전국적으로 천 개의 학교가 이 연합에 소속되어 있는데, 메트스쿨에 대한 구상은 이러한 운동에 뿌리를 두고 있음을 잘 보여준다.

메트스쿨의 학생은 백인 41%, 라틴계 38%, 아프리카계 18%, 아시아계 3%로 이루어져 있다. 학생 절반이 저소득 가정 출신이기 때문에 점심 식사 지원을 받고 있다. 학생 대부분이 프로비던스 시에 거주하지만 법에 따라 25%의 학생은 로드아일랜드 주의 다른 지역 출신이다. 메트스쿨의 학부모들은 네 명에 한 명꼴로 대학을 졸업한 중산층으로 화이트칼라 직업을 갖고 있다. 이들이 처음부터 대도시 저소득층 거주 지역에 있는 고등학교에 자기 아이를 보내려고 한 것은 아니었지만, 메트스쿨의 학습 방식을 높게 평가했다. 엘리엇 워셔를 비롯해서 네 명의 교직원들이 자기 아이를 메트스쿨에 보낸다.

메트스쿨이 거둔 첫 번째 성과는 매우 놀랄 만한 것이었다. 첫 졸업생 모두가 대학에 입학한 것이다. 더욱 놀라운 것은 이들 중 절반 이상이 자기 집에서 처음으로 대학생이 되었다는 사실이다. 그리고 프로비던스 시에 있는 다른 고등학교와 비교했을 때, 메트스쿨의 중퇴율은 다른 학교의 1/3이었으며, 결석률은 1/3, 정학률은 1/8에 불과했다.

이 책은 새로운 학습 접근법을 소개한다. 제1장은 메트스쿨의 세 학생의 학습 과정을 기록한 것이다. 제2장부터 제8장까지는 메트스쿨만의 독특한 학습 전략을 살펴본다. 제9장에서는 메트스쿨의 교육적 효과를 평가하며 제10장에서는 메트스쿨의 원칙을 다른 학교에 적용할 때 부딪치게 되는 어려운 점에 대해 논의한다. 마지막으로 졸업한 학생들의 이야기와 공동 교장인 데니스 릿키와 엘리엇 워셔의 후기로 끝을 맺고 있다.

나는 스펜서재단의 후원으로 하버드 교육대학원에서 이 책을 쓰기 위한 연구를 했다. 데니스와 엘리엇 공동 교장은 여러 차례에 걸쳐 인터뷰를 하는 동안 매우 솔직한 모습을 보여주었고, 학교를 방문하는 것을 결코 제한하지 않았다. 나는 2년 동안 메트스쿨 교사들을 따라다녔고, 인턴쉽 현장을 방문했으며, 학교 행사에 참석했다. 또한 학교 이곳저곳을 돌아다녔고, 학교의 기록을 살펴보았으며 학생, 교직원, 학부모, 인턴쉽 멘토들과 수백 차례 토론을 벌이기도 했다. 이미 제대로 자리잡은 학교라 하더라도 외부에서 연구자가 방문하여 집중적인 조사를 벌이고 대외적으로 결과를 발표하는 것을 반기는 학교는 거의 없다. 기존 관행에 구애받지 않는 새로 생긴 학교의 경우에도 그런 일은 매우 이례적인 것이다.

메트스쿨의 개방성은 전반적인 교육 개혁의 촉매제가 되겠다는 이 학교의 사명을 잘 반영하고 있다. 데니스와 엘리엇은 프로비던스 시에 오자마자 빅픽쳐 컴퍼니라는 비영리단체를 설립했는데, 빅픽쳐 컴퍼니의 첫 번째 프로젝트가 메트스쿨 기획이었다. 이들은 최근에 빌게이츠재단에서 받은 340만 달러의 후원금으로 전국 열두 곳에 메트스쿨의 학습 원리를 기반으로 한 학교를 세운다는 계획을 내놓았다. 또한 빅픽쳐 컴퍼니는 프로비던스 시에 K-8 차터스쿨charter school(미국 공립학교의 주요한 개혁 방안 가운데 하나로 협약charter에 따라 학부모, 교사 또는 지역사회 인사들이 참여하여 지역 교육위원회와 공동으로 운영하는 공립학교-옮긴이)을 설립하고, 교장을 대상으로 하는 훈련 프로그램을 마련했다. 시간이 지나면서 이들은 미국 교육을 좀더 공평하고 인간적이며 적절한 맞춤식 교육으로 만들어나가겠다는 목표를 세우게 되었다.

메트스쿨의 새로운 제도는 학교 개혁을 이끄는 계기가 되었다. 메트스쿨은 사람들의 열정, 전문 지식, 대중의 높은 지지가 한데 어우러져 미국 교육이 요구하는 교육적 시도와 철저한 자기평가의 전형이 되었다. 메트스쿨은 변화는 점진적이어야 한다는 통념에 의문을 제기한다. (점진적인 변화가 일어나는 동안 학생들은 뒤로 처지게 되는 것이다.) 메트스쿨은 다양한 배경의 학생 모두에게 최상의 교육을 제공하기 위해 노력한다. 메트스쿨의 야심찬 개혁과 초기에 거둔 성과는 교육을 향상시키는 데 관심 있는 사람이라면 누구나 한번 살펴볼 만한 가치가 있다.

세 학생 이야기 1

타미카와 줄리아, 시저는 메트스쿨의 첫 졸업생이었다. 나는 이들이 11학년이 된 지 얼마 되지 않았을 때, 메트스쿨을 자세히 설명하기 위한 모델로 이 아이들을 선택했다. 왜냐하면 그 아이들은 성격도 제각각이었고, 학력 수준도 매우 달랐기 때문이다. 또한 저마다 다른 독특한 길을 가고 있었는데, 그중 한 명은 내가 이 조사를 시작할 무렵에는 졸업을 할 수 있을지도 의심스러운 상태였다.

숨어 있는 능력을 찾아서 | 엘리엇 교장은 이렇게 말했다. "지금까지 타미카가 배운 것은 정말로 놀라워요. 타미카는 9학년 때 자신이 유명한 가수가 될 거라고 믿고 있었죠. 하지만 어떻게 해야 가수가 될 수 있는지는 전혀 모르고 있었어요."

메트스쿨은 가수가 되고 싶어하는 타미카의 꿈을 북돋아주기 위해 타미카에게 교가를 만들어보라고 제안했다. 타미카는 몇 달 동안 곡과 노랫말을 만들고, 노래 부를 학생들을 연습시켰으며 견본 테이프를 녹음했다. 그러고는 학교 전체 모임이 있는 자리에서 이 노래를 들려주었고, 학생들에게는 녹음 과정에 대해 설명해주었다.

타미카는 처음으로 배우면서 즐거움을 느꼈다. 중학교 시절 타미카는 일 년에 20일 정도를 결석했으나, 메트스쿨에서는 이틀 이상 결석한 적이 없다. 타미카는 이렇게 말했다. "그때는 공부에 거의 관심이 없었어요. 아침에 일어나기도 싫었고 선생님들이 나를 진심으로 챙겨주는 것 같지도 않았어요. 메트스쿨은 늘 가족처럼 나를 지지해주고 내가 앞으로 나아갈 수 있도록 도와주리라는 걸 잘 알아요."

나는 시내 남쪽에 있는 타미카네 아파트를 방문해 타미카 어머니와 이야기를 나누었다. 그때 타미카 어머니는 막 간호조무사 과정을 끝낸 참이었다. 타미카 어머니는 열일곱 살 때 타미카를 낳았는데, 그 뒤 받은 유일한 교육이 간호조무사 과정이었다. 타미카 어머니는 간호조무사 일을 해서 복지수당 받는 신세를 면하고 싶어했다.

타미카 어머니는 이렇게 말했다. "학교는 중요해요. 내 아이들이 학교에 안 가면 저처럼 무식해질 거예요. 전 아이들이 제 경험을 되풀이하지 않았으면 좋겠어요. 저는 지금 타미카가 학교에서 잘하고 있어서 너무 뿌듯해요. 메트스쿨이 타미카의 삶을 전부 바꾸어 놓았죠. 학교가 아이를 격려해줘서 학교 생활에 성공하게 된 거죠. 타미카에게 숨어 있던 재능에 불을 지펴주니까 그게 밖으로 나오게 된 거예요."

타미카의 담당 교사인 마커스는 이렇게 말했다. "타미카에게는 꿈이 있었지만 그건 그냥 꿈일 뿐이었어요. 타미카는 아버지가 안 계신데다 흑인 학생들 중에서 나이도 가장 많았어요. 그래서 자신과 가족의 생활을 돌보기 위해 애를 써야 했어요."

마커스와 다른 교사들은 학생들이 자신의 관심에 바탕을 둔 프로젝트를 개발하도록 돕는다. LTI(Learning through Internship, 인턴쉽 학습)라 알려진 이 프로젝트는 학생들이 학교 밖 현실세계에서 자극을 받아 학문적인 능력이나 개인적인 기술을 익히도록 이끄는 학습 방법이다.

타미카가 9학년 때 했던 극단 인턴쉽은 실망스런 것이었다. 왜냐하면 극단 감독이 너무 바빠 멘토 역할을 제대로 해줄 시간이 없었기 때문이다. 그리고 나서 10학년 때 그 지역에서 활동하는 배우이자 가수이며 극작가인 플로라가 연예인이나 지역 활동가들이 무대 밖에서는 어떤 활동을 하는지 가르쳐주었다. 그 일은 다음으로 이어지는 야심찬 프로젝트를 추진하는 데 중요한 발판이 되었다. 타미카는 이렇게 말했다. "플로라는 제게 많은 희망을 불어넣었어요. 우리 둘 다 별로 희망이 없어 보이는 집 안에서 태어났죠. 그래서 플로라가 성공한 것을 보면 나도 할 수 있다는 생각이 들어요. 플로라도 항상 그렇게 말해요. 우리는 지금도 꾸준히 연락해요.”

타미카는 10학년 때 다른 몇몇 학생들 그리고 멘토인 조이스 골든과 함께 지역사회 서비스 단체를 하나 만들었다. ‘틴아웃리치Teen Outreach’라는 이름의 이 단체는 돈 한 푼 없이 시작한 탓에 골든의 집 거실 말고는 모일 공간이 없었다. 그런데 18개월만에 8만 달러의 후원금을 모아 사무실을 임대하고 골든을 소장으로 임명한 뒤 천 명의 아이들에게 문화 교육 관련 프로그램을 제공했다. 타미카는 이 모든 과정에 열정적으로 참여했다.

골든은 이렇게 말했다. “타미카는 처음에는 모든 일에 서투르기만 했고, 또 자기 주장만 고집하더군요. 하지만 이제 90명이나 참가하는 규모가 큰 행사도 잘 주관하고 있습니다. 아프리카계 미국인이 우리 사회에 미치는 영향을 주제로 잡더니 스케줄을 짜고, 공연자들도 섭외하고, 홍보와 예행 연습도 잘 해내고 6명의 보조 학생들을 관리하는 일까지 아주 잘 해냈습니다. 그 다음해 타미카는 메트스쿨 졸업반 프로젝트로 어려운 여중생을 돕는 지원단체를 만들었습니다. 정말 대단했죠.”

마커스는 4년간 타미카와 함께하면서 타미카의 능력과 학습 방식을 잘 이해하게 되었다. 이는 타미카를 가르치면서 효과적인 조언을 하는 데 큰 도움이 되었다. 수학을 좀더 열심히 공부해야 하는 타미카가 틴 아웃리치 활동에만 열중하자, 해야 할 일이 겹쳤을 때 어떻게 조절해야 하는지를 가르쳐준 것이 그런 예이다. 마커스는 이 모든 일을 상호보완적인 것으로 보았다. 왜냐하면 타미카가 틴 아웃리치 활동을 하며 익힌 것들이 대학교에서 대수학을 공부하는 데 도움이 되기 때문이었다. 하지만 균형을 맞추기가 쉽지 않아 마커스는 나중에 타미카가 수학 때문에 고생하지나 않을까 걱정스러웠다.

타미카의 언어 능력은 확실히 성공한 부분이다. "먼 일 이써? 어떠케 지낸냐?" 9학년 때 타미카의 글쓰기 수준은 이랬다. 3년이 지난 지금은 이런 말도 할 수 있게 되었다. "우리는 지금 유나이티드 웨이(지역사회에서 하는 좋은 일에 자금을 지원하는 단체-옮긴이)와 관계를 맺고 있습니다. 우리 단체는 규모는 작지만 상당한 역량을 지니고 있습니다."

타미카는 틴 아웃리치 같은 학교 밖 현실세계에서 수행하는 프로젝트를 통해 언어 구사력을 향상시켜야겠다는 자극을 받았다. "자선가에게 후원을 부탁할 때는 '그거 끝내주네!'라고 말하기보다 '예, 맞아요!'라고 말해야 한다고 설명했죠. 타미카는 이런 일종의 암묵적인 법칙을 빨리 배웠습니다. 또한 진지한 작가가 되었죠. 타미카는 틴 아웃리치에서 후원금 신청서나 보도 자료, 회보를 만듭니다. 학교에 와서는 편집에 대한 도움을 많이 받지요. 전에 쓰던 글과는 비교할 수가 없어요." 타미카의 멘토가 한 말이다.

마커스도 이 점에 동의했지만 너무 지나치게 자기만족에 빠지는 게 아닌가 걱정했다. "저도 기뻐요. 하지만 마냥 기뻐할 수는 없지요. 타미카가 지금 잘하고는 있지만 쉽게 이런 칭찬에 만족하고 머물 수도 있거든요. 타미카는 아직 할 일이 많아요. 저는 항상 그 점을 상기시킵니다. 그리고 재촉하지요."

데니스 교장은 생각에 잠겨 이렇게 말했다. "만약 다른 학교에 다녔더라면 타미카는 지금 어떤 모습을 하고 있을까요? 어쩌면 그럭저럭 대학에 다니는 중위권 성적의 대학생이 되었거나 아니면 아예 학교를 중퇴하고 길을 헤매는 아이가 됐을 수도 있죠. 분명한 것은 타미카가 자신이 만든 비영리단체에서 빛을 발하는 학생이 되었거나 진정으로 그 자신을 염려하는 어른들과 그렇게 많은 관계를 맺지는 못했을 것이라는 점입니다. 더욱이 지역사회 봉사활동을 활발히 해서 장학금 1만 달러를 받는 일도 없었을 겁니다. 그리고 지금 가려고 하는 대학, 그러니까 전액 장학금을 받고 아이비리그 대학에 갈 생각은 아예 못했을 겁니다. 타미카 같은 학생의 잠재력을 찾아줄 만한 시간이 있는 학교는 사실 거의 없습니다. 타미카에게는 아직도 모자라는 부분이 있고, 또 때로는 자신 없어 하기도 합니다. 하지만 타미카는 분명 다른 사람이 되었어요. 이제 타미카는 자신이 원하는 일은 무엇이든지 한답니다."

어린 과학자 줄리아는 메트스쿨이 대안이 없거나 더 이상 잃을 것이 없는 아이들이나 가는 곳이라는 일반적인 통념을 갖고 있지 않았다. 줄리아가 사는 교외 지역에는 로드아일랜드 주에서 가장 명문으로 통하는 고등학교들이 자리잡고 있다. 하지만 줄리아와 줄리아의 어머니는 30킬로미터나 떨어진 메트스쿨에 입학하기로 결정했다. 수줍음 많은 우등생인 줄리아는 7학년에서 곧바로 월반하여 열세 살에 메트스쿨 9학년에 들어왔다.

어드바이저인 에밀리는 이렇게 말했다. "줄리아는 동물과 과학을 좋아해요. 줄리아의 첫 번째 프로젝트는 쥐 두 마리를 대상으로 파블로프의 조건반사를 실험하는 것이었어요. 그런데 줄리아가 대조군을 포함시키는 것을 잊어버려 결론을 낼 수가 없었지요. 그 대신에 줄리아는 과학이 어떤 것인지를 제대로 이해하게 되었어요. 학생들이 실수를 하도록 내버려두는 것도 중요한 교육이에요.”

줄리아는 수의사가 되고 싶어했기 때문에 동물원에서 펭귄 발달 과정을 연구하는 인턴쉽을 했다. 그 과정에서 줄리아는 스프레드시트뿐만 아니라 그래프 활용법, 연구 방법, 협동 작업에 대해 배웠다. 에밀리는 이렇게 말했다. “그 일은 줄리아에게 정말 좋은 경험이었어요. 줄리아는 더 이상 책 뒤에 숨을 수가 없었어요. 사람들하고 같이 일해야 했으니까요. 제가 책 좀 크게 읽으라고 소리쳤던 일에 대해 줄리아와 농담을 하곤 해요. 멘토가 보고서를 처음부터 다시 쓰라고 하자 줄리아는 심하게 절망하더군요. 하지만 그게 현실이거든요.”

아마 다른 학교였더라면 줄리아는 B를 받았을 테고 자신의 보고서를 다시 들여다보는 일도 없었을 것이다. 하지만 줄리아는 실험실에서 전문가 수준에 이를 때까지 보고서를 고치고 또 고쳐야만 했다. 결국 줄리아가 만든 자료는 과학 학회에서 발표된 논문에도 실리게 되었다.

이듬해 줄리아는 로드아일랜드 병원에서 인턴쉽을 했다. 처음에는 뇌 절개 작업에 참여했고 병리학자들과 함께 절개한 뇌를 검사하는 작업도 했다. 나중에는 해부 보고서를 교정하기도 하고 뇌 기부자들을 위한 소책자에 글을 쓰기도 했다. 그리고 간암 연구를 하는 박사 과정 학생 린다 카버와 함께 작업하기도 했다.

린다는 이렇게 말했다. “작업 첫날에 저와 줄리아는 ‘면역 형광 표지자 immunofluorescent markers’에 대한 이야기를 나눴어요. 그리고 첫 번째 항체를 추가한 뒤에 항체가 항원에 붙어 항원의 활동을 막는 단계에 대해 말했지요. 그런데 줄리아가 ‘두 번째 투입한 항체가 항원이 붙지 않은 다른 항체와 서로 영향을 주지는 않나요?’라고 묻더군요. 전 그때 입이 딱 벌어졌어요. 줄리아가 전반적인 것을 이미 다 이해하고 있다는 말이었으니까요. 줄리아는 정말 똑똑해요. 그리고 줄리아의 프로젝트는 제게도 큰 도움이 되었어요. 그 애가 아니었더라면 제가 했어야 하는 일이었거든요.”

줄리아는 11학년 때 생명공학 회사에서 유전자 치료에 관한 연구를 했다. 줄리아가 실험실에서 일한 경험이 있고 또 브라운대학에서 생물학 관련 강좌를 세 과목이나 수강했기 때문에 그 회사에서는 줄리아에게 큰 기대를 걸고 있었다. 그러나 줄리아는 자신의 일이 회사의 수익에 영향을 미친다는 사실과 복잡한 실험 절차를 배워야 한다는 점 때문에 스트레스를 받았다.

메트스쿨에서 줄리아가 한 학습에는 지역사회 봉사 프로젝트와 야외 활동도 포함되어 있었다. 그리고 청력을 일부 잃어버린 줄리아는 로드아일랜드 청각 장애자 학교에서 수화를 공부했다. 줄리아의 독서 목록에는 『정글The Jungle』을 비롯하여 『시간의 역사A Brief History of Time』, 『쉰들러 리스트Schindler's List』, 『내 사랑 나의 조국Cry the Beloved Country』, 그리고 그 밖의 다른 책들이 포함되어 있었다. 줄리아는 졸업반 프로젝트로 메트스쿨에 새 보건실을 만드는 기획을 도왔다. 이 과정에서 기획 보조금 1만 달러를 신청하고 받아내는 일과 사회복지사를 고용하는 일을 해내기도 했다.

시간이 지나면서 줄리아의 수줍음도 많이 사라졌다. 줄리아는 자신 있게 말하게 되었고, 사용하는 단어들을 보면 현대 교육개혁의 목표라 할 분석하고 평가하며 응용하는 사고력이 상당히 높아졌다는 사실을 알 수 있다. 줄리아는 분명하게 말했다. “메트스쿨은 다른 학교에 비해 학생들을 존중해요. 제가 예전에 다니던 학교에서는 얌전히 앉아 있지 않거나 선생님의 이름을 부르면 수업이 끝난 뒤에 남아야만 했어요. 그건 옳지 않은 일이라고 생각해요."

나는 "그럼 여기서는 학생들이 바르게 행동하지 않으면 어떻게 되는데?"라고 물어보았다.

"여기선 어떤 게 바르지 않은 행동이냐에 대한 규정 자체가 다른데, 저는 그게 좋아 보여요. 그러니까 껌을 씹었다고 수업이 끝난 뒤에 남게 하는 것은 미친 짓이나 다름없다는 거죠. 메트스쿨에선 싸움을 하면 다른 사람들과 둘러앉아 그 일에 대해 이야기를 나눠야 해요."

"전 항상 우등생이었어요. 하지만 메트스쿨에는 점수도 없고 장학생도 없다는 이야기를 들었을 때도 별로 신경 쓰지 않았어요. 그러다 작년에 대학에서 한 과목을 수강했죠. 고작 A니 B니 하는 점수 하나 받으려고 그렇게 열심히 공부한다는 게 좀 우습다는 생각이 들었어요. 그게 예전 학교에 다닐 때였는데, 문득 내가 시험 점수가 전부라는 사고방식에 젖어 있다는 사실을 깨달았어요."

줄리아는 흥미를 느끼는 것에 대해 공부하고, 또 어드바이저나 멘토와 인간적인 관계를 맺기 때문에 공부하고 싶은 자극을 받게 된다고 한다. "전 제 어드바이저인 에밀리 선생님한테 뭐든 얘기할 수 있어요. 제가 공부를 하지 않으면 에밀리 선생님은 저를 들볶아요. 좀 짜증나기도 하지만 선생님이 그러시는 건 당연하잖아요. 선생님은 또 제가 어디서 자료를 구해야 하는지 알려주시죠. 브라운대학에서 처음 본 생물 시험을 망쳤을 때, 선생님은 저희 집에 직접 오셔서 공부를 도와주셨어요. 또 한번은 정치 집회에 저를 데려가신 적도 있어요."

맞춤 학습이라는 개념은 교사와 학부모, 인턴쉽 멘토로 이루어진 줄리아의 학습계획팀에도 적용된다. 심지어 아주 멀리 떨어져 사는 줄리아의 할머니 할아버지도 차를 몰고 와서 지난 학기에 배운 것을 발표하는 공개 프리젠테이션에 참석한다.

에밀리는 이렇게 말했다. "줄리아의 학습계획팀은 줄리아가 학습량이 너무 많아 공부에 흥미를 잃을지도 모른다고 생각했어요. 지난 학기에 우리가 줄리아를 너무 다그친 게 아닌가 걱정이 들더군요. 그래서 우리는 줄리아에게 몇 가지 과제는 그만두는 게 어떻겠느냐고 했지요. 줄리아는 우리 충고를 받아들이긴 했지만 앞서 나가지 못한다는 생각에 우울해 하더라고요. 그래서 바쁜 게 좋다면 다시 강도 높게 공부하라고 말했어요."

"줄리아는 또 사회 문제에도 열심이에요. 한번은 학급 토론이 열렸는데 줄리아가 격분해서는 '네가 그렇게 말하다니 믿을 수가 없어' 하고 말하는 거예요. 그러더니 자신의 주장을 뒷받침하는 사실들을 몇 가지 제시하더라고요. 줄리아는 책을 무척 많이 읽었기 때문에 그럴 수 있었던 거죠. 줄리아는 아는 체하는 여자아이로 보이기 싫어 잠자코 있는 때도 있었어요. 제가 제일 화가 나는 것은 사람들이 자신의 지적 능력을 과소평가할 때예요. 특히 여성이 그럴 때는 더 화가 나죠. 그래서 저는 그런 점에 대해 줄리아와 이야기를 나눴는데, 줄리아는 이제 거리낌없이 이야기해요."

에밀리에게 이렇게 물었다. "줄리아는 메트스쿨에서 성공했네요. 하지만 이 아이가 집 주변에 있는 다른 고등학교에 다녔다면 성공하지 못했을까요? 왜 부모들이 교외 지역의 명문 고등학교를 두고 메트스쿨 같은 학교를 택하려고 할까요?"

에밀리는 이렇게 대답했다. "생물 시험에서 A학점을 받는 것보다 열다섯 살 어린 나이에 간암 연구에 직접 참여해보는 것이 더 가치 있는 일이죠. 줄리아는 칠판에 그려진 이중나선 구조를 보고 공부한 게 아니라 진짜 DNA를 보며 공부한 거죠. 대부분의 고등학교 생물 수업이 지나치게 단순화된 경우가 많아 사실과 다른 경우도 있습니다. 그리고 시험을 치르려면 시시콜콜한 것까지도 다 외워야 하잖아요. 하지만 그런 지식은 실제로는 아무 의미도 없죠. 그렇게 졸업하고 나서 과학자가 되고 싶어해도 실제로 새로운 문제에 부딪치면 해결할 기술이 없는 거죠. 저처럼 고등학교 때 과학우등생 프로그램에 참가했다 하더라도 여름에 한 달 정도의 짧은 기간에 소규모로 열리기 때문에 줄리아가 인턴쉽을 하는 동안 경험한 것처럼 과학자들과 개인적으로 친밀한 관계를 맺을 수 있는 기회는 거의 없죠."

데니스 교장이 덧붙여 말했다. "어떤 사람들은 줄리아가 어디에 가더라도 잘했을 것이라고 말하는데 어느 정도는 맞는 말입니다. 줄리아는 어느 학교에 가더라도 분명히 우등생이 되었을 거예요. 하지만 십 분만에 과제를 해치우고 혼자 조용히 책 읽는 그런 학생이 됐을지도 모르죠. 줄리아는 메트스쿨에 와서 학업뿐만 아니라 사회성도 좋아졌습니다. 고급반 생물 시험 점수가 줄리아보다 높은 학생도 있겠지만, 생물학자에게 이야기를 해보게 하고 나서 누가 생물학에 대해 더 깊이 이해하고 있는지 물어보면 단연코 줄리아라고 할 겁니다."

줄리아의 아버지는 이렇게 말했다. "처음에는 메트스쿨이 헛된 꿈 같이 보였어요. 그래서 혹시 애의 장래를 망치는 게 아닌가 걱정했죠. 학교 체계가 잡혀 있기는 한 건지, 대학 진학을 위한 수학이나 과학 수업이 제대로 되고 있는 건지 걱정되더군요. 하지만 전 매우 만족하고 있습니다. 줄리아를 입학시키기로 한 대학도 만족하고 있어요. 제 희망 이상으로 이루어진 거죠."

시저는 메트스쿨에 처음 들어왔을 때 평점이 D였고, 수학과 읽기는 6학년 수준이었다. 시저는 계속해서 폭력배들과 어울렸는데, 아버지와 형은 이미 교도소에 수감된 상태였다. 라틴계 남학생의 절반 정도가 고등학교를 중퇴하는 도시에서 시저가 고등학교를 졸업하리라고 생각하는 사람은 거의 없었다.

폭력배들에게는 여름이 성수기이기 때문에 메트스쿨은 시저를 프로비던스 시에서 멀리 떨어뜨려 놓으려고 여름 인턴쉽 몇 가지를 주선해주었다. 온두라스에서 주택 건축을 돕는 일과 펜실베니아에서 여름 캠프를 돕는 일이었다. 그 방법이 옳았다는 사실이 비극적으로 밝혀졌다. 바로 그 여름에 시저의 친구 두 명이 살해당하고 다른 친구들은 교도소에 갇히는 사건이 벌어진 것이다.

시저는 목이 메어 이렇게 말했다. "그 친구들은 종신형을 세 번이나 선고받았는데, 겨우 열일곱 살이에요. 지금 그 애들은 감옥에서 성폭행을 당하고 있어요. 정말 생각하기도 싫어요. 제가 감수성이 좀 예민한 편인데, 정말 울고 싶어요. 제가 다른 고등학교에 다녔더라면 저도 지금쯤 감옥에 가 있겠죠. 미래도 없었을 테고, 그게 사실이에요. 메트스쿨 선생님들은 학생들을 걱정하고 신경 써주죠. 선생님들이 이곳에서 멀리 떨어진 곳으로 저를 보냈는데, 그건 정말 잘한 일이었어요."

"메트스쿨에 처음 왔을 때는 책읽기가 너무 싫었고 작문도 싫었어요. 모든 게 싫었죠. 그런데 담임 선생님 할이 제게 에볼라 바이러스에 관한 책 『핫 존The Hot Zone』을 보여줬어요. 선생님은 제가 이 책을 좋아하게 될 거라고 장담하셨죠. 그래서 제가 말했죠. '이거 5백 쪽이나 되요. 전 못 읽어요!' 그런데 그 책 32쪽을 읽던 제가 이렇게 소리치고 있더라고요.

'할 선생님, 이것 좀 보세요!' 그래서 전 에볼라 바이러스에 관한 프로젝트를 진행했지요. 전 정말 그 프로젝트가 좋았어요. 제가 평생 해본 것 중 최고였어요. 저는 과학자인 것처럼 말했고, 할 선생님과 엄마는 제 프로젝트를 자랑스럽게 여기셨어요. 전 진짜 과학자가 되어야겠다고 생각했죠. 그 프로젝트 때문에 메트스쿨에 계속 다니게 됐어요. 그 전에는 전 정말로 제 자신을 의심했었어요."

시저는 『핫 존』을 읽기 전에는 책 한 권 제대로 읽어본 적이 없었고, 보고서 하나 제대로 써본 적도 없었다. 시저는 이제 스트레스를 풀기 위해, 또 무엇이 문제인지를 이해하기 위해 글을 쓴다. 시저는 10학년 때 이런 글을 쓴 적이 있다. "작년만 해도 나는 시를 겁쟁이들이나 쓰는 거라고 생각했다. 그런데 그렇지 않다. 감성이 풍부한 사람들이 쓰는 것이다." 실제로 시저의 감수성이 그의 시 습작 노트에 잘 담겨 있다.

나는 이제 곧 한 아이의 아버지가 되는군요.

당신의 삶을 망치게 해서 미안하다는 말을 하고 싶었어요.

하지만 첫사랑이 아내가 되었으니 나는 너무 행복해요.

내 아이의 어머니, 그 어머니가 낳은 아이의 아버지

나는 너무 행복해서 내 영혼도 풍요로워지네요.

파란색 작은 옷을 사려고 해요.

그리고 아버지와 아들이 입을 똑같은 옷도 한 벌씩.

하지만 때가 될 때까지는 아들인지 딸인지 알고 싶지 않아요.

하지만 내 첫사랑은 내가 어떻게 말하는지 보려고 거짓말을 했대요.

그 순간 내 머릿속 절반은 텅 비어버렸어요.

공허와 분노를 느낀 나는 그녀를 용서할 수 없었어요.

이번 일로 누군가를 선택하려면 신중해야 한다는 걸 배우게 될 거예요.

이기적인지는 몰라도 나는 보호자의 탈을 쓰진 않아요.

그녀는 내가 보호자의 탈을 쓰기를 원하지 않아요.

나 역시도 그런 건 쓸모없다고 생각했죠.

그 작은 거짓말이 내게 미친 영향을 그녀가 알기나 하는지 궁금해요.

그해 내내 나는 상심에 빠져 고독을 느꼈어요.

시저는 이렇게 말했다. "글쓰기가 생각했던 것만큼 어렵지는 않다는 사실을 깨달았어요. 이제는 항상 습작 노트를 갖고 다니죠. 그렇게 해야만 거리를 걸을 때나 버스에 타고 있을 때 떠오르는 아이디어를 잊어버리지 않거든요. 노트 들고 다니는 습관은 DMX라는 래퍼에게서 배웠어요."

지금 시저는 작년 여름 상담사로 일했던 특수교육 캠프의 독서센터 부소장 후보로 내정되어 있다. "저는 책읽기와 글쓰기가 너무 좋아요. 그래서 독서센터에서 일하고 싶어요. 아이들이 책을 읽지 않고 랩만 부르고 다니니까 센터에서 저를 고용한 거예요. 그래서 저는 아이들에게 '직접 랩 가사를 써보면 어때?'라고 했죠. 아이들은 어떻게 하는지 모른다고 하더군요. 그래서 제 커다란 습작 노트를 꺼내서 보여줬죠. 내 노트를 보더니 서로 '니가 한번 읽어봐!'라고 하더라고요. 그래서 휴식 시간 같은 때 랩 가사 쓰는 방법을 가르쳐줬죠."

"메트스쿨은 이런 기술을 익히는 데는 가장 좋은 학교예요. 다른 학교 같으면 선생님이 앞에 서서 어디에 쉼표를 찍어야 되나 설명하고, 학생들은 집중이 안 되니까 옆 사람과 떠들거나 축 늘어져 의자에 기대앉아 헛소리를 몇 자 적다가 책 뒤에 낙서나 하지요. 하지만 메트스쿨에서는 자기의 관심 분야에 대해 쓰기 때문에 정말로 글이 쓰고 싶어져요. 더 성숙하게 되는 거죠. 자기한테 스스로 '지금 친구하고 떠들 수는 없어. 조용히 앉아 노트에 내가 제안하고 싶은 것, 아니 모든 것을 써야 해'라고 말하지요."

시저의 의사소통 능력은 많이 좋아졌어도 수학과 과학은 별로였다. 메트스쿨에서 계산법을 배운 것이 큰 발전이기는 했지만 대수학이나 고급 수학은 그다지 배우지 못했다. 시저는 인턴쉽을 하고 있던 소매점에서 예산 계획을 세워보겠다는 야심찬 계획을 갖고 있었는데, 가게 주인은 마음을 바꿔 시저 대신 경리를 한 명 고용했다.

시간이 지나면서 시저는 성숙해졌지만 잘못된 공부 습관은 고치기 힘들었다. 여러 번 퇴학당할 뻔했으며, 11학년 초에는 다른 학생과 크게 싸우기도 했다. "온두라스에서 여름을 보내고 온 때였어요. 전 가난한 사람들을 위해 열심히 일했던 것을 무척 뿌듯해하고 있었죠. 그런데 프로비던스에 돌아온 뒤에는 다시 거리의 소년으로 전락했죠. 한번은 달리는 차에서 떨어져 도로 바닥에 내동댕이쳐진 일이 있었는데 머리가 차에 깔릴 뻔했어요. 또 한번은 30대 남자 세 명과 싸우다가 엄청 두들겨 맞았죠. 그 일 때문에 내 자신이 하찮은 존재라는 생각이 들었어요."

"그러다가 11학년이 되었는데, 그때는 제 자신이 죽든 말든 신경도 안 썼어요. 그러다가 데렉이 저에 대해 실없는 소리를 하는 것을 들었어요. 제가 원하기만 하면 언제든 싸우겠다는 말이었어요. 그래서 다음 날 다른 애들이 보는 앞에서 데렉에게로 갔죠. '데렉, 한번 붙어보자'는 듯한 자세로 말이에요. 그러자 데렉은 '뭐, 할 말 있어?'라고 묻는 것 같았어요. 그래서 '니가 나에 대해 지껄이는 소리 들었어'라고 했죠. 데렉은 '뭐야? 한판 붙어?'라는 듯이 가방을 내려놓았어요. 제가 데렉을 퍽퍽 소리가 날 정도로 때렸죠. 다른 애들은 모두 깜짝 놀랐을 거예요."

시저의 어드바이저 할은 이렇게 말했다. "우리는 시저에게 다시 이런 일이 생기면 학교를 그만두어야 된다고 말했어요. 그런 다음 시저에게 2주 정학 처분을 내리고, 당분간 시저를 폭력배들과 떼놓을 방법을 연구했습니다. 그러는 동안에도 계속해서 시저와 시저의 가족과 연락을 했어요. 그래서 우리는 그 무렵 시저가 자기 동네에서 두 사람이 총에 맞는 사건을 목격했다는 사실을 알게 되었어요. 시저는 다른 아이들과 싸우면서 그 고통을 해소하려 한 것 같아요."

시저는 이렇게 말했다. "정학 기간이 끝나 학교로 다시 돌아가자 제게 말을 걸어주는 선생님이 많았어요. 선생님들은 또 제가 속한 그룹 학생들에게도 저와 이야기를 좀 나눠보라고 하셨더군요. 모든 사람들이 저를 걱정했었다고 말했는데, 그 때문에 저도 제 자신을 걱정하기 시작했어요. 무슨 말인지 아시겠어요? 이런 느낌 있잖아요. '아니, 내가 어디에 있는 거야? 내가 뭘 하고 있는 거지? 난 착실한 학생이었어. 그런데 무슨 일이 벌어진 거야?'"

시저의 어머니는 그 싸움이 있은 뒤 메트스쿨이 보여준 세심한 배려를 기억하고 있다. "할 선생님과 엘리엇 선생님이 집으로 찾아오셔서 시저가 메트스쿨에 계속 남을 수 있을지 모르겠다고 하시더군요. 저는 어떻게 해서라도 시저가 학교를 계속 다니게 해야만 했어요. 다행스럽게도 선생님들은 시저가 느끼는 고통과 분노를 이해해주셨어요. 너무 고마웠어요. 선생님들이 떠나고 나서 저는 시저를 붙잡고 앉아 같이 울었죠. 눈물이 막 흘렀어요. '내가 바라는 건 이런 게 아니란다. 제발 이 엄마가 무엇을 바라는지 알아주렴. 네가 잘됐으면 하는 거야. 고등학교를 계속 다니기를 바래.'"

다른 학교 같았으면 시저 같은 학생을 바로 퇴학시키겠지만 메트스쿨은 시저를 학교에 계속 다니게 했다. 메트스쿨에서는 시저가 미네소타 주에 있는 문제아들을 위한 기숙학교에서 11학년을 끝마치도록 주선해주었다. 그 후 다시 돌아오게 할지를 결정하겠다는 생각이었다. 하지만 그 새 프로그램을 제대로 시험해볼 기회마저 없었다. 겨우 일주일 뒤에 시저가 다시 프로비던스로 돌아온 것이다. 메트스쿨에서는 간신히 찾은 해결책이 이렇게 빨리 무너져버린 것에 화가 났다. 하지만 한편으로는 시저가 왜 돌아와야만 했는지 어느 정도 이해할 수도 있었다. 시저는 가장의 역할, 두 여동생에게는 아버지 역할을 해야 했던 것이다. 메트스쿨은 시저에게 공부에 전념하라고 계속 압력을 가했다.

시저는 이렇게 말했다. "할 선생님은 제가 공부를 하지 않으면 메트스쿨에 계속 있을 수 없다고 말했어요. 그래서 공부하기 시작했죠. 지금도 하고 있고요. 하루는 할 선생님이 제 일지에 '네가 공부를 재미있어 하는 것을 봤을 때가 내 삶에서 제일 뿌듯한 때였다'라고 쓰셨더군요. 전 그 글을 읽고 정말 기분이 좋았어요. 제 느낌 이해하시겠어요?"

"미네소타에 갔을 때 『말콤 X 자서전』을 읽었어요. 할 선생님이 헤어지는 선물로 주신 책이에요. 말콤은 제 우상이에요. 해야 할 말은 꼭 하는 용기가 있거든요. 말콤은 감옥을 들락날락하는 거친 삶을 딛고 일어나 자신의 분노를 긍정적인 방향으로 분출했어요. 무슨 말인지 아시겠어요? 전 정말로 '메트스쿨로 돌아가야지. 그리고 이제 변해야지. 이제 그만 놀아야지. 그리고 열심히 공부해야지. 대학 입학에서는 마지막 두 학년 성적을 보니까 이제 바빠져야 할 때다' 하는 생각이 간절하게 들었어요."

시저는 8학년을 간신히 통과한 학생이었다. 그런데 이제 그 학생이 자서전의 고전이라고 일컬어지는 말콤 X 자서전을 읽다가 스스로 교훈을 얻은 것이다. 수업을 마친 뒤에도 더 좋은 시구를 떠올리느라 서성거린다. 게다가 보스턴 근처의 작은 사립 대학에서 장학금도 받았다. 시저가 대학 생활을 잘할 수 있기 위해서는 확실한 도움도 필요하고, 또 학습 습관도 더 나아져야 한다. 하지만 중요한 사실은 시저가 고등학교를 도중에 포기하지 않았고, 길거리에서 손쉽게 할 수 있는 돈벌이 대신 교육이 주는 훗날의 보상이라는 불확실한 약속을 택했다는 점이다.

수십 년 전 비슷한 선택의 기로에 놓였던 어린 말콤 X는 거리의 삶을 택했다. 말콤이 좋아하고 있던 선생님에게 변호사가 되고 싶다고 말하자 그 선생님은 목수 같은 '흑인 직업'을 택하라는 현실적인 말을 했다. 말콤은 학교를 그만두었고 그 후 몇 년 동안 사기꾼과 교도소 재소자들이 말콤의 멘토가 되어주었다. 학교에서 올바른 방향으로 용기를 북돋아주었다면 말콤은 범죄에 물들어 교도소에서 시간을 보내지 않고도 큰 업적을 이루었을 것이다.

시저는 이렇게 말했다. "제가 친구들을 잃은 것은 모두 신이 저를 바른 길로 인도하기 위해 해준 충고였어요. 헤로인을 팔아 부자가 될 기회도 많았어요. 하지만 전 아니었죠. 다행히도 저는 중요한 때 있어야 할 곳에 있었던 거죠. 나락으로 떨어질 수도 있었지만 그 대신에 더 나은 곳을 향한 삶을 택했어요. 아시다시피 저는 게토GHETTO 출신이에요. 하지만 저에게 게토는 '고등교육을 받아서 다른 사람을 가르치는 일Getting Higher Education To Teach Others'을 의미해요.(ghetto는 원래 소수민족이 사는 빈민가나 흑인가를 뜻함-옮긴이) 저는 지도자예요. 하지만 사람들이 저를 따라오길 바라는 지도자는 아니에요. 모든 사람들이 저마다 자기 삶의 지도자가 되었으면 해요. 제 말 이해하시겠어요?"

아이들 한 명 한 명을 배려하는 맞춤 학습 2

핑크 플로이드의 영화 〈벽The Wall〉은 학교를 마치 '컨베이어 벨트'처럼 묘사하고 있다. 컨베이어 벨트를 통해 거대한 기계 속으로 들어간 학생들은 소시지가 되어 나온다. 이 영화에 등장하는 학생들은 학교가 산업사회의 효율성만을 중시한 나머지 인간적인 욕구를 무시하고 있다고 비난하면서, "결국 우리 모두는 거대한 벽을 지탱하고 있는 한 개의 벽돌일 뿐"이라고 외친다. 핑크 플로이드의 영화가 만들어진 지 이십여 년이 흐른 오늘날 수많은 교육개혁가들이 이러한 획일적인 대량생산 방식의 교육 모델을 거부하면서 학교는 공장의 조립 라인이 아니며 진정한 배움은 학생 개개인의 요구를 고려한 맞춤식 교육이 이루어질 때 가능한 것이라고 주장한다.

작은 학교만이 할 수 있는 일　　메트스쿨은 '한 번에 한 아이씩' 가르친다는 교육 철학을 일관되게 실천하고 있다. 메트스쿨이 처음에 한 일은 작은 교실들로 이뤄진 작은 학교를 여럿 만드는 것이었다. 메트스쿨은 현재 두 개의 작은 학교로 이루어져 있는데, 학교마다 학생 110명에 교사 8명, 교장 1명, 취업 담당자 1명, 그리고 행정관리 직원으로 구성되어 있다. 한 학교는 프로비던스 시내에 있는 한 건물 4층에 자리잡고 있고, 다른 하나는 시내에서 3킬로미터 정도 떨어진 곳에 새 건물을 지어 자리를 잡았다. 그리고 아직도 짓고 있는 한 캠퍼스에는 도서관, 강당, 체육관, 병원, 멀티미디어 스튜디오, 식당, 그 밖의 편의시설을 공동으로 이용하지만 그 자체로는 독자성을 띠는, 110명씩의 학생이 다니는 작은 학교 4개가 들어설 예정이다.

　메트스쿨 교사들의 일차 목표는 자신이 담당하고 있는 학생들 모두를 세세하게 파악하는 데 있다. 교사 한 명이 맡는 학생이 적어도 백 명이 넘는 대부분의 일반 고등학교에서는 교사가 한 시간 수업을 할 때마다 스무명 남짓한 학생을 가르쳐야 하기 때문에 학생 개개인에게 관심을 쏟는다는 것은 애초에 불가능한 일이다. 한 학생에게 10분씩만 신경을 쓴다 해도 백 명이면 일주일에 20시간이나 업무 시간이 늘어나기 때문에 학생들의 과제물을 제대로 평가하여 충고해주는 것은 매우 어려운 일이다. 이 20시간은 수업 준비, 점심시간에 아이들 돌보기, 자습실 관리, 공문 처리, 교사 회의 준비와 참석, 그리고 학생들 동아리 활동 지도 같은 일상적인 업무에 드는 시간에 추가로 덧붙여지는 것이다.

이런 점을 감안하면 일반 학교에서 학생 하나하나를 파악하는 일이 뒷전으로 밀려나는 것은 어쩔 수 없는 일이기도 하다. 바로 그렇기 때문에 메트스쿨은 작은 학교가 필요하다고 주장하는 것이다. 미국의 평균적인 학교 규모는 1950년에 비해 6배나 커졌는데, 1986년에는 재학생 수가 천 명이 넘은 고등학교가 전체 고등학교의 절반을 넘어섰다. 이렇게 학교 규모가 커지게 된 배경에는 학교가 클수록 운영 비용이 절감될 뿐 아니라 아이들이 많을수록 각종 대회에서 상을 탈 확률이 높아진다는 생각이 자리하고 있다. 그러나 실제로 연방 정부가 자금을 지원해준 103가지의 연구 결과에 따르면, 작은 학교의 경쟁력이 큰 학교보다 뛰어나거나 적어도 비슷한 수준이라는 사실이 밝혀졌다. 큰 학교가 좋은 학교라는 통념을 재검토할 여지가 생긴 것이다.

규모가 큰 학교에서 이른바 '수준별 학습'을 위해 추가로 개설하는 수업들은 대체로 상위권 학생들을 위한 것인 경우가 많은데, 이 또한 문제점으로 지적되고 있다. 성적이 부진한 학생들은 상대적으로 쉬운 수업에 배정되는 경우가 많은데, 이 때문에 우수한 학생과 그렇지 않은 학생의 성적 차이가 더욱 벌어지게 된다. 이러한 성적 차이가 인종이나 경제 수준의 차이와 맞물려 있다는 점 역시 큰 문제이다. 대부분의 학부모들이 좋은 학교의 기준으로 꼽는 것 중에서 가장 중요하게 여기는 것이 SAT(Scholastic Aptitude Test, 대학 수학능력 시험) 점수와 대학 진학률이다. 그런데 이 기준만 놓고 보더라도 작은 학교의 수준이 큰 학교와 비슷하거나 오히려 큰 학교에 비해 더 경쟁력이 있다는 연구 결과가 많이 나와 있다.

앞서 학교 규모가 커지면 학생 일인당 비용이 줄어든다는 '규모의 경제' 논리가 학교의 규모를 크게 만드는 데 한몫했다고 지적한 바 있다. 그런데 학교의 규모가 커지면 행정이나 보안 같은 것에 추가 비용이 더 들어 큰 규모 때문에 지불해야 하는 비용이 늘어난다. 규모가 큰 교외의 한 학교에서는 복도마다 감시 카메라를 설치한 뒤부터 범죄가 대폭 줄어들었다며 흐뭇해했다. 그러나 작은 학교에는 금속 탐지기나 경비원이 대신할 수 없는 인간적인 경비체제가 있다. 다시 말해 '내게 관심을 갖고 있는 사람들이 늘 나를 지켜주고 있다는 걸 느낄 때의 안정감'이야말로 작은 학교의 경비체제인 것이다. 실제로 뉴욕에 있는 규모가 작은 대안학교에 다니는 아이들 중에는 문제아들이 많지만, 오히려 이 학교들에서 발생하는 절도나 폭력의 빈도는 다른 학교에 비해 훨씬 적다고 한다. 이는 작은 학교가 안전성의 문제에서도 큰 학교보다 경쟁력이 있다는 점을 입증하는 것이다. 이를 증명하듯 최근에 실시한 설문조사에서 메트스쿨 학부모 80%가 안심하고 아이들을 학교에 보낸다고 했다. 전국적으로 고등학교 학부모 33%만이 자녀가 다니는 학교가 안전하다고 느끼고 있다는 것과는 매우 대조적이다.

국가적인 비용 지출을 보더라도 작은 학교는 큰 학교에 비해 졸업률이 매우 높기 때문에, 국가에서 부담하는 한 학생에게 들어가는 총교육비를 절감하는 효과를 거두고 있다. 카네기 청소년위원회 보고서에 따르면 학생이 한 해의 고등학교 교육과정을 무사히 마칠 때마다 국가의 복지수당에 의존해 살아가는 사람들의 비율이 35%씩 감소하는 효과를 내기 때문에 장기적으로 보면 공공비용을 절감하는 효과도 있다고 한다. 이 보고서의 내용을 좀더 자세히 들여다보면, 고등학교를 그만둔 청소년들은 평생 동안 저임금 노동을 하게 되는 경우가 많은데, 국가 전체의 입장에서 보면 이 때문에 국민들이 납부하는 세금 총액이 현저히 줄어든다고 한다. 결과적으로 한 해에만 총 2천 6백억 달러(약 3백 3십조 원)의 국가적 손실이 생기는 것이다. 따라서 경제적인 면에서 보더라도 학생들을 졸업시키려는 노력은 현명한 투자인 것이다. 이런 관점에서 볼 때 '한 학생에게 교육비가 얼마 들어간다'는 식의 계산보다는 '한 학생을 졸업시키는 데 드는 비용이 얼마인가'를 논의하는 것이 더 중요하다.

큰 학교가 각종 대회에서 상을 많이 받는다는 점에 대해서는 누가 이의를 제기하겠는가? 사실 메트스쿨 학생들이 전국 단위의 각종 대회에서 우승하는 기쁨을 누릴 기회는 거의 없을 것이다. 하지만 작은 학교들끼리 벌이는 운동 경기나 토론, 그 밖의 여러 단체 활동에 참가하여 그와 비슷한 이점(물론 단점도 있겠지만)을 얻을 수 있다. 작은 학교는 큰 학교에 비해 학생들에게 제공할 수 있는 특별활동의 수가 적기는 하지만, 학생 한 명이 특별활동에 참가할 수 있는 기회는 훨씬 더 많으며 실제로 참여율도 높다는 연구 결과가 나와 있다. 작은 학교 학생들은 큰 학교 학생들에 비해 다양한 활동에 참가하고, 책임감을 더 많이 느끼며 그 활동을 즐기고 있다.

물론 작은 학교는 방과후 활동을 지도할 교사를 충분히 확보하는 데 다소 어려움이 있다. 데니스 교장은 이에 대해 이렇게 말했다. "제가 지난 번에 근무한 학교는 규모가 컸기 때문에 교사를 모집하기가 쉬웠습니다. 학생들과 농구를 하거나 방과후에 계속 공부하기를 원하는 학생들과 춤 추기를 좋아하는 학생들을 지도해줄 교사가 9~10명 정도 됐지요. 메트 스쿨에서는 이런 활동에 교사를 몇 명이나 배정해야 할지 고심할 때가 많 습니다. 하지만 이 문제 역시 현재 짓고 있는 6개의 작은 학교가 문을 열 고, 교사를 더 많이 확보하면 자연히 해결될 겁니다."

한편 효과적으로 교육을 하자면 교사들간의 집중 토론이 필요한데, 이 는 탁자 하나에 다 둘러앉을 수 있을 만큼 교사 수가 적어야만 가능하다. 작은 학교에서는 교사들도 서로에 대해 잘 알게 되기 때문에 구체적인 도 움을 주거나 충고를 해줄 수 있고, 학생들에 대해서도 교사 전체가 책임 감을 느끼고 가르치게 된다.

그렇다고 해서 이미 존재하고 있는 큰 학교를 없애고 작은 학교를 짓는 다는 발상은 별로 실용적인 생각이 아니다. 이미 상당수의 학교가 큰 학 교의 체제를 유지하면서도 작은 학교의 장점을 살릴 수 있는 '한 학교 안 의 여러 개 작은 학교'라는 개념을 도입하고 있다. 뉴욕 맨해튼에 있는 한 대형 고등학교는 학교 하나를 네 개의 작은 학교로 나눠 운영하고 있으 며, 이와 동시에 기존의 학교 건물 안에 '헤드 스타트 프로그램Head Start Program'이라는 저소득층 대상의 아동 발달 프로그램, 십대 자녀를 둔 부모를 위한 교육 프로그램, 그리고 교사 교육을 위한 공간도 마련했 다. 데니스 릿키 교장은 '한 학교 안의 여러 개 작은 학교'를 설계할 때는 한 학교 안에 분과를 여러 개 만드는 것이 아니라 한 학교 안에 학교를 여 러 개 만드는 것이 중요하다고 주장한다. 한 학교 안에 분과가 여러 개 있 는 큰 학교에서는 큰 조직에서 발생하기 마련인 분과간의 힘의 불균형이 발생하게 되는데, 이에 따라 하나의 분과가 다른 분과에 비해 특별 대우를 받는 불공평한 현상이 나타나게 되어 결과적으로 학생들간의 엘리트주의나 열등의식을 조장하게 되기 때문이다.

새로 지어지고 있는 메트스쿨 캠퍼스에는 한곳에 공동 편의시설을 갖춘 네 개의 작은 학교가 들어설 예정이다. 여기서 몇 블록 떨어진 곳에 또 다른 두 학교가 제각각 자리잡고 있다. 여섯 개의 작은 학교를 서로 떨어진 곳에 두기로 한 것은 작은 학교의 장점을 살리면서도 체육관 시설 같은 큰 학교의 장점을 살리기 위한 것이며, 또 앞으로 정부가 메트스쿨 역시 큰 학교 형태로 운영해야 한다고 압력을 넣을지도 모르는데 그것을 피하기 위한 것이라고 한다.

새 학교 가운데 하나는 이미 완성되었는데, 그 공간 설계는 '맞춤 학습', '프로젝트 중심 학습'이라는 메트스쿨의 학습 원리를 잘 반영하고 있다. 학생들이 서두르지 않아도 한쪽 끝에서 다른 끝까지 걷는 데 40초밖에 안 걸린다. 이는 대략 테니스장 다섯 개 정도의 넓이로, 밖에서 보면 학교라기보다는 지역 문화회관처럼 보인다. 건물 중앙에는 학교 전체 행사나 학생들의 프로젝트, 점심식사, 그 밖의 여러 용도로 쓰일 수 있는 천장이 높은 큰 공간이 있고, 이 공간을 중심으로 개인별 학습 공간, 소모임 공간, 교사 사무 공간, 컴퓨터나 전화, 소파 같은 것이 놓여 있는 공간이 네 곳 있다. 이런 주요 공간들을 둘러싸고 있는 나머지 공간에는 행정실, 회의장, 공연장, 취사장, 도서관을 겸한 독서실 같은 것들이 배치되어 있다. 건물 밖에는 베란다, 잔디밭, 정원, 주차장이 있으며, 학생들이 이웃 건물 벽에 그린 두 개의 거대한 벽화가 보인다.

어른과 아이들의 관계와 상호 존중

다른 조건은 그대로인데 학급 규모만 줄인다고 해서 맞춤 학습을 할 수 있는 것은 아니다. 메트스쿨은 학급 크기를 줄이는 것 이상의 일을 해냈다. 메트스쿨 학생들은 14명이 하나의 그룹이 되는 '어드바이저리advisory'에 속하게 된다. 이 그룹이 기존의 학급 개념을 대신하게 되는데, '어드바이저advisor'라 불리는 담임 교사가 고등학교 4년 내내 학생들과 함께하며 그룹 전체의 학습을 지도한다. 어드바이저리는 학생들이 서로 도우면서 확대 가족의 역할을 할 수 있을 정도의 작은 규모로 만들어진 것으로, 한 그룹에 속한 학생들은 개인적인 면이나 학업에 대해 서로를 잘 알 수 있게 된다.

어드바이저리는 오전에 한 시간, 오후에 삼십 분 동안 전체가 함께 모인다. 오전에는 얼마 전에 받은 무릎 수술이나 주말에 다녀온 여행에 대해 이야기하기도 하고, 수첩을 꺼내 그날 해야 할 일을 점검하기도 한다. 그리고 나서는 함께 수학 문제를 풀거나 박물관 견학 계획을 세워 박물관에 편지를 쓰기도 하고, 집 없는 가난한 사람들 문제를 토론하기도 한다.

담임 교사 역할을 하는 어드바이저는 모든 학생들과 매일 접촉하며 일대일 상담을 자주 한다. 이런 과정을 통해 학생들의 능력, 요구, 관심에 대해 잘 알게 되기 때문에 학생들에게 효과적인 학습 방법을 제시할 수 있다. 또 자주 학생들의 집에 전화를 걸거나 학교 행사, 위원회 모임을 갖는다. 그리고 한 학생마다 일 년에 네 차례씩 학습계획 미팅과 공개 프리젠테이션 형식으로 열리는 학습 평가회(여기에는 학부모가 참여하여 자녀의 학습과정을 함께 계획하고 평가한다)를 개최한다. 어드바이저는 이러한 과정을 통해 학생들의 가정환경도 잘 알 수 있게 된다.

많은 학부모들이 어드바이저 한 명이 일정한 수의 학생을 책임지는 제도에 대해, 문제가 생겼을 때 어드바이저에게만 연락하면 되기 때문에 매우 편리하다고 말한다. 한 남학생의 어머니는 이렇게 말했다. "제 아들이 다른 학교에 다닐 때는 아이 학교생활에 관여하는 교사가 7~8명이나 됐기 때문에 사실상 그 선생님들 모두와 연락을 취하는 것이 불가능했어요. 제 아이의 공부를 도와주기 위해 부모인 제가 어떤 역할을 해야 하는지 알려주는 사람도 없었고요. 생활지도 상담사가 저한테 서류 하나를 주면서 과목마다 담당 교사들이 우리 아이의 과제물을 매주 체크하도록 되어 있다고 이야기하기는 했죠. 하지만 한 사람과 관계가 틀어지면 다른 사람들과의 관계가 틀어지고, 그런 식이었어요. 메트스쿨에서는 어드바이저 한 사람이 모든 교과에서 아이의 장점과 단점을 파악하고 있기 때문에, 제가 원하기만 하면 쉽게 이야기를 나눌 수 있어요. 한 사람하고만 얘기하면 되니까요."

어드바이저리 시스템은 학생에게 문제가 생겼을 때 적어도 한 사람은 그 학생을 도와줄 수 있다. 대부분의 학교에서는 이런 역할을 생활지도 상담사가 맡고 있다. 그런 상담 시스템의 문제점은 한 명의 상담사가 수백 명의 학생들을 담당해야 한다는 점이다. 메트스쿨이 따로 상담사를 두지 않고 어드바이저리 시스템을 도입한 이유는, 학생과 학생을 지도하는 사람이 매일 함께 생활하면서 서로를 신뢰할 수 있을 때만 학생에게 어떤 문제가 생겼을 때 더 나은 해결책이 나올 수 있다고 보기 때문이다. 그렇기 때문에 어드바이저는 상황에 따라 학생의 친한 친구, 코치, 상담사, 중재자 역할을 하고 있다.

최근에 보스턴 교외의 어느 학교에서 일어난 사건을 예로 들어보자. 그 학교 1학년이던 학생의 어머니가 갑자기 돌아가시고 말았다. 학생은 학교에 가서 선생님에게 어머니가 돌아가셨다는 이야기를 했다. 이야기

 학교를 넘어선 학교

를 들은 교사는 그 사실을 생활지도 상담사에게 알렸다. 그러나 학교가 파할 때까지 그 학생과 어머니가 돌아가신 것에 대해 이야기를 한 사람은 아무도 없었다. 학생은 돌아가신 엄마가 누워 있는 집으로 돌아가 혼자 숙제를 하고 남아 있는 음식을 먹은 뒤에 돌아가신 엄마의 팔을 베고 그 날 밤을 보내야 했다. 극단적이기는 하지만 오늘날 미국사회의 실상을 단적으로 보여주는 예다. 학교가 전국 단위로 실시되는 학습 평가 시험에만 신경을 쓰게 되면서 학생들의 생활과 복지에는 거의 신경을 쓸 수 없게 된 것이다. 그렇기 때문에 교사들이 정말로 아이들에게 중요한 문제에 대해서는 소홀히 할 수밖에 없다.

학교와 학급의 크기가 커지면서 비인간적으로 되어버린 지금의 학교 제도로는 이런 비극을 피할 수 없을 것이다. 이 사건은 학습과 개인의 삶의 문제는 밀접하게 연관되어 있다고 보는 메트스쿨의 기본 원칙을 새삼 확인시켜준다. 어느 날 아침, 나는 10명의 학생들이 시사 문제를 토론하는 애덤 선생님의 어드바이저리에 참석했다. 애덤은 쉬는 시간이 되자 내 맞은편에 앉아 있던 여학생에게 다가가 안 좋은 일이 있느냐고 물었다. 그 말이 떨어지기가 무섭게 그 여학생은 흐느끼기 시작하더니 친한 친구 하나가 이틀째 행방불명이라고 털어놓았다. 나는 애덤 선생님이 그 여학생에게 물어보기 전까지는 뭔가 이상하다는 낌새를 전혀 눈치 채지 못하고 있었다. 애덤 선생님이 그 여학생에게 뭔가 걱정거리가 있다는 것을 금방 알아챌 수 있었던 것은 그 여학생을 잘 알고 있었기 때문에 가능한 일이었다. 애덤 선생님은 여학생을 한쪽으로 데려가 이야기를 마저 듣고 나서 앞으로 해야 할 일이 무엇인지를 의논했다. 마음을 진정시킨 여학생은 다시 토론에 참여했다. 시간 여유나 학생의 생활에 대한 관심이 없고, 학생의 문제에 대해 적절한 도움을 줄 수 있는 능력이 없는 교사였다면 아마도 그 여학생의 학습을 방해하고 있던 요인을 보지 못하고 그냥 넘어갔을 것이다.

그러나 아이들 삶에 교사가 개입하지 못하는 것은 교사 개인의 문제만은 아니다. 교사가 개인적으로 개입하고자 해도 대개의 학교에서는 이를 꺼리기 때문이다. 내가 참여했던 교사 양성 프로그램의 강의를 맡았던 교수 한 사람은 이렇게 말했다. "여러분의 역할은 아이들에게 주어진 학습 과제를 감독하는 것입니다. 그런 만큼 아이들을 엄하게 다루어야 합니다. 마음씨 좋은 이웃집 아저씨나 아주머니처럼 아이들을 대하면 절대로 안 됩니다! 맡은 일만 하고는 마음의 문을 닫아버리는 게 상책이에요. 혹시 여러분 가운데서 학생들에게 좀더 인간적으로 다가서고 싶은 사람이 있다면 진로를 바꿔 생활지도 상담사가 되는 길을 고려하기 바랍니다." 심지어 어떤 교수는 첫 학기 중반까지 학생들에게 웃는 모습을 보이지 말라고 충고했다.

하지만 메트스쿨에는 마음씨 좋은 아저씨, 아주머니 같은 교사들이 학생들과 친밀한 관계를 맺으며 잘 지내고 있다. 타미카와 타미카의 어드바이저 마커스는 때때로 서로를 오빠나 여동생으로 여기기도 한다. 마커스는 이렇게 말했다. "저는 타미카가 지금까지 살아오면서 뭘 했고 뭘 하지 못했는지 잘 알고 있습니다. 그래서 가끔씩은 필요 이상으로 무리하면서까지 타미카를 돕기도 합니다. 그래도 내게 이렇게 해야 한다거나 저렇게 해야 한다고 말하는 사람은 없습니다. 타미카는 오빠가 없고, 또 아빠도 같이 살고 있지 않아요. 그래서 그런 역할을 타미카에게 해주고 싶은 겁니다. 내가 할 수 있는 것이라면 어떤 방식으로든 최선을 다해 타미카를 돕고 싶기 때문이죠." 일반 학교에서라면 개인적으로 학생의 삶에 개입하는 것을 부정적으로 볼 수도 있겠지만, 메트스쿨은 그렇지 않다.

타미카에게 여름방학 때도 학교와 연락을 하느냐고 물었더니, 선생님들이 편지를 보내기도 하고 자기도 전화를 하기도 한다고 대답했다. 이런 사실만으로도 메트스쿨이 어떤 학교인지 잘 알 수 있다. 방학인데 굳이 학교에 전화를 해야 할 이유가 있느냐고 물었더니 타미카가 다소 어리둥절한 표정을 짓기에 질문을 좀 바꿔보았다. 그러나 여전히 당혹스러운 표정으로 타미카는 이렇게 말했다. "그냥 안부도 묻고 이런저런 수다를 떠느라구요." 그제야 나는 내 질문이 왜 이상하게 들렸는지 알 수 있었다. 내가 한 질문은 집에 전화를 걸어야 할 이유가 있느냐고 묻는 것과 다를 바 없었기 때문이다. 사람들은 특별한 이유 없이도 집에 전화를 한다. 가족은 생활의 일부이며, 또 가까이 있어주기를 바라기 때문이다. 타미카와 메트스쿨의 관계는 바로 가족과 같은 것이었다.

또 다른 학생은 이렇게 말했다. "나는 메트스쿨이 좋아요. 왜냐하면 학생들이 선생님과 친하니까요. 다른 학교에서는 수업 시간에 선생님이 무슨 말을 하는지 잘 몰라도 가만히 있었어요. 선생님이 싫었거든요. 하지만 이곳에서는 달라요. 제가 좀 게으른 편인데요. 장학금 신청 때문에 에세이를 한 편 써야만 했는데, 선생님은 아주 단호하셨어요. '이건 아주 중요한 일이니 절대로 게으름을 부려서는 안 돼! 저녁 때 우리 집에 와서 에세이를 쓰도록 해!' 저녁 8시가 되어서야 선생님 댁에서 에세이를 마칠 수 있었어요. 장학금을 타게 되자 선생님은 저를 데리고 나가 부츠를 사 주셨어요. 왜냐하면 우리 어머니한테는 그럴 만한 돈이 없었거든요. 장학금을 받은 뒤에 어머니가 그 돈을 돌려드렸어요. 이런 식이에요. 저는 원래 저를 권위적으로 대하는 어른한테 대들기만 했어요. 하지만 지금은 많이 나아졌죠. 작년에 그런 일이 있었는데, 선생님은 저를 진정시키더니 제가 대들었던 어른에게 사과하라고 했어요. 선생님은 저를 잘 알기 때문에 어쩌다 내가 너무너무 화가 나 있을 때는 그냥 내버려두기도 해요. 혼자서 해결하라는 거죠.”

이 학생의 마지막 말을 듣고 나서 학생들이 가끔은 어드바이저와 다소 거리를 두고 싶어할 때도 있다는 것을 새삼 깨닫게 되었다. 데니스 교장은 이렇게 말했다. “학생들을 이해하는 것이 좋은 일이기는 하지만, 지나치게 개입하는 것은 좋지 않습니다. 때때로 ‘신경 쓰지 마세요. 왜 남의 일에 간섭하는 거예요? 여기는 학교라고요’ 하고 말하는 학생들이 있어요. 물론 우리 원칙은 학교 안팎에서 학생들의 삶 모두에 관심을 가지는 것이지만, 가끔은 아이들이 스스로 자기 삶의 문제를 해결하게 내버려둘 필요도 있다는 거죠.”

메트스쿨의 인간관계는 마치 여러 갈래로 얽혀 있는 거미줄과 같다. 시저는 이렇게 말했다. “우리 어드바이저리에 있는 사람들은 깜짝 놀랄 정도로 서로 친밀한 관계를 맺고 있어요. 4년을 같이 보내면서 평생의 친구를 얻는 거죠. 또 어드바이저 할 선생님에게 무엇이든지 말할 수 있고 선생님도 우리 이야기를 잘 들어줘요. 의무감 때문이 아니라 진정으로 원하기 때문에 우리 이야기를 듣는다는 게 느껴져요. 저는 데니스 교장 선생님과 엘리엇 교장 선생님도 사랑하고 존경해요. 제게는 아버지 같은 분들이에요. 아니타(사무실 책임자)는 어머니 같고요. 이런 분들이 없는 메트스쿨은 상상할 수 없어요.”

학부모와 인턴쉽 멘토는 메트스쿨의 친밀한 분위기를 완성시켜준다. 어느 날 밤, 밀란의 부모는 메트스쿨로 달려와 두 팔을 벌려 아들의 어드바이저를 껴안고는 두 뺨에 키스를 했다. 한 학생의 멘토는 이렇게 말했다. “파블로와 나는 종종 연락을 합니다. 파블로는 필요한 것이 있을 때면 언제든지 내게 전화합니다. 파블로가 이곳을 졸업하더라도 우리 관계는 계속될 겁니다."

또 학부모와 멘토 사이의 관계도 발전되고 있다. 칼리타라는 학생의 멘토는 이렇게 말했다. "나는 이 아이를 매우 사랑합니다. 내 아이나 다름없지요. 칼리타의 미래에 대해 생각하다가 대학 진학에 도움이 되도록 여름 수학 프로그램에 참가시켜야겠다고 결심했습니다. 하지만 칼리타 부모는 아이가 집안일을 돕는 걸 더 원해서 허락하지 않았습니다. 하지만 칼리타가 대학에 가기를 바라고는 있었지요. 칼리타를 집에 바래다주면서 몇 차례 아이 부모를 만나 수학 프로그램이 도움이 된다고 말했지만 그때마다 말이 통하지 않는다는 느낌을 받았습니다. 하지만 칼리타 부모는 점차 내가 자기 아이를 좋아하고 큰 기대를 갖고 있다는 사실을 알게 되었고, 내가 자신들과는 다른 방법으로 아이를 돕고 있다는 점을 깨달았어요. 칼리타의 부모는 아이를 엄격하게 키우는 사람들이었는데, 서로를 신뢰하게 되면서부터 어느 정도 내게 아이를 맡기게 되었고, 결국 수학 프로그램에 참가하는 것을 허락했습니다."

메트스쿨이 사람들의 관계를 중시했기 때문에 아이들의 삶과 학습 모두에 중요한 공동체가 만들어졌고, 그 덕분에 메트스쿨의 결속력은 더욱 강해졌다. 언젠가 학생들의 집으로 배달된 학교 소식지에는 이런 이야기가 적혀 있었다. "메트스쿨에 다니는 두 학생의 가정이 어려움에 처했습니다. 이 학생들을 당분간 맡아주실 분은 학교 사무실의 질이나 아니타에게 전화해주세요." 일주일 후 발행된 가정 소식지에는 "어려운 학생들을 돕겠다고 연락해주신 모든 분들에게 감사드립니다. 두 가정에서 학생들을 한 명씩 맡아주신 덕분에 이 학생들은 따뜻한 사랑과 배려를 받으며 어려운 시기를 헤쳐나가고 있습니다. 우리는 메트스쿨 공동체가 너무나 자랑스럽습니다."

메트스쿨의 전형적인 모습을 보여주는 일이 또 하나 있다. 신입생 환영 주간에 일어난 일인데, 소모임 활동 시간에 학생들이 자기소개를 하고 있었다. 신입생 하나가 매우 어색하고 미안한 듯한 표정으로 자기는 대인관계에 매우 서투르다고 말했다. 다른 학생 하나가 이런 질문을 했다.

"대인관계가 서툴다는 것은 무슨 뜻이야?"

"친구가 별로 많지 않고 친구 사귀는 데 서투르다는 의미야."

그러자 한 상급생이 이렇게 말했다. "걱정하지마. 여기서는 그렇지 않을 거야. 여기는 메트스쿨이거든. 우리 모두가 네 친구야."

서로를 존중하는 푸근한 학교 환경을 만들기 위해 데니스 교장과 엘리엇 교장은 스스로 모범을 보이고 있다. 흔히 말하듯 교장실 문이 언제든지 열려 있는 것 이상이다. 교장실이 비어 있으면 학생들은 교장실에서 회의를 하고 전화를 쓰기도 한다.(내가 다닌 초등학교 교장 선생님은 너무나도 무서운 분이어서 교장 선생님이 식당에 들어서면 2백 명이 떠들고 있다가도 갑자기 무거운 침묵에 빠져들곤 했다.) 데니스 교장과 엘리엇 교장은 단지 학생들의 이름을 외우는 수준을 넘어 학생들의 학습 진행 상황을 관찰하고 자주, 또 깊이 관여한다. 두 사람은 차로 학생들을 집까지 바래다주면서 이야기를 나누기도 하고, 임신 같은 문제에 대해 도움을 얻으러 온 학생들에게 조언을 해주기도 한다. 또한 자녀 문제에 우유부단한 학부모들로 하여금 좀더 결단력을 가질 수 있도록 도와주기도 한다. 그리고 학생들이 도중에 학교를 그만두지 않고 계속 다니는 것이 중요하다고 늘 강조한다.

엘리엇 교장은 이렇게 말했다. "나는 늘 학생들에게 학교를 그만두면 안 된다고 이야기합니다. 디에드레라는 아이가 있었는데, 그 아이 어머니는 학교를 계속 다닐지 말지는 아이가 결정할 문제니 내버려두라고 하더군요. 아이가 그만두고 싶어하면 그만두는 것이라고 말입니다. 하지만 저는 절대 그만두어선 안 된다고 했습니다. 어머니가 그런 식으로 말해버리면 아이들은 자신이 원하는 것은 무엇이든 해도 된다고 생각하죠. 디에드레는 플로리다 바닷가에 가서 늙은 남자나 꼬셔볼까 하는 생각을 하고 있었죠. 겨우 열일곱 살이었는데 말입니다. 그래서 그 아이에게 이렇게 말했지요. '너는 절대 학교를 그만둘 수 없다. 내가 서류에 서명하지 않을 거니까. 학교를 무사히 마치고 대학에 가는 네 모습을 한번 상상해보렴. 지금 네가 원하는 대로 플로리다에 가서 돈 많은 늙은 남자와 만나 연애를 하면 십중팔구 두 달 안에 임신하게 될 거고, 그 남자는 결국 너를 버릴 거야. 그럼 어디서 살래? 길거리에 나앉게 되겠지. 그러니까 학교를 계속 다녀야 해.' 그런데 제 말이 먹혀들었습니다. 그 아이는 계속 학교를 다녔어요. 이처럼 단호하게 행동해야 합니다. 단 며칠의 시간을 버는 동안 그 아이는 마음을 바꿨습니다. 때로는 교사가 부모 역할을 해야 합니다. 왜냐하면 부모 역할을 제대로 해줄 사람이 없는 아이들이 많기 때문입니다."

데니스 교장은 학교 이곳저곳을 돌아다니면서 끊임없이 학생들에게 애정과 관심을 보인다.

"누나 수술은 잘 되었니?"

"장학금을 탔다면서? 잘했구나."

"시장실로 전화했니?"

때로는 복도 저 끝에 서 있는 학생에게 주먹을 불끈 쥐어 보이며 힘내라는 손짓을 하기도 한다. 데니스 교장은 주머니에 다양한 색깔의 돌멩이를 넣고 다니며 도움이 필요한 학생에게 빌려주는 버릇이 있다. "누군가에게 버럭 화를 내고 싶을 때, 이 돌멩이를 불끈 쥐고 다시 생각해보렴."

데니스 교장은 한 아이에게 그렇게 말한 적이 있다. 다음 날 그 학생은 돌과 쪽지를 들고 왔다. "선생님, 어제 빌려주신 돌 감사합니다. 이제는 괜찮습니다. 이제는 화가 날 때 어떻게 해야 할지 알 것 같아요. 그래서 돌멩이를 돌려드립니다."

데니스 교장은 이렇게 말했다. "아이 한 명 한 명에 집중한다는 것이 단지 좋은 친구가 되어주는 것만을 의미하지는 않습니다. 아이를 존중하고 그 아이의 말에 귀를 기울이며 잘 대해주는 것을 뜻합니다. 리사는 열여섯 살인데 지난 주에 뒤늦게 곱셈을 배웠어요. 이제는 수학이 좋고 더 배우고 싶다고 합니다. 이런 일이 가능한 것은 리사가 선생님을 좋아하고, 선생님도 리사를 존중하며 이야기를 잘 들어주었기 때문이죠. 학생들은 이런 대접을 받을 때 편안함을 느끼고 공부에도 흥미를 느낍니다."

아이삭 선생님의 학생 한 명이 수술을 한 적이 있었는데, 아이삭은 꼬박 2주 동안 매일 병원을 방문했다. 주말에는 병원에서 몇 시간씩 보냈다. 그 학생의 부모가 병원에 오래 있을 수 없었기 때문에 아이삭이 부모 역할을 대신한 것이었다. 아이삭이 교사와 학생 관계의 경계를 넘어선 지나친 행동을 한 것인가? 메트스쿨에서는 그렇게 보지 않는다. 아이삭은 열네 살 소녀를 병원에 혼자 있게 해서는 안 된다고 생각했다. 한번은 간호사들이 너무 바빠 아이를 제대로 돌봐줄 수 없어서 아이가 침대에 오줌을 싸고도 그대로 있어야 했던 적이 있었다. 또 한번은 아이가 요추 천자(속이 빈 가는 침을 몸 속에 찔러 넣어 체액을 뽑아내는 일-옮긴이)를 받고 나서 통증 때문에 혼자 울고 있었던 때도 있었다.

데니스 교장은 이렇게 말했다. "나는 아이삭이 병원에 간 것을 대단하게 생각합니다. 만약 의무감 때문에 병원에 갔다면 그건 잘못된 것입니다. 또 만일 아이삭이 문병 가는 것을 싫어했다면 고역이나 다름없을 것

입니다. 하지만 아이삭은 시간 여유도 있었고 앓고 있는 아이를 도와줘야
한다는 생각을 갖고 있었습니다. 시간을 더 많이 쏟을수록 사람들과 가깝
게 될 수 있습니다. 교사와 학생 관계의 적정선은 전적으로 상황과 시간
에 달려 있습니다. 아이삭이 그 학생이 고통을 겪고 있을 때 신뢰감을 주
었다는 것이 중요한 점입니다. 이렇게 맺어진 관계는 앞으로 4년 동안 학
생과 아이삭이 함께 공부하는 것을 도와줄 것입니다.”

그렇다고 메트스쿨이 부모의 위치를 대신하려고 하는 것은 아니다. 오
히려 학부모와 긴밀히 협력하기 위해 끊임없이 노력한다. 중요한 것은 메
트스쿨 교사들은 자신들 역시 아이를 키워간다고 생각하고 때로는 일반
적인 기준 이상으로 학생들의 삶에 관여하는 것이다.

그러나 분명 적정 수준이 존재하기 마련이다. 어떤 교사는 내게 다음
과 같이 털어놓았다. “저와 지내는 동안 여러 가지로 문제가 많았던 아이
가 있었습니다. 저는 나름대로 최선을 다했고 그 아이를 돕기 위해 별별
노력을 다했습니다. 하지만 그 아이는 정말이지 제멋대로 행동했습니다.
솔직히 말해서 그 아이를 별로 좋아하지는 않았습니다. 항상 거짓말이나
도둑질을 하거나 학교 규칙을 어겼으니까요. 학교에서 마약을 팔기도 했
고 자만으로 가득 차서는 건방지게 굴었지요. 한번은 내게 꺼져버리라며
심하게 욕을 하기도 했습니다. 그때는 그 아이를 우리 어드바이저리에서
내쫓아버렸지요. 그랬더니 그 다음 주에 진심으로 사과를 하더군요. 그래
서 다시 받아들였습니다. 저는 여전히 그 아이에게 노력을 기울였습니다.
그 아이의 꿈은 고급 승용차를 몰고 다니는 음반회사 경영인이 되는 것이
었습니다. 물론 그런 바람이 마음에 든 것은 아니지만 ‘네가 꿈을 이루려
면 학교에서 반드시 해야만 하는 일이 있다’며 격려도 해주었습니다. 이
리저리 뛰어다닌 끝에 그 아이에게 대형 음반회사 제작자와 일할 수 있는

기회를 마련해주기도 했습니다. 그런데도 그 아이는 열심히 일하지 않았고, 결국 그 일마저도 그만두었습니다. 그 뒤에도 계속 거짓말을 했고 무례한 행동을 일삼았습니다."

"언젠가 한번은 그 아이에게 이렇게 말했습니다. '나는 네게 너무 지쳐버렸다. 학교를 계속 다닐지 말지는 네게 달렸다. 나로서는 더 이상 어쩔 도리가 없구나. 솔직히 이제는 더 노력하고 싶지도 않아. 그동안 너는 내 노력을 거부했잖아. 네 삶이니 네가 알아서 하렴." 일주일 뒤에 그 아이는 메트스쿨을 떠났습니다. 정말 슬픈 일이었지요. 그러나 저는 최선을 다했습니다. 다른 사람들의 조언을 듣고 여러 가지를 시도해보기도 했습니다. 그러나 모두가 허사였어요. 결국 제 정신 건강을 위해, 그리고 우리 어드바이저리의 다른 학생들을 위해 이제 그 아이에 대한 노력을 그만둬야 한다는 결정을 내렸습니다."

"그런데 그 아이에 대한 이야기가 여기서 끝나는 건 아닙니다. 데니스 교장이 늘 이야기하는 것처럼 학생들이 무엇을 배워 나갈지 아무도 모릅니다. 때로는 학생들이 교사의 말을 듣지 않는 것처럼 보여도 교사가 한 말은 몇 년 뒤에라도 반드시 그 학생들에게 도움이 됩니다. 지난 여름방학 때 아까 말한 그 아이에게서 전화가 왔습니다. 나는 이 아이가 뭔가 또 필요한가보다 하고는 '그동안 어떻게 지냈니?'라고 물었습니다. 그런데 그 아이가 '생일 축하하려고 그냥 전화했다'고 하더군요. 믿을 수가 없었죠. 어떻게 제 생일을 다 기억하느냐고 하니까 그 아이가 이렇게 말했어요. '제 선생님 생일이잖아요. 그냥 전화해서 보고 싶다고 말하려고 전화한 거예요.' 그래서 고맙다고 말하고는 몇 분 더 이야기를 나누었습니다. 누가 알았겠습니까? 그 아이 때문에 속이 썩긴 했지만 그 아이는 분명 우리에게서 감동을 받았을 거라고 생각합니다. 그렇지 않다면 왜 전화를 했겠어요? 지난 주에 그 아이에게서 다시 전화가 왔습니다. 전학한 학교에서 낙제를 해 메트스쿨로 돌아오고 싶다는 내용이었습니다. 하지만 그 아이가 여기서 다시 잘 해내리라고는 생각하지 않습니다.”

아이들 하나하나를 다 고려하는 맞춤 교육에도 적정 수준이 있기 마련이다. 한 학생이 하루는 사무실 한쪽에 자리를 잡고 앉아 책을 읽으며 하루 종일 교직원들의 이야기를 엿듣고 있었다. 다른 사람들이었다면 교장실 바로 앞에 자리를 잡고 있는 이 학생이 자신들이 그토록 소중히 여기는 엄숙한 이미지를 흐리고 있다며 야단쳤을지도 모른다. 그러나 데니스 교장은 예의가 없다고 그 학생을 꾸짖는 대신 벽에 그 학생의 사진을 붙여놓음으로써 따뜻이 맞아주었다. 하지만 메트스쿨에도 지켜야 할 예의범절은 있다. 날씨가 따뜻하던 어느 날, 그 학생이 누워 자고 있는 것을 본 데니스 교장은 곧장 학생을 깨워 이곳에서 자면 안 된다고 말했다. 그러면서도 화를 내거나 벌을 주지도 않았고, 또 인상을 찌푸리지도 않았다. 그러나 지켜야 할 선은 명확히 했다.

근대 교육이 안고 있는 문제점들은 대부분 메트스쿨에서도 어찌 해볼수 없는 것들이다. 메트스쿨은 맞춤식 교육을 하다보니 일반 학교에서는 피할 수 있는 문제도 맞닥뜨리게 된다. 어떤 학생들은 영양부족으로 말미암아 지친 몸으로 등교하는 탓에 집중력이 뮤직 비디오 한 편을 볼 수 있는 정도밖에 되지 않고, 또 어떤 학생들은 위험한 지역에 살거나 읽을 책도 없는 집안 환경에서 자라고 있다. 어떤 학생들은 메트스쿨 교사들의 지나친 관심을 전혀 원하지 않는다. 한 학생은 이렇게 말했다. “예전에 다닌 학교에서는 선생님들이 저처럼 거칠게 구는 아이를 간섭하지 않았어요. 대개는 공부 열심히 하는 학생들에게만 관심을 기울이죠. 메트스쿨 선생님들은 학생 모두에게 관심을 기울여요. 하지만 때로는 그 관심이 지나치기도 하지요. 제 어드바이저는 늘 이래라저래라 참견하거든요."

그런데 계속해서 학생들의 일에 참견하려면 엄청난 정열이 필요하다. 메트스쿨 교사는 학생들을 4년 동안 돌봐야 하기 때문에 '학년 말까지만 버티자'는 생각으로 골치 아픈 학생을 쉽게 단념할 수는 없다. 물론 어떤 학생은 서로 도저히 용납할 수 없는 문제 때문에 다른 어드바이저가 담당하게 되기도 한다. 하지만 여기에도 원칙이 있다. 처음 맡은 어드바이저가 최선을 다해 해결책을 모색한 뒤라야 다른 어드바이저에게 맡길 수 있다. 교사 한 명이 백 명이 넘는 학생을 책임지는 일반 학교에서는 교사가 일부 학생을 위해 개인적으로 시간을 할애하는 것은 애초에 불가능하다. 다루기 힘든 학생들은 조금만 틈이 보여도 문제를 일으키는데, 헌신적인 교사들은 이런 학생들의 요구에 부응하는 것이 불가능하다는 생각 때문에 사기를 잃고 좌절하게 된다.

하지만 메트스쿨에서는 반대 현상이 벌어진다. 어드바이저 한 명이 14명의 학생만 책임지면 되기 때문에 학생들이 어드바이저 모르게 문제를 일으킬 수는 없다. 그렇지만 모든 노력을 다 기울였는데도 학생이 낙제를 하면, 어드바이저는 괴로워한다. 하지만 최선을 다했기 때문에 실패를 오히려 덤덤하게 받아들이는 편이다.

한 어드바이저는 이렇게 말했다. "제가 담당한 학생이 낙제했을 때 받는 느낌은 예전에 120명의 학생을 가르치던 때 받았던 느낌과는 완전히 달랐습니다. 제 나름대로 최선을 다했다는 생각을 하니까요. 예전에 나가던 학교에서는 심지어 낙제한 학생이 누구인지도 몰랐습니다. 그저 그 아이들이 궁지에 몰렸구나 하는 생각만 했지요. 왜 낙제했는지 이유를 물어볼 만큼 그 아이들과 친하지도 않았고, 아이의 부모들과도 아무런 친분이 없었습니다. 저는 무엇이 문제인지 제대로 파악하지 못했습니다. 그저 고통받는 이 아이들이 정말로 고립되어 있고 무슨 이유인지는 모르지만 학교를 정말로 싫어한다는 사실만 알고 있었을 뿐입니다.”

메트스쿨 교사들은 해내야 할 일들이 많은데도 자신의 일을 정말로 사랑하고 있었다. 다른 학교에서 가르쳐본 경험이 있는 교사들은 메트스쿨에서 성적이 저조한 학생은 다른 학교의 성적 나쁜 학생보다 더 나쁘고, 우수한 학생은 훨씬 더 뛰어나다고 말한다. 또 다른 어드바이저는 이렇게 말했다. “메트스쿨이 설립되고 학생들의 삶에 다가갈 수 있는 기회가 주어진 것이 마치 특권처럼 여겨집니다. 제가 맡은 학생들의 학습뿐만 아니라 생활에까지 영향을 미칠 수 있는 가능성이 존재하니까요. 다른 학교에서 가르치는 제 친구들은 그런 느낌을 받지 못한다고 합니다.”

맞춤식 학교의 전망 | 이제 맞춤 학습은 점차 교육의 대세가 되고 있다. 미국의 우수한 교육정책 그룹 ‘전국 중등 교육 교장 연합회’와 ‘교육 선진화를 위한 카네기재단’에서 지난 1996년에 공동 발간한 『학교를 성적순으로 줄 세우지 말자Breaking Ranks』는 규모가 큰 고등학교를 재학생 수가 6백 명이 넘지 않도록 하고 교사 한 명이 90명 이상의 학생들을 담당하지 않도록 해야 한다고 주장했다. (물론 메트스쿨의 관점에서 보면 이 숫자 역시 여전히 많은 것이지만, 어쨌든 그 제안의 방향은 올바른 것이다.) 이 보고서는 학교에 수요자 중심의 학습계획을 세우고 모든 학생들에게 후견인을 정해주며, 또한 교사들에게 학생들의 관심을 끌고 학생 개인의 학습 방식을 수용할 수 있도록 교수법을 다양화하라고 촉구했다.

4년 뒤 미연방 교육부는 학급 축소 계획을 도입했다. 이 계획은 7년에 걸쳐 124억 달러를 지원하고 10만여 명의 교사를 새로 채용함으로써 학급 크기를 줄이고 학생에게 더 많은 관심을 기울이자는 것이었다. 또 소규모 학습공동체 도입 계획은 규모가 큰 학교를 재학생 수가 6백 명이 넘지 않는 작은 학습공동체로 분할하여 맞춤 학습이 가능한 학교를 만들기로 하고 4천 5백만 달러를 추가 지원하기로 했다. 민간 재단에서도 맞춤 학습에 자금을 지원하고 있다. 최근 3천만 달러를 기부한 카네기재단, 빌게이츠재단, 그리고 규모가 크고 성적이 저조한 뉴욕의 고등학교 열 곳을 재학생수가 5백 명이 넘지 않는 규모가 작은 학교로 재구성하는 사업을 벌이고 있는 열린사회연구소 같은 단체가 그런 예이다.

맞춤 학습 개념이 미국사회의 주류가 되어가고 있지만 이 개념의 실천은 여전히 잘 되지 않고 있다. 더 많은 지역에서 커다란 변화가 일어나기에는 아직 정치적 의지가 부족하며, 정치적 의지가 있다 하더라도 무슨 일을 어떻게 해야 할지를 모르는 곳이 많다. 그렇기 때문에 메트스쿨에 대해 알아보는 것은 아주 중요한 일이다. 왜냐하면 메트스쿨은 맞춤 학습을 위해 실제로 힘쓰고 있는 교육가, 학부모, 또는 정책 입안가에게 하나의 실제적인 지침이 되고 있기 때문이다.

관심사에 기초한 학습 3

데니스 교장은 사람들에게 어떨 때 학습 효과가 가장 좋았느냐고 물어보면, 뭔가가 자기에게 중요하고 의미가 있을 때라고 답했다고 한다. 여러 연구 결과 역시 이를 뒷받침하고 있다. 나 역시 몇 해 전 온실을 만들고 싶어져서 식물학 관련 강의를 듣거나 관련 서적을 읽으며 그 방면의 전문가를 찾아가 이야기를 듣는 등 닥치는 대로 온실 만들기에 관한 정보를 흡수했던 기억이 있다.

학생들은 종종 이런 질문을 한다. "도대체 이걸 배워서 어디에다 써먹죠?" 학생들은 학교가 자기의 미래와 어떤 상관이 있는지 이해하지 못하고 있는데, 바로 이 점이 학생의 학업 동기를 약화시키고 있다. 여러분이 현실세계에서 뭔가에 몰두하는 이유는 그것이 자신의 목표와 어떻게 연결되는지 알고 있기 때문이다. 그러한 연관성이 분명할 때 학생들은 더 잘 배우게 된다. 바로 그 때문에 교사는 학생 개개인에 대해 잘 알고 있어야 하는 것이다. 그렇게 될 때에만 교사는 학생이 관심을 갖고 있는 것과 앞으로 그들이 배워야 하는 것을 서로 연결시킬 수 있다.

"코소보 전쟁을 예로 들어봅시다. 우리는 그 전쟁과 역사 속의 주요 전쟁들에 대해 토론할 수 있습니다. 그런데 그 전쟁을 학생들의 삶과 결부시켜 풀어간다면 훨씬 효과가 있을 것입니다. 어떤 학생이 내게 이런 말을 한 적이 있습니다. '밤마다 저는 살아남으려 안간힘을 써요. 친구들과 밤새도록 차를 타고 돌아다니면서 사고 내지 않고 살아 있기를 바라죠.' 바로 이러한 아이의 삶과 교실에서 다루는 전쟁 이야기가 연결될 때 그 이야기는 아이들에게 가 닿을 수 있습니다. 또 어떤 학생들은 집안에서 벌어지는 싸움을 통해 갈등에 대해 이해하게 됩니다. 이와 같은 이해를 기반으로 우리는 전쟁이나 다른 역사적 사건, 다른 사회에 대해서도 이해할 수 있지요."

"우리 학교에 '재머'라는 아이가 있습니다. 재머는 명석한 아이였는데, 중학교에 다니는 내내 끔찍했었다고 하더군요. 처음 여기에 왔을 때 어찌나 조용하고 수줍음을 타던지 말하는 걸 들어본 적이 거의 없었어요. 우리는 재머가 자신의 열정을 컴퓨터에 쏟을 수 있도록 도와주었습니다. 그러던 어느 날, 갑자기 재머는 물리학 수업을 듣기 시작하더니 컴퓨터 게임을 디자인하고 주말에는 게임 세계의 역사에 관련된 책들을 읽었어요. 그러다가 컴퓨터 회사에서 인턴쉽을 시작했습니다. 언젠가 그 컴퓨터 회사의 소프트웨어에 말썽이 생겼는데, 고칠 수 있는 사람이 재머밖에 없었어요. 그래서 컴퓨터 회사 직원들이 재머를 데리러 학교에 와야 했죠. 그러는 동안 재머는 미적분학을 공부했고, 세 가지 컴퓨터 언어를 배웠고, 소프트웨어 매뉴얼을 작성했습니다. 그리고 일 년 동안 일본에서 공부했지요."

"과연 무엇이 재머로 하여금 이와 같은 결실을 거두게 했을까요? 재머를 존중하고 잘 대해주며, 자신의 열정을 추구할 수 있도록 도와준 사람들이 주위에 있었기 때문이라고 생각합니다. 우리의 접근 방식은 사실 쉽게 할 수 있는 게 아닙니다. 왜냐하면 학생들 한 명 한 명마다 다른 무엇을 찾아내야 하기 때문이지요. 물론 어떤 아이들 경우에는 자기 관심사가 무엇인지 찾아내도록 북돋워주는 것이 쉽지 않고, 또 자기 관심사를 알아낸다 해도 그것을 계속 추구할 수 있도록 하는 것이 어렵기도 합니다. 그렇지만 그래도 한번 도전해볼 만한 가치가 있다고 생각해요. 관심사를 좇는 것이 아이들에게는 최상의 학습 방법이기 때문이지요."

아더 파월은 자신의 책 『마음 가는 대로Interest of Mind』에서 공부에 관심이 많은 학생은 별로 없으며, 그런 학생이 있다 해도 그 학생은 또래들에게 따돌림당하기 일쑤라고 말한다. 파월이 든 두 가지 사례를 보자.

첫 번째. 10학년 학생 두세 명이 카페테리아에서 내전의 원인에 대해 큰 목소리로 논쟁을 벌이고 있다. 그때 옆 테이블에 앉아 있던 학생들이 논쟁하는 학생들을 비아냥거린다. "너희들은 그런 이야기를 왜 여기서 하냐? 여기가 교실인 줄 알아?" 두 번째. 12학년 학생 몇 명이 대학 진학을 위해 일 년 남짓 준비했던 화학 시험을 막 끝마치고 시험장을 나오고 있었다. 한 학생이 이렇게 외친다. "와, 드디어 끝났다! 이제 죽을 때까지 화학 때문에 골치 아플 일은 없을 거야." 다른 학생들도 그 말에 공감하는 듯 고개를 끄덕인다.

이런 예에 등장하는 아이들과는 대조적으로, '세자르'라는 학생은 3년 전에 끝낸 에볼라 바이러스 프로젝트에 아직도 열을 올리고 있다. "그 프로젝트가 너무 좋았어요. 친구들은 제가 그 이야기만 하면 진절머리 난다고 그만 말하라고 했지만 저는 너무 신이 났어요. 세계 최고의 과학자들이 일 년에 한 번씩 모여 바이러스에 대해 토론을 벌인다는 인도나 스위스 어디든 꼭 한번 가보고 싶었어요. 에볼라 바이러스에 대해 꽤 많이 배웠기 때문에 학회에 가면 그분들과 정말로 좋은 이야기를 나눌 수 있을 것 같아요. 제 말이 무슨 말인지 아시겠죠? 저는 에볼라 바이러스에 대한 통계 자료들을 굉장히 많이 알고 있거든요. 다른 아이들이 뭐라고 하든, 에볼라 바이러스를 공부하는 게 너무 즐겁고 좋아요."

앞에서 소개한 파월은 이와 관련하여 이렇게 말했다. "교실 문을 나서는 순간 더 이상 배움에 관심이 없어지는 학생이 부지기수인데도 전혀 국가적인 문제로 여기지 않고 있습니다. 집중력과 의욕이 없는 학생이 대부분입니다. 아이들이 완전히 지쳐버린 것 같아요. 아니, 어떤 열정에 불타오른 적이 전혀 없었는지도 모릅니다. 대부분의 학생들이 교과과정을 제대로 마친 것처럼 보이지만, 자기가 배운 것에 대한 관심을 갖고 있는 학생은 거의 없지요."

이러한 문제를 극복하는 것이 메트스쿨의 기본 목표 가운데 하나다. 메트스쿨은 배움은 즐거움을 주고 삶을 고양시키는 것이라는 점을 학생들이 이해할 수 있도록 돕는 데 많은 에너지를 쏟고 있다. 대부분의 학교에서는 높은 학점을 따게 하는 것이 최종 목표지만 메트스쿨의 최종 목표는 의욕적인 '평생 학습자'를 기르는 것이다. 메트스쿨은 아이들이 관심을 가지고 있는 것부터 배우도록 하는 것이 그 목표를 달성하는 최상의 방법이라고 믿고 있다.

대부분의 학교에서 학생들에게 자기 관심을 쫓는 것을 허용한다 해도, 예를 들어 학생에게 에세이 주제를 직접 정하게 하는 경우에도 정해진 지도 기준을 엄격하게 따라야 한다. 테드 사이저는 이렇게 말했다. "천만다행으로 아이의 관심이 기존 교과목에서 가르치는 내용과 맞아떨어지면 계속해서 관심을 갖게 하고 그 아이에 맞는 학습 방식을 모색해볼 수도 있겠죠. 그러나 일반 학교에는 기존의 교과교육 체계에 부합하지 않는 관심 분야를 학습할 수 있는 여지가 거의 없어요. 공격적일 만큼 적극적인 학생이나 그 부모, 또는 영향력 있는 교사가 이에 대한 예외를 강력하게 주장하지 않는 한 절대 변화할 수 없습니다. 색다른 지적 관심, 또는 사회적 관심을 보이는 아이들에게 학교가 동기를 부여해주는 경우는 거의 없거든요."

나의 학창 시절은 이를 입증해주고 있다. 고등학교 때 나는 아메리카 원주민 춤반에서 활동했는데, 10학년 영어 교과 수업 때 원주민 춤에 대해 기말 보고서를 썼고 축제 때는 친구들 앞에서 공연을 했다. 그 보고서는 내가 쓰레기통에 던져버리지 않은 몇 안 되는 보고서 가운데 하나였다. 담당 교사는 보고서에 이런 논평을 달아주었다. "네가 의례에 관심이 많았기 때문에 심리적·상징적인 의례의 의미를 좀더 보편적으로 공부하는 데 흥미가 있었을 거라고 본다. 이 보고서가 민속 예술과 일반 예술의 차이에 대한 흥미로운 프로젝트로 이어질 수 있을 거라고 기대한다."

그 선생님의 제안은 대단한 것이었다. 하지만 나는 그 프로젝트를 시작하지 못했다. 아마 내가 게을렀기 때문인지도 모른다. 그러나 만약 그 선생님이 다른 과목 숙제들을 면제해주겠다는 약속을 하고 그 프로젝트를 시작해보라는 제안을 했더라면 아마도 사정이 달라졌을 것이다. 그랬다면 나의 관심을 좇는 것이 학교에서 요구하는 학습량에 더해져서 부담이 되는 게 아니라 내 커리큘럼의 주된 내용이 되었을 것이기 때문이다.

사실 내 경험을 돌이켜보면, 개인의 전문성이 강조되어야 하는 대학원 박사 과정에서조차도 자신의 관심을 좇아 공부하는 것이 쉬운 일은 아니었다. 내가 신청한 어느 수업에서 아이들이 심리 치료를 받고 어떤 변화를 보이는지에 대해 논문을 써야 했을 때가 있었다. 그때 나는 입양에 관심을 가지고 있었기 때문에 입양과 관련해서 논문을 써보겠다고 했더니 교수는 그것을 허락하지 않았을 뿐만 아니라 왜 자기가 제안한 주제를 선택하지 않았느냐고 노골적으로 화를 냈다. 교수는 입양과 심리 치료가 도대체 무슨 상관이 있느냐는 얼토당토않은 말을 하며 호통을 쳤다. 어찌나 심하게 호통을 치는지 그 교수의 어린 시절 성장 배경이 궁금해질 정도였다. 결국 나는 입양 대신 사춘기를 주제로 논문을 써야 했다.

학생의 관심에 기초한 학습을 활성화하기 위해서는 교육자들이 먼저 학교의 구조 자체를 변화시켜야 한다. 학생에게서 그 동력이 나오기를 기대해서는 안 된다는 것이다. 메트스쿨은 처음부터 학생 자신의 관심을 강조한다. '스테파노'라는 학생의 어드바이저는 이렇게 말했다. "스테파노는 자신의 관심에 따라 공부하는 것을 아주 즐거워했어요. 메트스쿨에 오기 전부터 이미 뭔가를 추구하고자 하는 열정이 있었기 때문이지요. 스테파노는 동물학자가 되고 싶어했는데, 첫 인턴쉽을 동물원에서 했습니다. 스테파노의 프로젝트는 동물원에서 새로 데려오려는 동물들을 조사하여 어떤 서식 환경이 필요한지 파악하는 것이었습니다. 어떤 학생들은 워낙 여러 갈래로 관심이 뻗어나가 자기가 감당할 수 없는 프로젝트를 기획하는 경우도 있어요. 그럴 때 그 다양한 관심사를 고등학교 과정 동안 적절히 나눠 탐구하도록 하는 게 제가 할 일이지요.”

그러나 대부분의 학생이 자기 관심사가 무엇인지 잘 모른다. 그 문제에 대해 진지하게 생각해본 학생은 거의 없다. 관심이라곤 기껏해야 텔레비전, 패션, 대중음악 정도이고, 그 밖의 것에 대해서는 별로 생각해보지 않은 경우가 많다. 물론 그런 관심사가 잘못되었다는 말은 아니다. 사실 그런 영역에서 프로젝트를 훌륭하게 해낸 학생들도 많다. 어쨌든 대부분의 학생이 흥미를 가질 만한 다른 주제를 접해본 경험이 거의 없다는 게 문제다.

또 하나의 쟁점은 어떤 것에 관심을 가져보라고 일방적인 강요를 당하는 학생들에 대한 것이다. 알피 콘은 자기 아이를 나중에 하버드대학에 입학시킬 목적으로 하버드대학 입학사정위원회의 기준에 맞춰 미리부터 아이들의 활동을 통제하는 부모들을 예로 들었다. 알피 콘은 그런 부모 밑에서 자라난 아이들은 대부분 개인적으로 즐기면서 흥미를 가질 수 있는 것들을 발견해내는 능력을 잃어버리게 된다고 경고했다.

메트스쿨은 학생이 자기 관심사를 찾는 데 도움이 될 만한 활동을 다양하게 모색해왔다. 학생들은 어드바이저와 함께 박물관, 법원 재판정, 공항 관제탑 같은 곳으로 ‘현장학습’을 나가기도 하고, 아침 모임에 손님을 초대해 직업과 관심사에 대해 이야기하기도 하며, 부모들을 초대해 직업

세계에 대한 이야기를 듣는 행사를 갖기도 한다. 또 메트스쿨에서는 자기가 관심을 갖고 있는 분야에서 일하는 사람들을 찾아가 관찰하고 인터뷰하도록 권유한다. 그리고 부모들에게는 자기 자녀가 어린 시절에 어떤 주제에 관심을 갖고 몰두했었는지 떠올려보라고 요구한다. 또한 학생들은 자신의 관심사를 탐색하기 위해 다음과 같은 활동을 한다.

과거의 인생 여정 지도 그리기 : 자기의 중요한 인생 경험들을 지도로 그려본다. 과거에 만났던 사람들, 과거에 가졌던 취미와 특별한 재능, 예전에 했던 그룹 활동, 예전에 들었던 음악, 읽었던 책, 영화, 예전에 지니고 있던 사회에 대한 신념, 예전에 했던 일, 행복했던 시절과 불행했던 시절, 자기가 속한 집단의 문화(예술, 언어, 전통, 의례, 종교), 그리고 자기의 생각과 행동을 빚어준 것들이 무엇이었는지 하나하나 떠올려보라.

미래의 인생 여정 지도 그리기 : 2년, 5년, 10년, 25년 뒤 어떤 모습의 삶을 살고 싶은가? 직업, 교육, 기술, 여행, 성격, 거주지 같은 것에 대해 구체적으로 상상해보라. 여러분이 이제 은퇴하게 되었다고 상상해보자. 어떤 식의 은퇴식을 하고 싶은가? 그때 여러분은 이미 인생의 가장 중요한 목표들을 달성했을 것이다. 은퇴식에는 누가 올 것 같은가? 그들은 여러분을 한 인간으로서 어떻게 평가할까? 여러분의 인생에 대해 그들은 어떻게 이야기할까?

이 세상에서 가장 큰 고통의 근원은 무엇인가? 여러분이 살고 있는 나라에서, 또는 공동체에서 그것을 찾는다면? 이 사회에 필요한 것들 가운데 가장 중요한 것은 무엇인가? 이 문제를 해결하는 데에는 어떤 사업, 조직 또는 개인이 관련되어 있는가?

여러분의 흥미를 자극하는 연극이나 영화를 한 편 보고 깊게 탐구해보라. 그러고 나서 그 작품의 시간적 배경이 되는 시대의 역사를 공부해보라. 당시의 의상은 왜 그런 모양을 하고 있는 것일까? 당시의 언어를 오늘날의 언어와 비교해보라. 주요 인물의 자서전을 읽어보라. 그리고 관심을 끄는 것이 있다면 무엇이든 하나를 붙들고 깊이 공부해보라.

경험이 풍부한 학생들과 함께 그들의 열정에 대해 이야기해보라. 그 학생들은 자기가 무엇을 하고 싶은지 어떻게 알게 되었는가? 그런 질문을 부모, 친척, 이웃, 교회 어른, 은퇴한 노인 같은 다른 사람들에게도 던져보라.

그 밖에 할 수 있는 다른 활동 : 폐품 수집, 자신의 기술 목록 작성, 직업에 대한 관심도 체크리스트 작성, 도서관과 인터넷 검색, 관심 있는 사람을 인터뷰하고 그 사람의 생애 적어보기, 자신의 개인사 적어보기, 가족사 적어보기.

데니스 교장은 아이들의 관심사 탐색에 대해 이렇게 말했다. "대부분의 학생이 결국에는 자기의 관심사를 알아냅니다만, 모두가 그런 것은 아닙니다. 예를 들어 '테리'라는 학생이 있었는데 우리는 이 아이가 무엇에 관심이 있는지 도무지 알아낼 수가 없었습니다. 테리는 곧 졸업반이 되는데도 여전히 아무것도 하지 않고 있습니다. 솔직히 말해 우리로서는 이 아이와 함께 무엇을 해야 할지 막막하기만 합니다. 그래서 우리는 별로 좋아하는 방법은 아니지만 훨씬 직접적인 방법을 취하고 있습니다. 테리에게 기아 문제를 다루는 '글로벌 하비스트Global Harvest'라는 시민단체에 가라고 하고는, 글쓰기를 좋아하는 어드바이저와 하루 한 시간씩 함께 붙어 있도록 했지요. 거기에 가려면 글을 많이 써야 하거든요. 그러고는 테리에게 이렇게 말했주었습니다. '네가 하고 싶어하는 완벽한 인턴쉽이 나타날 때까지 마냥 기다리면서 빈둥거리게 할 수만은 없다. 그러니 네가 더 좋아하는 것을 부담 없이 찾아나가되, 당분간은 우리가 시키는 것들을 해야 한다'고 말입니다."

이 점은 아주 중요하다. 학생들이 자기 관심사를 찾지 못했다는 이유로 마냥 허송세월하게 할 수는 없다. 아이들이 배우는 것을 지루해한다고 해서 그 나이에 꼭 익혀야 할 중요한 기술을 무시해서도 안 된다. 엘리엇 교장은 이 점에 대해 이렇게 말했다. "관심사를 통해 학습한다고 해서 아이가 원하기만 하면 뭐든지 할 수 있다는 뜻은 아닙니다. 원하는 것부터 시작할 수는 있지만, 반드시 지적 수준을 높일 수 있는 것이어야 합니다. 텔레비전이 재미있으니까 하루 종일 보겠다는 학생이 있었는데요. 그렇게 하게 해서는 안 됩니다. 우리는 학생들이 배우는 과정에서 기쁨을 찾고 사회에 꼭 필요한 시민이 될 수 있도록 도와주고 싶은 것입니다. 그렇게 되기 위해서는 자신의 정신을 잘 활용하는 방법을 배워야 합니다. 관심사를 통해 더 효과적으로 사고하는 법을 배울 필요가 있고, 또 배운 것을 자기 것으로 소화하는 법을 배울 필요가 있습니다."

이 점에 대해 어느 어드바이저는 이렇게 덧붙였다. "우리가 좋아하는 것들을 하기 위해서는 싫어하는 것도 해야 합니다. 학생들은 바로 그 점에 대해서도 배울 필요가 있습니다. '제이크'라는 학생이 있는데 해저생물학자가 되고 싶어해요. 하지만 제이크는 산만하고 글쓰기를 싫어합니다. 제이크의 인턴쉽 멘토들은 이러한 장벽을 극복해야 과학자가 될 수 있다고 제이크를 설득했는데, 제이크는 마침내 '겨울철 가자미과 어류'에 대해 열다섯 장이나 되는 연구 보고서를 써냈습니다. 멘토들이 그에 관한 정보를 필요로 했거든요. 제이크는 글쓰기를 끔찍하게 싫어했지만 결국은 해냈습니다. 열두 번의 교정 작업 끝에 대학생 수준의 놀라운 연구 보고서를 써낸 것입니다. 이처럼 학생들에게 자기가 관심을 가지고 있는 것에 가까이 가도록 하면, 때로는 별로 하고 싶어하지 않았던 일이라 해도 기꺼이 해냅니다. 어떤 때는 무척 싫어하던 일을 더욱 즐기게 되는 경우도 있습니다."

하지만 아이들이 하고 싶어하지 않는 것을 시키는 때도 있다. 데니스 교장은 이에 대해 이렇게 말했다. "우리는 '토니'라는 학생을 대단히 유연하게 대하고 있습니다. 우리가 생각하는 좋은 학교가 토니가 원하는 학교와 다를 수 있다고 생각합니다. 사실 토니는 이미 기업체를 운영할 정도의 수완까지도 가지고 있지만, 우리가 내주는 엄청난 숙제는 결코 하지 않을 것이라는 점을 잘 알고 있습니다. 어떤 사람들은 바로 그 이유 때문에 토니를 학교에서 내쫓으려 하겠지만 저는 절대 그렇게는 하지 않을 것입니다. 토니는 대단한 재능을 가지고 있고, 또 다른 사람들에게 상처를 주지도 않거든요. 우리가 좀더 인내심을 가지고 필요한 자원을 제공해준다면 토니는 아마 좀더 의욕을 가지고 학습하게 될 겁니다. 아이에게 평생 학습의 의지를 불어넣는 것이야말로 진정한 졸업장의 의미가 아니겠습니까?"

"사실 얼마 전에 토니는 시칠리아 요리에 관심을 갖게 되었습니다. 그래서 우리는 토니에게 졸업 프로젝트로 시칠리아에 가서 요리 공부를 할 수도 있다고 말해주었습니다. 그랬더니 이탈리아어를 배우는 데 열중하더군요. 물론 도중하차할 수도 있겠죠. 하지만 우리가 잘만 하면 토니의 관심사를 학습으로 계속 연결할 수 있을 것이고, 그러다보면 그 관심사 가운데 하나가 효과를 보게 될 것입니다. 당분간은 토니가 게으름을 피우지 못하게 하는 것에만 집중할 생각입니다. 그리고 병원에 가서 왜 밤에 잠을 제대로 못 자는지 진찰을 받도록 할 거구요. 일반 학교는 이런 일들을 무시하고 넘어가지만 사실 이건 엄청나게 중요한 일입니다.”

사실 아이들의 관심사를 기반으로 한 학습을 강조하는 학교에서는 자칫 잘못하면 학생들의 학습이 너무 협소해질 위험이 있다. 허브 콜은 이렇게 말했다. “60~70년대에 학생 중심 교육을 주장했던 교사들은 심화 학습 기반을 마련하기 위해서는 학생들의 관심과 경험에서 출발할 필요가 있음을 강조했다. 하지만 불행히도 이 전략은 단순히 학습의 중심을 학생의 관심에 두는 것을 의미하는 것만으로 받아들여졌다. 내가 볼 때는 그것이 학습의 범위를 제한하는 방법인데도 말이다. 이것은 우리가 생각하는 학생 중심의 교육과는 전혀 다른 것이다. 교육은 아이들이 원하는 것을 주기도 해야 하지만, 또 아이들이 해야 할 것에 대해 요구도 해야 한다. 어른의 세계에는 아이들이 배워야 할 가치 있는 것들이 많이 있다. 따라서 아이들의 욕구나 관심을 충족시키는 것과 어른들이 아이들에게 줄 수 있는 사회적, 문화적, 기술적 성취라는 선물을 아이들에게 경험시키는 것을 균형 있게 유지하는 것이 교사들의 책임일 것이다.”

데니스 교장은 이에 대해 이렇게 말했다. “허브의 생각에 동의합니다. 메트스쿨은 허브가 경고하고 있는 학생 중심 교육의 위험에 빠져 있지 않습니다. ‘라리사’라는 학생의 예를 들어봅시다. 미용은 우리 학생들에게 권유하는 분야는 아닌데, 어쨌든 라리사는 거기에 관심이 있었고 그래서 미용실에서 인턴쉽을 했습니다. 라리사의 어드바이저는 미용 산업으로 백만 달러를 번 기업가이자 사회운동가인 워커 여사에 관한 책을 소개해주면서 라리사에게 읽어보라고 권했습니다. 라리사는 그 책을 통해 경제적인 성공을 거둔 흑인을 처음으로 접하게 되었습니다. 라리사는 워커 여사 이야기에 빠져들게 되었고 워커 여사에 대한 연구 보고서를 훌륭하게 써냈습니다. 얼마 지나지 않아 우리 교직원 가운데 한 명이 인종차별 철

폐기념일 행사에 참석하려고 리틀 록에 가게 되었는데, 자기와 함께 갈 학생을 선발하기 위해 에세이 콘테스트를 열었어요. 워커 여사에 대해 열광하고 있던 라리사는 그에 대한 에세이로 최우수상을 받아 리틀 록에 가게 되었지요. 리틀 록에서 여러 가지 좋은 경험을 하고 나서는 학습에 더욱 열중하게 되었어요. 나중에는 임신으로 말미암은 당뇨와 가정 폭력에 관한 일련의 프로젝트를 수행했습니다. 졸업 연설을 하면서 라리사는 '제 관심은 머리를 다듬는 일에서 사람을 치유하는 일로 옮겨가게 되었습니다'라고 하더군요. 그 모든 것이 미용에 대한 관심에서 시작된 것이지요."

"우리는 학생 개개인이 어떻게 하면 가장 잘 배울 수 있는지 그 방법을 찾으려 노력합니다. 그래서 그들의 관심사에서 출발하여 점차 배움의 영역을 확장해갑니다. 물론 그것은 어떤 점에서는 제한적이기도 하지만, 어떤 접근법이든 완벽할 수는 없겠죠. 문제는 무엇을 어떻게 제한해 무엇에 집중하게 할 것인가에 있다고 봅니다. 제가 교사를 채용하는 기준은 그 사람이 평생 배우는 사람이어야 한다는 것, 그리고 폭넓은 관심사를 갖고 있고 스마트한 사람이어야 한다는 것입니다. 그래야만 자기가 가르치는 아이들이 미처 관심을 갖지 못했던 것들을 계속 경험할 수 있게 할 테니까요. 메트스쿨 교사들은 항상 아이들과 함께 신문을 읽고 토론합니다. 또 아이들에게 도발적인 질문을 던지고 아이들이 잘 모르는 단어를 칠판에 적어 가르치기도 하고, 학생들을 박물관으로 데려가기도 합니다. 수만 가지 방식으로 아이들에게 새로운 관심을 갖게 하는 거죠."

콜은 자신이 쓴 책에서 어느 고등학교에서 했던 수업에 대해 이야기했는데, 학생들이 지진이 일어났다고 가정하고 대책을 세워야 하는 수업이었다. 아이들에게 주어진 과제는 8천 5백 명의 이재민을 새로운 곳으로 이주시키는 것이었다. "그 수업의 목적은 일정한 논의의 흐름을 유지하면서 학생들로 하여금 온갖 기발한 생각을 끌어내게 하는 것이었습니다. 그런데 첫날부터 제가 전혀 개입하지 않을 경우 학생들이 온갖 착상과 거친 아이디어들에 마구 휩쓸리게 될 것이 염려스러웠죠. 저는 학생들이 주어진 과제를 해결할 어떤 계획을 세우려면 먼저 개념적 도구를 제공받아야 하고, 우리가 토론하려는 이슈에 대한 토론을 먼저 할 필요가 있다고 생각합니다. 아마도 학생 중심의 '진보적인 교육자'들은 이런 점에서 저와 다른 생각을 갖고 있을지도 모르죠. 그 사람들은 사고와 연구 기법이 모두 프로젝트 중심의 학습과 학생들의 경험에서 우러나와야 한다고만 생각할 테니까요. 하지만 때로는 개념을 직접 가르치는 것이 필요하고, 학생들 스스로 대화의 주제를 결정할 수 없을 때는 교사가 정해주는 것이 더 빠르고 체계적이며 효과적인 교수법이라고 생각합니다."

데니스 교장은 이 점에 대해 이렇게 답했다. "학습에 효과가 있는 것이라면 일반적인 강의든 무엇이든 다 하는 것이 좋다고 생각합니다. 거기에는 학생들에게 필요한 자원을 제공해주는 것도 포함되지요. 허브가 말한 수업에서처럼, 학생들이 바로 활용할 수 있는 자원이라면 훨씬 효과가 크지요. 그러나 앞으로 한참 동안 아이들에게 필요하지 않을 것들을 지금 당장 가르쳐야 한다는 논리 자체에 대해서는 반대하고 싶습니다. 내 경험에 비춰 보면 그것은 대부분의 학생들에게 효과가 없었기 때문입니다. 메트스쿨에 다니는 학생 대부분이 대학에서 강의를 듣고 있는데, 대학 강의가 시작되기 직전에 '노트 필기법에 대한 워크숍'을 열어 대학 강의를 들으러 나갈 학생들은 반드시 참석하도록 했습니다. 강의를 들으려면 노트 필기를 제대로 할 줄 알아야 합니다. 그러니 노트 필기를 제대로 못해 F학점을 받게 내버려두지 말고 미리미리 가르쳐야지 않겠습니까? 만약 아이들이 그 필요성을 느끼기 전에 먼저 가르쳐야 할 필요가 있다면 당연히 그렇게 해야죠. 하지만 그렇게 하는 것이 별로 효과가 없다면, 그것은 학생들이 그 필요성을 아직 느끼지 못하기 때문입니다. 그런 경우에는 조심스레 아이들을 지켜보고만 있다가 아이들이 그것을 절실히 필요로 할 때 가르쳐주는 것이 좋다고 봅니다. 예를 들어 대학 강의가 시작되고 나서 나흘 정도 있다가 말이죠. 우리 학교처럼 규모가 작은 학교에서는 그렇게 할 수 있습니다."

"또 다른 예는 말썽을 부려 결국 법정에까지 서야 했던 어느 상급생 이야기인데요. 그 학생은 법원에서 지정한 변호인을 거부하고 자기 스스로 변론을 하겠다고 하더군요. 그래서 저는 이렇게 이야기했지요. '그렇게 하면 안 돼! 자칫 잘못하면 그러다가 네 스스로 십자가에 못 박히게 될 수도 있단 말이야! 변호사가 아무리 미덥지 않다 해도 너보다는 변론을 잘 할 수 있을 거야'라고 말이죠. 메트스쿨 학생 절반 가량이 언젠가는 법과 맞서야 할 아이들인데(이른바 '문제아'들이죠), 우리는 모든 학생들에게 법을 어떻게 다루어야 하는지 가르쳐야겠다는 생각도 하고 있습니다. 하지만 학생들은 자기가 구속되거나 하는 일은 절대 없을 것이라고 생각합니다. 그러니 우리가 아무리 법에 대해 가르친다고 해도 귀담아듣지 않을 게 분명합니다. 그래서 지금은 가르치지 않고 있습니다. 하지만 아이들이 아무리 배우고 싶어하지 않아도 꼭 가르치는 것들이 있습니다. 예를 들면 에이즈 예방법이나 피임법에 대한 것이지요. 학생들은 이런 일 역시 자기에게는 일어나지 않으리라고 생각하지만 어쨌든 우리는 가르칩니다. 만일 손에 화상 입는 것을 예방하는 법을 가르쳐야 한다면, 정말로 잘 가르칠 수만 있다면, 모든 학생들에게 동시에 강의를 통해 가르치는 것 역시 아무 문제가 되지 않는다고 봅니다. 그러나 대부분의 학교에서는 학생들이 전혀 듣지 않는 내용을 가르치고 있지요. 학생들이 관심을 가지지도 않고 공감하지도 않는 것이라면, 그 학생들이 뭔가를 배우고 있다고 말할 수는 없겠지요."

인턴쉽을 통해 배운다 4

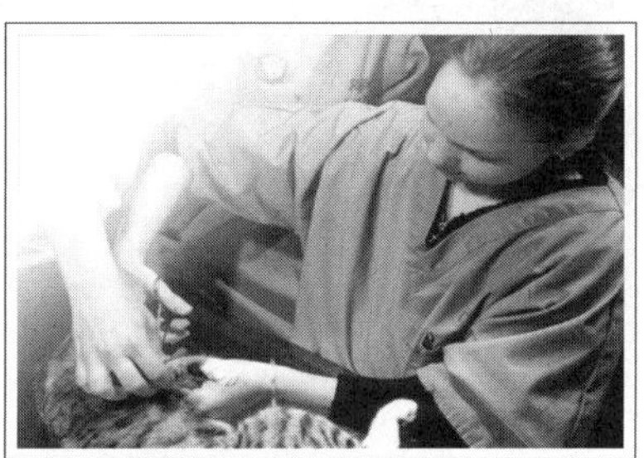

어느 날 저녁, 통근 열차를 타고 가던 나는 우연히 한 사업가를 만나 이야기를 나누게 되었다. 그 사업가는 자기 아들 데이빗이 교외에 있는 고등학교에 다니는데 열심히 공부를 하지 않아 그만 낙제했다고 했다. 과외교사를 두기도 했지만 큰 도움이 되지 않았고, 또 데이빗은 방과 후에 낚시 용품 가게에서 하는 일을 그만두고 그 시간에 공부할 생각을 하지 않았다고 한다. 그러면서 나는 그 아이가 어떤 일을 하고 있는지 상세하게 듣게 되었다.

데이빗은 가게 주인과 아주 친했고, 그 가게 주인은 곧 일을 그만두려던 참이었다. 친구들이 중고차에 돈을 엄청나게 쏟아부은 데 반해 데이빗은 일해서 번 돈 1만 2천 달러를 은행에 예금했다. 그리고 6개월 뒤 열여덟 살이 되면 그 가게를 인수하기로 주인과 약속을 했다. 데이빗은 조금만 더 판매하면 상당한 이익을 낼 수 있다고 생각했다. 가게 매출이 손익분기점을 조금 웃돌고 있었기 때문이었다. 데이빗은 가게를 인수하는 대로 아버지의 도움을 받아 판매량을 늘리고 이익을 세 배로 높일 판매 계획까지 세웠다.

고등학교에서 낙제한 학생이 이런 계획을 세운 것이다. 데이빗이 메트스쿨에 다녔더라면 주된 교육과정인 인턴쉽을 그 가게에서 했을 것이다. 그리고 판매 계획은 수학과 컴퓨터, 영어를 공부하는 출발점이 되었을 것이다. 그리고 낚싯대가 어떤 물리적 현상을 응용한 것인지, 기름 유출 사고의 사회, 경제적 영향은 무엇인지에 대해서도 연구해볼 수 있었을 것이다. 통근 열차가 프로비던스 역에 도착할 즈음에, 데이빗은 나이가 많아 아무래도 메트스쿨로 전학하는 것이 어려울 것 같다고 하자 그 사업가는 상당히 실망하는 것 같았다.

스타워즈를 쫓아가며 미디어테크에 들어가면 조그마한 판매대가 앞에 놓여 있고, 그 뒤쪽에 컴퓨터가 있는 작업실이 있다. 프로그래머 세 명이 붙어 앉아 컴퓨터 화면에 얼굴을 파묻고 있다. 그 프로그래머들은 6시간 안에 거래처에 보내줘야 할 시디롬 그래픽 작업 때문에 바쁘다. 미디어테크의 고객들은 프로그래머 가운데 한 명이 고등학생이라는 사실을 모를 것이다.

컴퓨터 그래픽 분야를 좋아하는 재머는 어드바이저의 도움을 받아 9학년 때 미디어테크에서 인턴쉽을 하게 되었다. 미디어테크의 창업자이자 직원인 빌과 에드워드는 이제 막 시작한 회사에 새로운 사원이 들어와서 다소 부담을 덜게 되었다. 처음 몇 주 동안 재머는 이들에게 새로운 프로그램 사용법을 알려주었고, 그래픽 디자인 작업을 도와주었다. 그리고 에드워드와 메트스쿨 어드바이저와 재머가 함께 앉아 미디어테크의 홍보 효과를 강화하기 위한 멀티미디어 프로젝트를 계획했다.

재머는 자신의 계획에 대해 말했다. "〈스타워즈〉 특별 편집판을 봤는데, 그때부터 그래픽 디자인을 배워 직접 3-D 특수 효과를 만들어보고 싶더라고요. 벌써 컴퓨터 화면을 걸어 다니는 삼차원 인물을 디자인하기 시작했어요."

"저는 인턴쉽 프로젝트로 고객에게 미디어테크의 역량을 십분 보여줄 수 있는 멀티미디어 상품을 만들 거예요. 먼저 미디어테크의 응용 프로그램이 하는 일은 어떤 것인지, 그 프로그램을 쓰는 이유는 무엇인지에 관해 배울 거예요. 제가 궁금하게 생각하는 것은 이런 거예요. 미디어테크는 어떤 시장을 공략하려고 하는가? 업계 기준보다 나은 제품을 만들 수 있는 방법은 무엇인가? 업계 기준은 무엇인가? 프로그램이 작동하고 있는 동안 인터페이스를 바꿀 수 있게 하려면 어떻게 설계해야 하는가? 그리고 아직 발견하지 못한 문제점들도 많을 거예요."

재머는 프로젝트를 수행하기 위해 그래픽 기술 외에도 수학과 논리력, 대화 기술을 익혀야 한다. 재머가 메트스쿨로 돌아가면 어드바이저는 이런 것을 익힐 수 있도록 도와준다. 재머의 어드바이저는 이렇게 말했다. "재머는 몇몇 수학 분야를 어려워해요. 자신이 무엇을 하고 있는지 잘 설명할 수 있어야 합니다. 우리는 이 점을 중요시하죠. 재머는 가끔씩 간단명료하게 뭔가를 적어 놓을 때가 있는데, 컴퓨터를 잘 모르는 사람은 이해할 수 없는 말도 있어요. 그러면 재머에게 하나하나 저한테 잘 설명해 보라고 시키죠."

하루는 재머가 일을 하다가 해결하기 어려운 문제 때문에 곤란을 겪자 에드워드가 살며시 다가가 도와주었다. 두 사람은 프로젝트에 대한 이야기를 하다가 서로의 지식이 어느 정도인지 알게 되었다. 재머는 해결책을 찾기 위해 에드워드의 컴퓨터에서 인터넷 데이터베이스를 살펴보기 시작했다. 에드워드는 재머에게 설명서를 읽어보라고 시켰다. 잠시 뒤에 재머는 해결책을 찾아내고는 에드워드에게 무엇을 바꿔야 하는지 알았다고 말했다. 그날 아침 두 사람은 서로 진정한 동료가 되어 같이 생각하고 문제를 풀었던 것이다.

11학년 때만 해도 재머는 정리 정돈을 제대로 하지 않아 리포트를 잃어버리거나 과제를 잊어먹기 일쑤였다. 하지만 미디어테크에서 일하는 동안 정리 정돈을 잘하지 못하면 어떤 결과를 낳는지 몸소 체험하면서 그런 습관을 고쳐나가기 시작했다. 에드워드는 이렇게 말했다. "재머는 프로젝트 계획을 제대로 세우지도 않고 뛰어들었기 때문에 실패하곤 했지요. 그 때문에 재머는 많이 좌절했어요. 그래서인지 지금은 시작하기 전에 생각하는 법을 배워나가고 있어요."

삼월 중순 어느 날 저녁, 공개 프리젠테이션 자리에서 재머는 자신의 멀티미디어 프로젝트를 발표했다. 발표가 끝나고 나서 어드바이저는 이렇게 기록했다. "재머는 엄청나게 많은 것을 배웠다. 자신감도 늘었고 진지해졌으며, 집중력도 늘었다. 하지만 프로젝트나 약속 시간 같은 것을 철저하게 관리하기 위해서는 수첩 사용법을 좀더 익혀야 한다. 재머는 자신에게 의미 있는 교육을 계획하는 장점이 무엇인지 체험하고 있다. 멘토는 재머에게 진짜 일을 맡기기 시작했고, 재머도 그 기회를 잘 이용하고 있다."

재머의 어머니가 덧붙여 말했다. "내 아들이 무척 자랑스럽더라고요. 내 아이가 미디어테크에서 중요한 사람이 되어가고 있으니까요. 그래서 그 애도 더욱 열심히 일해요. 자신이 중요하고 가치 있는 사람이라 느끼니까요. 공개 프리젠테이션이 끝난 뒤에는 처음으로 자신의 미래 목표와 대학 입학에 대해 말했어요. 재머는 MIT(매사추세츠 공과대학)와 로드아일랜드 디자인 학교에 진학하고 싶다고 말하더군요. 전에는 이런 이야기를 한 적이 없어요. 전 정말 감동받았죠. 그냥 내 아들을 바라보며 '와!' 하고 생각했죠."

에드워드는 재머가 그렇게 말했다는 것을 듣고 놀라지 않았다. "재머는 실전 경험을 통해 중요한 것을 배웠어요. 대학 졸업생들도 그런 경험은 하기 힘들지요. 재머는 우리 회사의 첨단 장비를 사용하며 공부했지만 대학생들은 엄청난 돈을 내고도 낡은 장비로 공부하죠. 이곳에 와서 자료를 구해 가는 로드아일랜드 디자인학교 학생도 많아요. 재머가 그 학생들에게 작업한 것을 보여주면 모두 놀라죠. 그 학생들은 재머에게 '어느 대학에 다녀요?' 하고 물어요. 우스운 일이죠."

애틀랜틱 물리치료실의 햇볕 잘 드는 방에는 마사지 침대가 하나 놓여 있고, 그 위에 젖소 얼룩무늬가 새겨진 허리 베개가 하나 있다. 그리고 촛불에서는 은은한 딸기향이 풍겨 나온다. 솔라나는 어머니가 무릎 수술을 받은 뒤부터 물리치료에 관심을 갖기 시작했다. 솔라나는 수십 명의 물리치료사에게 전화를 걸었는데 10월에 인턴쉽을 하나 구할 수 있었다.

솔라나의 멘토인 에스더는 교사 기질을 타고난 사람이었다. 솔라나는 상담을 하기도 했고, 환자들의 운동이나 사무를 돕거나 스페인어를 통역했으며 직접 운동 기구로 운동을 해보기도 했다. 솔라나가 건강과 과학에 대해 더 공부하고 싶어하자, 에스더는 물리치료실에 나오는 환자들 대부분이 앓고 있는 섬유근통에 관한 프로젝트를 해보라고 했다. 에스더는 전부터 이런 환자들을 위한 교육 자료를 준비하려 했으나 시간을 낼 수 없었다.

섬유근통에 대한 간략한 연구와 조정 작업을 한 뒤에 솔라나는 다음과 같은 글을 썼다. "나의 프로젝트는 섬유근통과 스트레스 관리에 대한 소책자를 만드는 것이다. 나는 섬유근통의 병인, 발병율, 인구통계학적 특성, 증상 및 물리요법에 대해 살펴볼 것이다. 스트레스를 적절하게 푸는 법을 알고 있다면 섬유근통을 한층 완화시키거나 완치할 수도 있다. 나는 에스더에게서 얻은 자료와 인터넷에서 구한 자료를 읽고, 의사를 인터뷰하고, 소책자 인쇄 견적을 내고, 페이지메이커라는 출판 프로그램 사용법을 배웠다. 앞으로 내가 할 일은 소책자를 만들어 환자들에게 나눠주는 것이다."

솔라나는 해부학과 생리학, 신체 운동학 분야에까지 관심을 갖게 되었다. 에스더는 이렇게 말했다. "우리는 하루 종일 이런 문제들에 대해 이야기해요. 뼈, 근육, 힘줄 같은 물리적 기관이 우리 몸과 어떤 관련이 있는가, 왜 허리 대신에 무릎을 써서 물건을 들어올리는가, 공간을 이동할 때 사람들은 어떻게 에너지를 보존하는가 하는 문제들요. 나는 환자들에게 해주는 치료가 어떤 과학적 근거를 갖고 있는지 솔라나에게 설명해주었어요. 그리고 제 책에서 어느 부분을 정해주고는 솔라나에게 에밀리 선생님과 공부하라고 시켰어요."

솔라나와 에밀리 선생님의 중요한 의사소통 수단은 메트스쿨 학생들이 일주일에 세 번씩 쓰는 일지journal이다. 솔라나는 어떤 생각이나 질문이 떠오르면 마냥 에밀리 선생님을 기다리지 않고 그 질문들을 일지에 기록한다. 그러면 에밀리 선생님이 일지를 읽고 질문에 대한 답을 직접 말해주거나 적어준다.

하루는 솔라나가 일지 첫 부분에 이렇게 쓴 적이 있다. "제가 커뮤니티 칼리지(2년제 대학의 일종–옮긴이)에 전화를 걸어 물어보니 물리치료 보조사를 양성하는 과목이 개설되어 있더라는 말씀을 드렸나요? 너무 신나는 거 있죠! 그 학교에서 자료를 우편으로 보내주기로 했어요. 제가 해낼 수 있었으면 좋겠어요."

지금까지 한 일!

· 소책자 초안 작성

· 인쇄소에 전화해서 견적 내기

· 프로젝트 논문의 개요와 머리말 시작하기

· 의사에게 설문지 보내기(제발 설문조사에 응해줬으면)

· 프로젝트 시간 계획표 세우기

앞으로 해야 할 일!

- 소책자와 프로젝트 논문 마무리, 편집, 타이핑하기
- 페이지메이커 그래픽 프로그램으로 소책자 만들기
- 질병통제국에 전화해 섬유근통에 관한 통계자료 얻기
- 마이크로소프트 엑셀 프로그램으로 인구통계학 그래프 만들기
- 공개 프리젠테이션을 위한 시각 자료를 만들고 예행 연습하기

그 당시 10학년 학생 대부분이 대수 함수를 공부하고 있었기 때문에 인턴쉽 프로젝트에서 나온 변수들의 관계를 보여주기 위해 도표와 그래프, 수학 공식을 이용해야만 했다. 에밀리 선생님과 메트스쿨 수학 담당 선생님과 공부하면서, 솔라나는 무거운 물체를 들 때 사람과 물체의 거리에 따라 드는 힘의 양이 어떻게 변하는지 실험했다. 솔라나는 자신의 프로젝트에 대해 이렇게 설명해주었다. "저는 팔이 몸에서 멀어질수록 물건을 들기가 수월해진다는 가설을 세웠어요. 하지만 실험을 하고 나서 제 가설이 틀렸다는 것을 알게 됐어요. 이제는 힘의 총량을 구하는 공식이 물체의 무게 곱하기 거리라는 것을 알고 있어요. 그러니까 거리가 멀어지면 힘의 총량도 증가하니까 물건을 들려면 힘이 더 든다는 말이죠."

공개 프리젠테이션 사흘 전에 솔라나는 좋지 않은 소식을 듣게 되었다. 인턴쉽을 했던 병원에 조직 개편이 있어서 에스더가 그만두게 되었다는 소식이었다. 에스더는 이렇게 말했다. "공개 프리젠테이션에서 솔라나의 작업이 이 병원에 얼마나 도움을 줬는지 보여주었어야 했는데, 이제 그럴 수가 없네요. 솔라나는 여전히 궁금한 게 많아요. 그래서 제가 집 전화번호를 알려주었는데, 16번 정도 전화가 왔었죠. 정말 이 모든 일이 가치 있는 것이었어요. 다음에 또 이런 기회가 생긴다면 무슨 일이 있더라

도 놓치지 않을 거예요."

이런 좋지 않은 일이 있었는데도 솔라나의 공개 프리젠테이션은 많은 사람이 참석한 가운데 즐거운 분위기에서 진행되었다. 흰 치마에 오렌지색 윗옷을 입고 자신이 만든 섬유근통에 관한 소책자를 쌓아놓은 책상 뒤에 선 솔라나는 전문가처럼 보였다. 솔라나는 섬유근통에 대해 이야기한 다음에 OHP(Overhead Projector)를 이용하여 관련 자료를 보여주었고, 어머니를 앞으로 불러내 실험을 해보였다. 청중의 질문에 대답하는 시간을 마치자 딱딱한 분위기는 사라지고 공개 프리젠테이션을 훌륭하게 마친 데 대한 축하와 에스더와의 특별한 관계가 끝나는 것에 대한 아쉬움이 묻어 나왔다.

공개 프리젠테이션이 끝난 뒤 에스더는 이렇게 말했다. "메트스쿨에서는 솔라나가 저와 함께 일하면서 학문적인 또는 개인적인 기술을 배우기를 바란 것이지 꼭 물리치료사가 되기를 바란 것은 아니었지요. 그런데 어느 날 솔라나가 저한테 물리치료사가 되고 싶다고 말하더군요. 그 다음부터 솔라나의 학습 열의가 달라지더라고요. 이제는 모르는 게 있으면 더 열심히 공부해요."

실제 일을 통한 학습 | MIT의 위스너 빌딩은 매우 독특한 모양의 건물이다. 검정색 테두리의 흰색 사각형이 여러 개 모여 있는 형태다. 문도 같은 모양으로 그 속에 섞여 있기 때문에 지나가는 사람들은 그냥 벽으로만 생각하지 그 안에 문이 있다는 사실을 눈치채지 못한다. 한번은 그 건물 옆에 앉아 있다가 벽이 열리고 어떤 사람이 튀어나오는 것을 보고 깜짝 놀란 적이 있다. 그제야 문의 경첩이 눈에 들

어왔다.

인턴쉽 학습의 중요한 역할은 이렇게 벽처럼 보이는 곳에 숨겨진 문을 열어주는 것이다. 한번은 내가 한 학생의 인턴쉽 현장을 방문한 적이 있다. 그 학생은 인턴쉽하는 곳이 자금 지원을 받을 수 있도록 보조금 신청서를 작성하느라 정신이 없었다. 그 여학생은 15살이었다. 내가 처음 보조금 신청을 해본 것은 거의 그 학생 나이의 두 배쯤 되었을 때였다. 그때까지 보조금 신청서를 작성하는 것은 조금 겁나는 일이었다. 하지만 메트스쿨 학생들은 이런 일에 일찍 부딪친다. 그래서 놓칠 수도 있는 많은 도움을 얻게 된다.

데니스 교장은 이렇게 말했다. "자신이 좋아하는 분야에서 좋아하는 멘토와 인턴쉽을 하게 되면 모든 일이 순조롭게 이루어집니다. 이럴 때야말로 학생들이 메트스쿨에서 가장 많은 것을 얻는 순간입니다. 20년 동안 여러 학교의 교장으로 있으면서 많은 사람들의 자문을 받아 재미있는 교육 프로젝트를 시행해보았지만 충분하지 않았지요. 학생들의 프로젝트가 모두 학교 안에서만 이루어지면 학습 열기는 결국 떨어지고 맙니다. 하지만 학교 밖 현실세계에서 훌륭한 멘토와 함께 공부하게 되면 학습 열기는 한 단계 올라가지요. 자신이 뿌듯해지고, 학습 자체가 자신에게 의미를 지니게 됩니다. 메트스쿨에는 거의 학교를 그만둘 뻔한 학생이 수십 명 있습니다. 하지만 그 학생들은 인턴쉽을 통해 공부에 관심을 갖게 되었지요."

"자주 말썽을 일으키던 두 학생이 떠오르네요. 존이라는 학생이 있었는데, 이 학생은 검시관과 함께 인턴쉽을 했어요. 정말로 진지하게 일해야 했죠. 하루는 이 학생의 멘토가 메트스쿨에 찾아왔다가 존이 복도에서 장난치는 것을 보고는 자신과 일했던 바로 그 학생인지 믿을 수 없었다고 하더군요. 같은 학생이라고 할 수가 없죠. 왜냐하면 학생들은 인턴쉽 현장에 나가면 완전히 달라지거든요. 그리고 마틴이라는 학생도 있었어요. 마틴은 중학교에서 인턴쉽을 했지요. 점심시간에 아이들을 돌보는 일이었어요. 마틴이 제게 진지하게 말하더군요. '저는 모든 애들의 상담사예요.' 마틴 같은 학생에게는 정말 적격인 일입니다. 점심시간에 아이들 모두가 마틴과 이야기하고 싶어하고, 자신의 문제에 대해 도움을 받고 싶어하죠. 저는 정말로 마틴이 아이들에게 도움이 된다고 생각합니다."

메트스쿨 학생들은 대개 일 년에 한 가지 인턴쉽을 수행한다. 보통 가을에 시작하고, 화요일과 목요일에 하며, 5~6개월 가량 한다. 하지만 이는 평균적인 이야기이다. 3주만에 끝나는 인턴쉽도 있는가 하면 3년 동안 계속되는 경우도 있다. 또 4월이나 8월에 시작하기도 하고 일주일 내내 나가야 하는 경우도 있다. 학생들이 일주일에 무려 40시간씩 인턴쉽 현장에서 보내는 경우도 있는데, 이런 때 위기를 맞이하기도 한다. 어떤 학생들은 일년 내내 인턴쉽을 전혀 하지 않기도 한다. (이 학생들은 다른 종류의 프로젝트를 하게 되는데 이에 대한 설명은 다음 장에 나온다.) 이러한 개인 맞춤식 프로젝트와 인턴쉽이 잘 성사되기도 하고 그렇지 않은 경우도 있기 때문에 메트스쿨의 학습계획은 유연하게 짜여진다.

인턴쉽은 '학문적'인 것과 '직업적'인 것을 병행한다. 그런데 사실 '학문적'이니 '직업적'이니 하는 말 자체가 잘못된 것이다. 왜냐하면 둘은 서로 깊이 연결되어 뗄 수 없는 영역이기 때문이다. 학습계획만 제대로 세워졌다면 인턴쉽 학습은 재머나 솔라나의 경우처럼 당연히 학문적인 것으로 귀결될 것이다. 게다가 인턴쉽 학습은 직업 교육이 아니다. 이는 특정 직업이 필요로 하는 기술을 가르치기 위해서가 아니라 일반적인 능력을 익히게 하기 위한 것이다.

메트스쿨 교육 방법의 핵심은 시간이 지나면서 달라지는 관심 분야를 계속 추구해갈 수 있도록 다양한 기회를 제공하는 것이다. 데니스 교장은 이렇게 말했다. "이 점에서 우리는 직업교육 기관과는 많이 다르죠. 직업 학교가 미국 전역에 점점 많아지고 있어요. 하지만 이런 학교 대부분이 경영이나 컴퓨터 같이 한 가지 직업 분야만 계속 공부하게 한다는 점이 문제예요. 메트스쿨에 다니는 한 학생은 요리와 관련하여 두 가지 인턴쉽을 했지요. 그러다가 정치에 관심이 생겨 두 번이나 교섭단체에서 인턴쉽을 하여 훌륭하게 끝냈습니다. 직업학교에서는 이렇게 분야를 바꾸는 일이 없을 겁니다."

직업학교 열 군데를 평가한 권위 있는 보고서를 보면 이러한 문제점이 잘 드러난다. 이 보고서에 따르면 학생 네 명 가운데 한 명이 학교에 대한 관심을 잃고 졸업 전에 학교를 그만둔다고 한다. 또 (전체 학생 대비 비율은 밝혀지지 않았지만) 어떤 학생들은 졸업할 때까지 학교는 다니지만 하기 싫다는 이유로 현장학습에 참가하지 않아 학교 기준에 미치지 못하기도 하고, 또 일부는 현장실습 기회가 적어서 참여하지 못하기도 한다.

현장에서 실습을 통해 배우는 것은 인류의 역사만큼이나 오래된 방식이다. 교실과 현장학습의 인위적인 구분은 현대에 생겨난 것으로 이로 말미암은 부정적인 결과가 점차 분명하게 드러나고 있다. 교육 연구가들과 고용주들은 학교에서 배운 지식을 실제 상황에 적용해보라고 하면 어려운 과목에서 최고 점수를 받은 학생들을 포함해 대부분의 학생들이 아주 기본적인 실수를 저지른다고 한다.

교과서는 실제 생활에서 맞닥뜨리는 변화구를 거의 던지지 않는다. 따라서 학생들은 이러한 변화구를 어떻게 쳐야 하는지 모른다. 대신에 학생들은 책상에 혼자 앉아 일률적으로 정리되어 있는 문제들을 풀어나간다.

교사들은 이미 답을 알고 있고, 답을 찾는 '올바른' 전략은 그 수업 시간에 다루는 교과서에 나와 있다. 이와는 대조적으로 학교 밖 현실세계에서는 중요한 문제의 해결책이 처음에는 보이지 않다가 다른 사람들과 의논하는 과정에서 찾아지기도 한다. 문제를 풀거나 아예 포기하게 될 때까지 정보를 찾고, 해결책을 찾기 위한 전략을 만들고 이를 수정해나간다.

솔라나의 프로젝트는 처음에는 플로리다보다 로드아일랜드에 섬유근통 환자가 많은 이유를 연구하는 것이었다. 솔라나는 미국 질병통제예방국 웹사이트를 찾아내 섬유근통 전문가에게 연락을 했다.(답신을 받지는 못함) 그리고 플로리다 인구통계국을 비롯하여 관절염재단, 미국 섬유근통협회 직원들과 이야기를 나누었다. 결국 솔라나는 자신이 필요로 하는 자료가 없다는 결론을 내렸다. 하지만 이러한 과정에서 솔라나는 연구 기술을 발전시킬 수 있었고 극복할 수 없는 문제에 부딪쳤을 때 방향을 바꾸는 법도 배웠다.

현대 인지과학자들은 기존의 교육 방식에 직접 체험을 통한 학습을 접목시키는 것이 중요하다는 것을 입증했다. 하워드 가드너의 연구에 따르면 인간은 '지능', 곧 세계에 대해 배우고 세계와 서로 영향을 주는 방법을 다양하게 갖고 있다. 그가 제시한 여덟 가지 방법에는 언어를 비롯하여 논리-수, 공간, 음악, 신체, 개인과 개인의 관계, 개인 내부, 자연주의적인 방법이 있다. 대부분의 학교는 그중에서 두 가지, 언어와 논리-수만을 강조한다. 이렇게 좁은 범위에만 초점을 맞추면 다른 분야에 재능이 있는 학생들이 불리해질 뿐만 아니라 언어와 논리 능력이 뛰어난 학생들도 다른 분야에서의 중요한 결점이 보이지 않게 되기 때문에 피해를 볼 수 있다.

인턴쉽 학습은 이 여덟 가지 능력 모두를 개발하고 또 이러한 능력들을 같이 사용했을 때의 상승효과를 발휘하도록 고안되었다. 필은 냉철하게 사고하는 아이였는데 배를 타는 것과 목공 일을 매우 좋아했다. 하지만 교과서에서는 그런 것을 배울 수도 없었을 뿐더러 필도 그런 방식으로는 공부하려 하지 않았다. 필은 요트를 수리하는 학교에서 인턴쉽을 했다. 필의 멘토는 이런 말로 첫 수업을 시작했다. "여기 나무가 있으니까 이걸로 시간을 보내봐. 그냥 갖고 놀면서 나무를 잘 파악할 수 있도록." 필은 나중에 다양한 요트를 디자인했고, 수리 작업에도 참여했다. 얼마 뒤에 필의 어드바이저는 필이 예전과는 달리 목공 일에 대해 토론하고 글을 쓸 능력을 갖게 되었다는 사실을 알 수 있었다. 이상하게 들리겠지만 필은 언어에 대한 학습이 아닌 공간에 대한 학습을 통해 언어 능력을 향상시킨 것이다. 이와 비슷한 일이 레코드 스튜디오에서 일한 시저와 유랑 곡마단 에서 곡예를 공부한 숀에게도 일어났다.

엘리엇 교장은 이렇게 말했다. "학문을 하기 위해서는 학교를 떠나야 할 때가 자주 있습니다. 우리도 서서히 이러한 원리를 이해해가고 있습니다. 불안한 나머지 학생들이 느끼는 대로 나아가도록 내버려두지 못할 때가 많습니다. 우리들 대부분이 전통적인 교육 방식을 경험했기 때문에 다른 교육 방식도 받아들일 수 있도록 세상의 눈을 바꾸고자 노력하고 있습니다. 손재주가 뛰어나거나 다른 특정 분야에 뛰어난 능력을 지녔다 하더라도 전통적인 교육 방식으로는 성공할 수 없는 학생들이 많습니다. 그리고 기존의 교육 방식으로 성공했다 하더라도 결국에는 실생활에서 해야 할 공부가 또 있습니다."

신경학자인 프랭크 윌슨은 자신의 저서 『손The Hand』에서 손의 진화 과정과 손이 문화와 학습에 미친 영향을 밝혀냈다. 윌슨은 그 책에서 학교가 이해 과정이 경험과 분리되어 있는 교실에 학생들을 격리시키는 중대한 실수를 저지르고 있다고 주장했는데, 이는 메트스쿨의 교육철학과도 일맥상통한다.

윌슨은 이렇게 말했다. "뇌가 손에 말을 하듯 손도 뇌에 말을 한다. 정신과 신체를 분리하는 지난날의 개념을 면밀하게 살펴보면 금방 허점이 드러난다. 문화적인 행동 가운데서 가장 복잡한 행동을 살펴보더라도 이는 마찬가지이다. 곡예나 운동경기처럼 순전히 '신체'의 능력만을 필요로 하는 고도의 기술은 절차적 지식과 선언적 지식의 숙달에 달려 있다. 그리고 이러한 기술은 성공한 수학자나 건축가, 과학자들에게서 볼 수 있는 것과 똑같은 발달 과정을 거친다. 생물학이 교육자들에게 던지는 분명한 메시지는 지능을 계발하는 가장 효과적인 방법은 정신과 신체를 (분리하는 것이 아니라) 접목시키는 것이다."

엘리엇 교장은 이렇게 말했다. "이러한 이유 때문에 인턴쉽을 운영하는 것입니다. 머리로 이해하는 것은 몸으로 학습하는 것을 도와주지만 몸을 통한 학습 또한 머리로 이해하는 것을 도와줍니다. 두 부분 모두 필수이지요. 하지만 기존의 학교는 대부분이 경험을 통한 학습을 무시하고 있어요. 농구든 생물학이든, 제대로 이해하려면 경험을 통한 학습에 어느 정도 시간을 투자해야 합니다."

고등학교를 졸업하고 바로 취업하려는 학생들에게 인턴쉽 학습은 또 다른 장점을 가지고 있다. 미국 기업 3천여 곳을 조사한 결과, 대부분의 기업이 믿을 수 없다는 이유로 젊은이들의 채용을 꺼렸다. 최근 졸업한 학생들은 저임금 직업을 전전하다가 결국 일에 대한 열정이 식어버려 버티려고 하지 않게 된다. 그리고 이러한 악순환은 계속되는 것이다. 메트스쿨은 학생들의 인턴쉽 경험과 학생들의 재능에 대한 멘토의 보증으로 불안해하는 고용주들을 안심시킬 수 있다고 믿는다.

마지막으로 인턴쉽 경험은 어린 학생들이 학교 안팎에서 어른들과 친밀한 관계를 맺을 수 있게 해준다. 크레민은 미국 교육에 관한 권위 있는 보고서들을 요약하면서 다음과 같이 지적했다. 20세기 고등학교는 "어린 학생들을 사회에서 고립시키고 이들을 같은 또래 집단으로만 묶으려 한다. …… 이들은 자신보다 어린 학생과 교류하는 일이 거의 없고, 어른들과도 교류하지 않는다. 한 보고서의 말을 빌자면 학교는 효율적인 방법으로 세대와 세대를 갈라놓고 있다. 이런 보고서들의 결론에 따르면, 그 결과 일상적인 사회화 과정이 약화되어 혼란을 빚고 있으며 해체되고 있다. 그리고 이에 따른 다른 증상들이 곳곳에서 나타나고 있다." 이에 대해 크레민은 일련의 개혁안을 제시했다. "이는 모두 학생들이 학교 밖 현실세계에서 어른들과 교류할 수 있는 기회를 더 많이 가질 수 있도록 고안된 방법들이다. 학교 밖 현실세계야말로 학생들이 가치 있는 일에 대해 실제로 책임을 지게 되는 곳이다." 바로 이 점이 메트스쿨의 인턴쉽 학습의 핵심이다.

인턴쉽 찾기와 발전시키기 | 앞에서 말했듯이 인턴쉽을 찾는 일은 자신의 관심 분야에 대해 상세히 알아보는 일에서 시작한다. 학생들은 자신의 관심 분야에 종사하는 사람들을 찾는 작업을 한다. 그 다음 질문 목록을 만들어 자신이 찾은 사람들을 인터뷰한다. 이러한 과정에서 학생들은 어떤 인턴쉽을 할 것인지를 정하게 되고 또한 인내력이나 자신을 소개하는 방법 같은 삶의 기술을 익히게 된다.

다음은 일일 직업체험으로 이어진다. 인턴쉽 할 곳을 정한 뒤에 하루를 그곳에서 보내며 멘토가 될 사람을 '그림자처럼 붙어 다니는 것'이다.

메트스쿨에서는 멘토가 될 사람에게 다음 사항을 요구한다.

- 학생에게 작업장을 둘러보게 하고 단체의 주요 목적에 대해 설명해줄 것
- 멘토 자신이 이 일을 택한 이유와 이 일이 중요한 이유를 말해줄 것
- 말로만 설명할 것이 아니라 하는 일을 직접 보여줄 것
- 그 분야의 최신 기술을 익히기 위해 무엇을 하는지 가르쳐줄 것
- 자신이 맡고 있는 일이 전체의 일과 어떻게 연관되는지 설명할 것
- 재미있는 면을 보여줄 것(함께 웃음으로써 동질감을 느끼게 된다!)

몇몇 학생들은 일일 직업체험을 여러 번 한 뒤에 자신의 관심을 끄는 인턴쉽을 찾기도 한다. 대부분 11월이면 인턴쉽을 찾게 되지만, 더 오래 걸리는 경우도 있다. 로레타의 어드바이저는 이렇게 말했다. "로레타는 인턴쉽을 구하기 위해 전화 거는 것을 무서워했어요. 다른 학생의 도움으로 쇼핑몰에서 자신이 좋아하는 가게 몇 군데와 정보 수집을 위한 인터뷰 약속을 잡았어요. 저는 로레타에게 다른 학생의 멘토였던 사람을 소개해 주었죠. 그런데 로레타가 전화를 걸어보니 그 사람은 이미 다른 곳으로 옮겼더라고요. 당황한 로레타는 이틀 동안 학교에 나오지 않았어요. 그리고 몇 주 동안 전화를 걸지 않으려고 했는데 친구가 나서서 도와줬죠. 그래서 성공적으로 인터뷰를 마쳤는데, 일일 직업체험 바로 전날 회사에서 취소시켜버렸어요. 로레타의 넝마주이 같은 옷차림이 싫다는 거였어요. 로레타는 당혹스러워했죠. 하지만 로레타는 예술가 기질이 있어서 결국 에는 그래픽 디자인 회사에서 인턴쉽을 하게 됐어요."

데니스 교장은 이렇게 덧붙여 말했다. "인턴쉽을 구하는 데 어려움을 많이 겪는 학생들에게는 좀더 신경을 써야 돼요. 오래 걸린다 싶으면 이

학생들이 다른 프로젝트를 할 수 있도록 빨리 조치를 취해야 합니다. 토니의 경우를 볼까요. 토니는 2년 전에 고등학교를 중퇴했다가 이제 막 복학한 학생이에요. 토니는 인턴쉽을 찾는 데 시간이 너무 많이 걸렸어요. 그래서 이 학생을 놓치는 게 아닌가 했죠. 토니 같은 학생들에게는 참모 역할도 해줘야 되요. 학생들의 관심에 대해 같이 토론도 하고, 인턴쉽과 관련하여 재미있는 아이디어도 제시해줘야 합니다. 그리고 될 수 있으면 학생들이 인턴쉽을 끝까지 계속할 수 있도록 도와주기도 해야죠. 우리는 학생들이 관심을 갖고 있는 것에 맞춰 학습할 수 있도록 여러 가지 방법으로 도와줍니다. 그래도 인턴쉽이 가장 최선의 방법이죠. 그러나 아무리 지원을 해줘도 인턴쉽을 구하기 위해 해야 할 일을 하지 않는 몇몇 아이들이 문제죠. 이제는 11학년으로 진급하기 전에 적어도 한 가지 인턴쉽은 제대로 하라고 요구하고 있어요."

메트스쿨에서는 인턴쉽 코디네이터가 인턴쉽 학습 개발을 지원하고 있다. 이들은 지역 단체와 관계를 맺어 어드바이저가 인턴쉽을 찾는 데 도움을 주고, 멘토를 교육시키기도 하고 지원하기도 한다. 또한 정보 수집, 인턴쉽 과정에 대한 보고서 작성, 메트스쿨 학생들과 개인적으로나 학문적으로 관계를 맺기도 한다.

일단 학생이 인턴쉽을 할 만한 곳을 찾으면, 메트스쿨은 멘토와 학생이 잘 맞는지, 그곳 환경이 학습하는 데 적절한지를 살펴본다. 예비 멘토는 학생의 어드바이저와 이야기를 나누고, 15분 분량의 비디오를 보며, 인턴쉽 과정을 자세히 설명한 자료를 받는다. 또한 이들 예비 멘토는 자신의 신상을 자세히 밝혀야 한다. 예비 멘토에게 전과가 있다는 사실이 밝혀지면, 메트스쿨은 학부모와 함께 인턴쉽을 할지를 함께 결정한다.

멘토가 되기 위한 특별한 자격은 없다. 이네즈와 이네즈의 멘토는 둘다 활발한 성격으로 시간이 나면 이야기하는 것을 무척 좋아했다. 반면 말수가 적은 재머는 온화한 성품의 멘토와 잘 맞는다. 그러나 전혀 다른 스타일의 학생과 멘토가 생산적인 관계로 발전할 수도 있다. 활달한 성격인 줄리아의 멘토는 줄리아가 수줍음을 극복하는 데 많은 도움을 주었고, 토니의 멘토였던 근엄한 성격의 주방장은 토니를 엄하게 다뤄 학교 과제를 끝마치게 하는 데 성공했다.

인턴쉽을 시작하고 나서 처음 몇 주 동안 학생들은 그곳 사람들과 그곳에서 하는 일이 어떤 것인지를 배운다. 그 다음 학생과 멘토, 어드바이저는 인턴쉽하는 회사에 도움이 되고 학생들의 학습 목표를 향상시킬 수 있는 장기적인 프로젝트를 계획한다. 이러한 프로젝트에는 (1) 인턴쉽을 하는 곳을 위한 최종 결과물, (2) 최종 결과물에 대한 연구, (3) 학생의 학습 과정에 대한 비판적 성찰이 포함되어야 한다. 메트스쿨은 이러한 세 가지 요소를 아이들 장난감 이름을 따서 '둥지 속의 알'이라고 부른다. 메트스쿨 교과과정 일람표에 나와 있는 설명처럼 "둥지 속의 알은 인턴쉽 현장에서 실제로 하는 일을 가장 중요하게 여긴다. 그 일에 대해 미리 연구하고, 프로젝트 전체를 비판적으로 반성한다." 둥지 속의 알이라는 이름은 인턴쉽 프로젝트뿐만 아니라 다음 장에서 언급할 다른 프로젝트를 가리키기도 한다.

언젠가 나는 11학년 어드바이저인 마야 선생님을 따라 네 학생의 인턴쉽 현장에 따라나선 적이 있다. 처음으로 도착한 곳은 고급 레스토랑이었다. 루서는 그 레스토랑의 흰색 주방장 유니폼을 입고 있었다. 루서의 프로젝트는 과학적인 방법으로 맛이나 모양새를 손상시키지 않고 몇 가지 메뉴의 열량과 포화지방을 줄이는 것이었다. 루서는 미국 식품의약품국에서 권장하는 영양 지침과 식이요법 소프트웨어를 이용하여 요리법을 바꿀 것을 제안했다. 그리고 바꾼 요리법으로 요리를 한 뒤 그 결과를 분석하고 여러 차례 개선하여 더 나은 요리를 선보였다.

다음으로 우리는 카우프만 팔로 건축회사를 방문했다. 우리는 새로운 주택 개발 설계도가 널려 있는 새로 단장한 회의실에서 루시아와 루시아의 멘토를 만났다. 일 년 전에 루시아는 그 회사에서 메트스쿨의 신축 캠퍼스 축소 모형을 만드는 인턴쉽을 했었다고 한다. 루시아가 건축과 컴퓨터를 이용한 설계에 대한 대학 강의 시간에 배운 기술을 이용한 것이었다. 그해에 루시아는 근처 병원의 평면도 초안을 잡는 작업을 돕고 있었다. 처음 메트스쿨에 왔을 때의 루시아는 매우 수줍어하고 말도 없었는데, 건축에 대한 열정으로 자신감을 갖게 되었다. 루시아는 11학년 때 교육자 회의에 참석하여 메트스쿨에 대해 발표한 적도 있고, 전국 고등학교 건축 디자인 대회에서 장학금 5천 달러를 받기도 했다.

그 다음으로 우리는 서쪽으로 달려 숲과 농지가 있는 곳에 도착했다. 캐시는 승마 장비를 파는 가게에서 인턴쉽을 하고 있었다. 캐시의 꿈은 말 조련사가 되는 것이었는데, 그다지 돈을 많이 벌지 못한다는 사실을 알고는 승마와 관련된 사업 쪽으로 인턴쉽을 하기로 결정했다. 캐시는 평생을 말과 함께 보내며 돈을 많이 벌고 싶어했다. 화려한 장식이 달린 말 안장과 채찍을 구경하던 우리는 계산대에 장부를 펼쳐 놓고 있는 캐시와 멘토인 레나를 발견했다. 캐시의 프로젝트는 그 가게의 컴퓨터 회계 프로그램을 배운 다음에 그 프로그램을 사용할 미래의 직원을 교육시킬 책자를 만드는 것이었다.

전화가 울리자 레나가 전화를 받았다. "여보세요… 예, 어제 물건 보냈어요. 곧 받으실 거예요. 안녕히 계세요." 레나는 캐시를 바라보고는 놀란 표정으로 눈을 동그랗게 떴다. "그 안장 구입 때문에 온 전화야. 전화가 올 거라고 했지!" 둘은 자신들만 아는 농담을 주고받으며 웃었다. 캐시의 반짝거리는 눈빛은 자신이 가게 사정을 잘 알고 있다는 자신감을 보여주는 듯했다.

바로 그때 두 번째 프로젝트 아이디어가 떠오른 것이다. 레나는 플로리다 마술馬術 쇼에 참석할 것인지 결정해야 했다. 그러자면 판매에 영향을 미치는 쇼들의 특성을 살펴보아야 했다. 마야 선생님은 캐시에게 학교에서 마이크로소프트 엑셀을 배우게 해서 쇼들의 수익성을 예측할 수 있는 스프레드시트를 만들게 할 수 있다고 레나에게 말했다. 레나는 곧바로 그렇게 하자며 가게에 도움이 될 거라고 말했다. 레나가 캐시에게 말했다. "네가 열일곱 살밖에 되지 않았다는 걸 까먹는 때가 종종 있다니까. 앞으로 너를 회계 담당으로 고용할지도 모르겠다."

다시 95번 도로에 들어서자 차들로 꽉 막혀 있었다. 마야 선생님은 늦을 거라고 미리 전화를 했다. 이사벨은 한 초등학교에서 학부모에게 연락하는 일을 맡고 있었다. 이사벨의 모국어는 스페인어여서 회의나 가정방문, 성적표를 작성할 때 통역과 번역을 했다. 이사벨은 읽기와 쓰기 능력이 조금 부족했기 때문에 그런 일을 하는 것이 도움이 되었다. 그곳에서 미팅을 하는 동안 우리는 두 가지 프로젝트 아이디어를 냈다. 첫 번째는 이사벨이 학부모의 학교 참여에 관한 자료를 수집해서 학교가 학부모와 가까워지려는 시도를 한 뒤의 참여도 변화 그래프를 월별로 만드는 것이었다. 두 번째는 주변 다섯 학교에서 학부모와의 연락을 담당하고 있는 사람을 만나 인터뷰하고 이사벨이 인턴쉽을 하고 있는 초등학교에서 효과적으로 실천할 수 있는 방법에 대해 보고서를 쓰는 것이었다.

마야 선생님과 나는 6시간 가까이 인턴쉽 현장을 탐방하고 나서 다시 학교로 돌아왔다. 마야 선생님은 곧바로 학생들의 프로젝트를 도와주기 시작했는데, 정말이지 산더미처럼 일이 쌓여 있는 것 같았다.

어드바이저는 멘토나 인턴쉽 단체와 계속해서 생산적인 관계를 유지할 수 있도록 노력해야 한다. 한번은 한 멘토가 화가 잔뜩 나서 인턴쉽 미팅에 나온 적이 있다. 메트스쿨에서 멘토들에게 감사패를 전달하는 자리를 마련한 적이 있었는데, 그 멘토에게 보내야 할 초대장을 엉뚱한 주소로 보낸 것이었다. 메트스쿨의 실수로 그 멘토는 시의 고위 관리들 앞에서 감사패를 받는 기회를 잃은 것이다. 일이 제대로 되었다면 그 멘토가 하는 사업이 시의 도움을 받을 수도 있었을 것이다. 메트스쿨은 그 일이 있은 뒤에 "실수를 해서 정말로 죄송합니다. 혹시 위로가 될까 해서 수상자 명단에 귀하의 이름이 적혀 있는 행사 안내문을 함께 보냅니다" 하는 카드를 보냈다. 하지만 이번에는 행사 안내문을 빠뜨려 그 멘토를 화나게 만들었다. 바쁜 시간을 쪼개 2년 동안 멘토가 되어준 사람이었기 때문에 더 나은 대접을 받아야 했다. 그 멘토는 비어 있는 봉투를 어드바이저에게 흔들어 보이며 뿌리가 썩었다는 불평을 하고는 "어디 한번 해보자고요"라고 말했다

그런 때 관계를 계속 유지할 수 있도록 하는 게 어드바이저의 임무이지만 서투르게 행동했다가는 아예 관계가 끝나버릴 수도 있다. 그 어드바이저는 잔뜩 화가 난 멘토에게 진심으로 사과했다. 그러고는 뛰어난 친화력으로 화기애애하게 미팅을 마쳤다. 멘토와 좋은 관계를 맺는 것이 그렇게 어렵기만 한 것은 아니다. 하지만 성공 여부는 역시 어드바이저의 폭넓은 지식과 능력에 달려 있으며, 다음과 같은 노력이 필요하다.

- 멘토를 했을 때 무엇을 얻게 되는지 설명하여 바쁜 사람들을 설득할 것
- 멘토의 성격과 작업장에 대해 이해할 것

- 이러한 이해를 바탕으로 생산적인 방향으로 인턴쉽을 계획할 것
- 멘토가 학생과 회사 모두에 도움이 되는 인턴쉽을 찾아낼 수 있도록 도울 것
- 친밀한 분위기와 업무의 성격을 잘 조화시킨 미팅이 되도록 할 것
- 멘토가 학생의 학습을 위해 적절한 틀을 만들도록 도울 것

멘토의 힘 │ 루서의 인턴쉽 현장을 방문해보니 루서가 프로젝트를 제대로 계획하지 못했기 때문에 당황해하고 있다는 것을 분명하게 알 수 있었다. 루서의 어드바이저는 루서에게 인턴쉽 계획과 일정을 좀더 구체적으로 만들라고 요구했다.

그때 루서의 멘토가 끼어들었다. "믿을지 어떨지 모르겠지만, 너는 이 게임에서 앞서 나가고 있는 거야. 나는 12학년 때까지 내 일이건 무엇이건 간에 제대로 계획을 세우는 법을 배우지 못했지. 해야 할 일의 목록이 길어지면 그만 당황해서는 아무 일도 하지 못했어. 지금 너처럼 말이야. 우선 일의 윤곽을 잡고 계획을 세우면 지도 보는 것과 다르지 않아. 하나씩 해나가면 기분도 점점 좋아질 거야."

그 일이 있고 나서 루서는 눈에 띌 정도로 스트레스를 덜 받았고, 계획 세우기와 정리 정돈이 얼마나 중요한지에 대해서도 말하기 시작했다. 비슷한 충고를 어드바이저에게서 들을 때와는 달리 멘토에게서 그런 충고를 들으니 새롭게 다가왔던 것이다.

아이들이 시간을 가치 있게 보낼 수 있는 어른과 함께 있는 것은 사회적으로, 또 교육적으로 이점이 많다는 사실이 여러 연구를 통해 꾸준히 입증되고 있다. 따라서 학생과 멘토의 관계는 인턴쉽 학습에서 매우 중요한 요소이다. 멘토는 메트스쿨이 모든 학생에게 나눠주고자 노력하는

것들, 다시 말해 학생들이 필요로 하는 관심과 온정, 지원을 베풀 수 있는 사람이어야 한다. 메트스쿨은 어드바이저처럼 멘토 또한 학생들에게 선생님과 부모로서의 역할을 동시에 해주도록 장려하고 있다. 멘토는 단지 지식을 나눠주는 데 그치지 않고 학생들이 삶에 필요한 능력을 개발하도록 돕고 때로는 학생들의 삶에 깊숙이 관여하기도 한다.

헤리티지 은행에서 일하는 미구엘의 멘토 세실은 이렇게 말했다. "저는 미구엘이 좀더 전문인이 되도록 도왔습니다. 은행에서 일할 때는 은행인의 옷차림을 갖추어야 한다고 가르쳤죠. 어느 날 미구엘이 셔츠 단추를 다 채우지도 않고 넥타이를 헐렁하게 맨 채로 왔더라고요. 그래서 나가서 다시 옷매무새를 다듬고 오라고 말했죠. 싫은 표정이 역력했지만 시키는 대로 하더군요. 이제 미구엘은 옷도 전문가처럼 입고, 또 그런 옷차림이 사람들에게 신뢰감을 준다는 사실도 압니다. 우리는 미구엘이 우리 은행의 수취 계정을 관리하는 시스템을 만들 수 있도록 천천히 이끌어가고 있습니다. 우리는 작은 목표에 안주하지 않습니다. 더 높은 곳을 향해 갈 것입니다."

커뮤니티 네트워크의 앤 스미스 소장은 카르리타를 이렇게 기억하고 있었다. "카르리타는 처음에는 이곳에 나오는 게 단지 몸만 오는 것 이상을 뜻한다는 사실을 이해하지 못했어요. 여기에 나오려면 팀 미팅을 준비해야 하고 자신이 맡은 일을 다 마쳐야 합니다. 그래야 다른 사람들이 필요로 할 때 도움을 줄 수 있죠. 학교에서는 예습을 하지 않고 가도 자기만 손해를 보는 것으로 끝이지만, 우리 일은 팀 중심으로 이루어지기 때문에 미리 준비를 해오지 않으면 다른 사람들에게까지도 피해를 입히게 돼요. 카르리타는 이런 사실을 빨리 깨우쳤고, 지금은 팀에 큰 공헌을 하고 있습니다."

멘토는 직업에 대한 낭만적인 환상을 깨뜨림으로써 학생들을 돕기도 한다. 타미카의 마지막 프로젝트는 프로비던스 블랙 레퍼토리 극장에서 유명한 흑인 여가수에 대해 논문을 쓰는 것이었다. 타미카는 빌리 홀리데이처럼 유명한 가수도 여러 가지 어려운 일을 많이 겪으면서 힘겨운 싸움을 벌였다는 사실을 알아냈다. 이듬해 타미카는 혼자서 연예 사업체를 운영하는 플로라 쿠퍼와 인턴쉽을 했다. 타미카의 어드바이저는 이렇게 말했다. "플로라는 타미카에게 본격적인 것을 가르쳐주기 전에 기본적인 것을 훈련시켰어요. 타미카는 광고 전단 만들기, 타이핑, 연구 조사를 해야만 했어요. 그리고 나서야 플로라는 횡격막을 움직이는 방법과 목소리를 잘 내는 방법을 가르쳐주었죠. 타미카는 화려해 보이기만 하는 연예 산업에도 반드시 해야만 하는 지루한 일이 있다는 사실을 알게 됐지요."

캐시는 승마 장비를 파는 가게에서 인턴쉽을 하면서 2년 동안 자신의 멘토가 단 하루도 쉰 적이 없다는 사실을 알게 되었다. 캐시의 멘토는 이렇게 말했다. "사업을 성공하려면 그 정도는 해야 돼. 승마를 너무 좋아해서 이 일을 시작했는데, 말을 탈 시간이 없을 정도였어. 마술 쇼는 멋지지. 나는 거기서 내 수입의 대부분을 벌어. 하지만 여러 지방을 돌아다녀야 하기 때문에 쉽게 지치지. 이제는 일이 좀 수월해졌어. 2년이 지나니까 돈도 제법 벌게 됐고, 또 직원을 둘 수도 있게 됐단다."

이런 현실 파악도 학생들이 자신의 가치에 대한 생각을 분명히 하게끔 도와준다. 줄리아는 동물원에서 인턴쉽을 하면서 동물의 권리에 대한 생각과 수의학 연구원이 되겠다는 바람이 서로 어긋난다는 사실을 깨달았다. 그래서 수의학에서 소아의학으로 관심 분야를 바꿨다.

나는 줄리아가 일찍 그런 사실을 깨달았다는 것이 무척이나 부럽다. 내가 전기공학에 등을 돌린 것은 대학교 4학년이 되어서였다. 두 가지 사건이 있었다. 첫 번째는 무기 생산 시설에 견학을 갔다가 순항 미사일에 장착할 야간 조준기 설계를 해보지 않겠느냐는 제안을 받은 것이다. (베를린이 동서로 나눠져 있었고 인터넷 붐이 일기 몇 년 전인) 당시에는 전기공학을 전공한 사람에게 알맞는 일자리는 방위산업체뿐이었다. 하지만 내 안에 혐오감이 일 정도로 전쟁 기술을 가까이 한 적은 한 번도 없었다. '내가 무기를 만들지 않는다 하더라도 다른 누군가가 만들 것이기 때문에 내 거절은 무의미할 뿐'이라는 생각을 하고 있었는데, 바로 그때 무기시설을 돌아보면서 이 생각이 바뀌게 되었다. 두 번째 사건은 여름에 공동주택 작업에 참여했을 때였다. 내가 설계한 회로가 1초의 십억 분의 일도 안 되는 시간차로 며칠 동안 한 일이 허사가 되어버린 적이 있었다. 결국 사회적 지위나 많은 연봉, 스톡옵션 같은 혜택이 따르긴 했지만 이런 문제들이 내가 평생을 바쳐 해결하고픈 일은 아니라는 생각이 분명해졌다.

이러한 경험을 뒤늦게 하는 학생들이 많다. 직업학교 학생들도 마찬가지다. 학교와 직업 연계 전문가인 래리 로젠스톡은 특정한 직업 교육을 받은 고등학생 가운데 자기가 선택한 분야나 관련 분야에서 단 하루라도 일해본 경험이 있는 학생은 27%에 지나지 않는다고 지적했다. 메트스쿨은 학생들이 직업 세계를 직접 경험함으로써 실제 문제에 대한 현실 감각을 키우고, 이를 통해 학습 동기가 유발될 수 있도록 노력하고 있다.

인턴쉽의 효과적 운영 │ 주 당국이 메트스쿨을 승인해주기 전에 부닥친 가장 어려웠던 과제 가운데 하나는 자진하여 인턴쉽 멘토가 되어줄 어른들이 많다는 사실을 시의원들에게 납득

시키는 것이었다. 엘리엇 교장은 로드아일랜드에서 직업을 가진 어른과 고등학생의 비율이 13:1이라는 점과 메트스쿨 학생들이 이미 4백 명 이상의 멘토와 함께 일했다는 점을 자주 지적하고는 한다. 아직까지 멘토가 모자란 적은 결코 없었다. 단지 멘토가 최대 몇 명이나 될까 하는 상한선이 분명치 않을 뿐이다.

데니스 교장은 이렇게 말했다. "훌륭한 멘토가 되기 위해서는 우리가 처음 생각했던 것보다 상당히 많은 시간이 필요합니다. 옆에 학생을 두는 일, 학생의 어드바이저와 만나기 위해 시간을 내는 일은 결코 쉬운 게 아닙니다. 몇몇 멘토들은 이런 일들이 너무 무리한 요구라고 느끼기도 합니다. 또 필요한 만큼 시간을 내지 못하는 멘토들도 있습니다."

멘토가 어떻게 자신이 맡은 역할을 해냈는지에 따라 인턴쉽의 성공과 실패가 결정되기 때문에 바쁜 와중에도 자진해서 힘든 멘토 역할을 맡으려는 사람들의 사정을 제대로 이해하는 것이 중요하다. 가장 순조로운 경우는 학생의 일이 인턴쉽 기관의 필요와 맞아떨어질 때이다. 바로 이럴 때 회사는 학생의 프로젝트로 자신들의 계획을 추진해나갈 수 있고, 학생은 학습을 할 수 있는 것이다.

다른 인턴쉽의 경우에는 학생들이 프로젝트 이외의 다른 방법으로 인턴쉽 현장에 공헌하기도 한다. 레스토랑에서 인턴쉽을 했던 루서는 음식 만드는 것을 돕고 서빙을 함으로써 그 레스토랑에 공헌을 했다. 이는 또한 요리학교에 다니겠다는 목표를 이루는 데도 도움이 되었다. 하지만 요리법의 미학적 가치와 영양가를 분석하는 루서의 프로젝트는 레스토랑의 입장에서는 쓸데없는 일이었다.

이런 인턴쉽이 학생과 멘토 모두에게 도움이 되기는 하지만, 메트스쿨은 이상적인 인턴쉽이라고는 생각하지 않는다. 학생의 이해와 회사의 이해가 딱 맞아떨어지는 수도 있지만 이 경우에는 억지로 맞춘 느낌이 없지 않다. 이렇게 억지로 끼워 맞춘 인턴쉽은 두 가지 특성을 띤다. 학생들의 관심을 좇으면서도 현실세계 경험을 제공한다는 점이다. 하지만 이런 인턴쉽은 메트스쿨이 피하고자 하는 특성도 지니고 있다. 메트스쿨은 시간이 지나면 인턴쉽 제공 회사와 아이디어가 많아져 억지로 끼워 맞춘 듯한 경우는 줄고, 서로의 이해가 들어맞는 경우가 늘어날 것이라고 믿는다.

몇몇 멘토들은 학생들이 어른들은 내놓을 수 없는 가치를 회사에 가져다준다고 믿는다. 재머의 멘토는 이렇게 말했다. "우리의 시야는 한정되어 있어요. 왜냐하면 궁극적 목표가 돈을 버는 것이기 때문이죠. 재머는 사무실 임대료 따위를 생각하지 않으니까 상상력에 제약을 받지 않죠. 호기심이 발동한 재머는 우리가 생각지도 못했던 예리한 질문을 하고는 해요. 그럼 저는 '그거 멋진데. 한번 해봐야겠네'라고 말하죠."

커뮤니티 네트워크의 앤 스미스 소장이 덧붙여 말했다. "여기 직원들 중에서 9학년 학생처럼 생각할 수 있는 사람은 없습니다. 그래서 우리는 9학년 학생의 관점에서 바라봐야 하는 프로젝트에 칼리타를 투입한 겁니다. 제3자가 우리 회사 회의를 몰래 엿본다면 칼리타가 인턴인지 정규 직원인지 구별하지 못할 겁니다. 칼리타가 어리다는 점만 빼면요. 칼리타는 다른 직원들보다도 더 많은 일을 해냈어요. 일과가 끝나면 칼리타는 자기가 해야 할 일을 가져갑니다. 그리고 학교에 가는 날에는 선생님들이 칼리타에게 인턴쉽과 관계 있는 지식을 가르쳐줍니다. 선생님들은 어떻게 해서든지 칼리타에게 자신을 응원해주는 사람이 있다는 확신을 불어넣지요."

"하지만 문제가 하나 있었어요. 저는 토요일 프로그램에 등록한 아이들을 대상으로 하는 설문조사 준비를 칼리타가 도와주었으면 했죠. 하지만 우리 조사팀장은 자기가 더 빨리 더 잘할 수 있다고 고집했어요. 저는 팀장에게 칼리타와 의논하고 나서 일을 시작하면 훨씬 나은 설문조사가 될 것이고 장기적으로 시간도 절약할 수 있을 것이라고 주장했죠. 그런데 제 말뜻을 이해하지 못하고 '그럼 스페인어 번역이나 좀 시키지'라고 하더군요. 전 반대했죠. 왜냐하면 칼리타는 그보다 더 큰일을 맡아야 하거든요. 결론만 말하면, 칼리타는 설문조사를 훌륭하게 마쳤어요. 질문 준비, 정보 수집, 정보 분석 프로그램 사용법 익히기, 보고서 쓰기. 이 모든 걸 다 해냈어요. 처음 일을 시작할 때 칼리타는 타이핑은커녕 컴퓨터 켜는 법도 몰랐어요. 정말이에요. 칼리타의 통찰력은 정말 대단해요. 상당히 똑똑한 직원이 몇 명 있는데, 그 사람들보다도 뛰어나요. 어린 학생에게서 이렇게 많은 것을 얻을 수 있다니 믿어지지가 않더라고요."

"칼리타와 인연을 맺게 된 것을 생각만 해도 밤에 잠이 잘 와요." 칼리타의 멘토가 한 말은 다른 멘토들이 한 말과 다르지 않다. HMO 중역을 비롯하여 소매점 주인, 은행원, 미술관장 같이 다양한 직업의 멘토들이 다음과 같이 말했다.

"제가 지역사회에 중요한 투자를 하고 있는 거죠. 전 항상 멘토가 되고 싶었어요. 제 일을 하면서 멘토 역할을 할 수 있는 프로그램을 찾게 되어 너무 기뻐요."

"기존의 틀을 깨고 어린 학생들을 위해 새 길을 열어주는 일을 제가 하지 않는다면 아무도 하지 않을 거예요. 그래서 제가 나선 겁니다."

"전 여러 가지 프로젝트를 하면서 성장했어요. 제 경우에는 든든한 가정이 있었고, 항상 옳은 길로 이끌어주는 멘토가 있었어요. 이제는 제가 받은 것을 돌려주어야 할 때가 왔네요."

"저는 멘토 일을 진지하게 생각해요. 왜냐하면 이런 관계 때문에 아이들은 놀라운 성과를 거두기도 하거든요. 그리고 그 아이들이 제 삶을 더욱 풍요롭게 만들기도 하죠.”

물질주의가 판을 치는 시대에 멘토들의 이런 생각은 이상하게 들릴지도 모른다. 그러나 비영리단체에 소속되어 있든, 중소기업이나 대기업에 소속되어 있든 대부분의 멘토가 사회적 관심 때문에 이 일을 시작하는 것 같다. 멘토가 소속되어 있는 기관들 상당수가 멘토가 되는 것을 미래를 위해 뛰어난 인재를 양성하는 방법으로 여기고 있다.

엘리엇 교장은 이렇게 말했다. “몇몇 멘토들이 그 일을 하게 된 궁극적인 계기는, 자신이 좋아하는 일을 정말로 좋아하는 아이를 만날 수 있다는 것이었습니다. 매튜가 하고 있는 스테인드글라스 인턴쉽이 좋은 사례예요. 저는 매튜의 멘토가 자신의 기술을 전수해주는 즐거움을 느끼고 싶어 멘토가 되었을 거라고 생각해요.”

이러한 장점들이 있기는 하지만 인턴쉽 학습 시스템에는 앞에서 언급한 것 말고도 극복해야 할 문제점들이 있다. 어떤 경우에는 학생들이 인턴쉽 회사에 뜻있는 공헌을 하지 못하기도 한다. 학생이 회사의 기대에 따라가지 못했거나 학생, 어드바이저, 멘토가 주간 계획이나 장기 프로젝트를 제대로 세우지 못했기 때문이다. 학생이 중요한 의무를 소홀히 했기 때문에 멘토와의 관계가 소원해지는 경우도 가끔 있다. 한번은 학생이 인턴쉽 현장에서 물건을 훔친 적도 있었다. 하지만 학생들이 저지르는 실수는 대체로 재머가 멘토의 컴퓨터 세팅을 새로 바꾼 것처럼 작고 악의 없는 것들이다. 에드워드는 이렇게 말했다. “재머는 우리에게 자신이 하는 일을 잘 알고 있다는 사실을 보여주려고 그랬어요. 하지만 전 그걸 고치느라 여러 시간을 날렸죠. 인턴쉽 초기에 있었던 일이에요. 재머는 그런 행동을 해서는 안 된다는 사실을 금방 깨달았어요.”

두 번째 과제는 프로젝트가 학생의 능력이나 멘토의 능력을 벗어난 경우이다. 한 어드바이저는 이렇게 말했다. "안타깝게도 이런 경우가 자주 발생합니다. 멋지게 프로젝트를 계획했지만 처음의 기대에 미치지 못하고 끝나는 경우가 자주 있지요. 하지만 그렇더라도 중요한 학습은 거의 이루어집니다. 야심찬 프로젝트를 계획하고 이를 성공시키기 위해 노력하는 것이 중요하다는 사실을 깨달아가고 있습니다. 성공 여부를 떠나서 야심적인 프로젝트는 교육 효과가 높고 또 학생들이 흥미를 느끼는 경우가 많거든요."

아이들이 흔히 지나치게 야심적인 인턴쉽 프로젝트를 계획하는 것도 학교 밖 현실세계에서와 비슷하다. 현실세계에는 무리한 계획을 세웠다가 나중에 계획을 축소하는 사람들이 많다. 마찬가지로 메트스쿨 학생들도 너무 많은 일을 시작했다가 자신의 한계를 깨달으면서 자신이 성취할 수 있는 수준으로 계획을 수정하는 법을 배운다. 학생에게 지나친 기대를 했다가 성공하지 못한 멘토는 이런 결론에 이르게 된다. 첫째, 메트스쿨은 멘토, 인턴쉽 회사, 프로젝트를 선택하는 과정을 계속 개발하여 이러한 문제를 최소화시켜야 한다. 둘째, 메트스쿨은 너무 많은 학생을 보내 멘토가 지쳐버리게 되는 일은 피해야 한다. 셋째, 인턴쉽 회사의 주요 임무가 학생들을 교육시키는 것은 아니라는 것이다. 메트스쿨이 프로젝트와 관련된 일들을 어느 정도 발전시켰다 하더라도 이러한 현실은 불가피하게 몇몇 학생들의 프로젝트에 방해가 될 수도 있다. 그렇지만 메트스쿨은 현장 경험 학습의 장점이 이러한 문제점을 상쇄한다고 믿는다.

마지막으로 메트스쿨은 인턴쉽을 찾는 데 시간이 많이 걸리는 학생들을 어떻게 도울 것인지 효율적인 전략을 세울 필요가 있다. 엘리엇 교장은 이렇게 말했다. "이 문제점은 학교가 설립된 지 얼마나 됐느냐와 관련이 있습니다. 이제 학교가 설립된 지도 5년이 지난 만큼 이러한 문제들은 점점 쉽게 풀리고 있습니다. 왜냐하면 해가 갈수록 학생들을 받아주려는 멘토와 인턴쉽 현장이 늘어나고 있으니까요. 또 어떤 학생의 경우는 예전에 인턴쉽을 했던 곳에 다시 가기도 합니다. 우리는 항상 더 나은 인턴쉽 과정을 만들고자 합니다. 인턴쉽을 찾지 못하는 사태를 막는 방법의 하나로 미리 프로젝트와 인턴쉽 할 곳을 정하는 방법이 있습니다만, 이는 메트스쿨 모델과 맞지 않습니다. 메트스쿨에서는 학생들의 관심과 노력에 따라 프로젝트를 시작해야 한다고 보기 때문이지요. 인턴쉽을 찾는 과정 없이는 좋은 평가를 받기 힘들 것입니다. 우리는 이러한 과정이 교육에 도움이 된다고 봅니다. 학생들은 이러한 과정에서 많은 것을 배우게 되니까요. 또 메트스쿨 학생들은 인턴쉽을 찾는 동안에도 학교에서의 학습 활동에 참가합니다."

모든 것은 배움으로 통한다 5

메트스쿨에서는 '비정규 과목'이라는 말이 통하지 않는다. 대부분의 일반 학교는 수학이나 영어 같이 정해진 몇 가지 과목만 학점을 인정한다. 반면 메트스쿨은 학습 목표를 이루는 데 도움이 되는 활동이면 거의 대부분 학점을 인정해주고 있다. 내가 메트스쿨에서 경험한 일들을 통해 메트스쿨 학생들의 학습 활동이 얼마나 다양한지 설명하기로 한다.

하루 스케치 | 추수감사절 휴일이 끝난 월요일이었다. 삼십 분 일찍 학교에 온 학생들은 아침을 먹거나 친구들과 잡담을 나누거나, 아니면 책을 읽거나 인터넷을 검색하기 시작했다. 아침 교사회의에서는 사회복지단체들과 협력을 더 잘할 수 있는 방법에 대해 집중적으로 논의했다. 머핀 몇 개를 먹고 나서 서둘러 몇 가지 결정을 내리자 아침 미팅 시간이 되었다.

'나를 일깨워줘Pick me up'라는 이름으로 알려진 아침 미팅은 공지 사항을 알려주는 것으로 시작하고 한 학생이 프리젠테이션을 하는 것으로 끝난다. 오늘은 리아가 청소년 지지와 옹호를 위한 전국회의에 다녀온 이야기를 했다. 이 모임은 동성애자를 비롯하여 양성애자, 트랜스젠더, 그리고 자신의 성적 취향이 무엇인지 궁금해하는 젊은이들이 모이는 자리다. 리아는 중학교 시절 자신의 성적 취향 때문에 친구들에게서 괴롭힘을 당했고 소외당하기도 했다고 말했다. 메트스쿨에서는 이런 일이 일어나지 않았기 때문에 리아는 자신을 지지해준 모든 사람들에게 고마워했다. 오늘의 아침 미팅 주제가 무엇인지 알고 있었던 리아의 어드바이저가 다양성의 인정을 주창하는 교육가 한 명을 미팅에 초대했는데, 그 교육가가 자리에서 일어나 이렇게 말했다. "저는 여러분 앞에서 이런 이야기를 하는 리아가 정말로 용기 있다고 생각해요. 저 또한 레즈비언인데, 프로비던스에 있는 학교에 다니는 두 딸이 있어요. 동성애 친척이나 친구가 있는 사람은 손을 들어보세요." 절반에 가까운 학생과 대부분의 어드바이저가 손을 들었다. 그 교육가가 심도 깊은 토론을 벌여야 할 질문을 몇 가지 던진 것을 마지막으로 아침 미팅은 끝났다. 학생들은 각자의 어드바이저리 방으로 흩어졌다.

그날 내내 나는 11학년을 맡고 있는 마야 선생님과 마야 선생님의 어드바이저리에 속하는 13명 학생들을 따라다녔다. 학생들이 회의용 탁자에 둘러앉아 수첩에 무언가를 적고 있었고, 두 학생은 앉아서 빈둥거리고 있었다. 한 학생은 조그마한 시리얼 상자 두 개를 번갈아 가며 시리얼을 꺼내 먹고 있었다. 마야 선생님은 1920년대 오클라호마에서 3백 명의 흑인이 대량 학살당한 사건을 다룬 최근호 『프로비던스 저널Providence Journal』 기사를 나눠주었다. 학생들은 돌아가며 큰 소리로 그 기사를 읽었다. 기사의 내용은 이런 것이었다. "털사(미국 오클라호마 주에 있는 도시로 인디언 피난민 마을로 건설되었는데, 유전이 개발되어 일약 세계 굴지의 석유 도시로 발전했다─옮긴이)는 다양한 면을 지니고 있다. 바이블 벨트(기독교 신앙이 돈독한 미국 중·남부 지대를 가리키는 말─옮긴이)의 청교도적 전통과 우아한 건축물, 신흥 도시에 대한 열광적인 선전, 이 모든 것이 섞여 있다. 하지만 이곳 주민들은 새로 설립된 진상규명위원회에 반대한다."

마야 선생님이 이렇게 물었다. "왜 진상규명위원회에 반대하는 걸까요? 왜 대량 학살 사건을 은폐시키려 한다고 생각해요?"

한 학생이 이렇게 말했다. "지역 주민들이 신문사에 찾아가서 대량 학살 사건을 머리기사로 다뤄달라고 요구했어야 했어요."

다른 학생이 말했다. "그건 그래. 하지만 백인들이 신문사를 소유하고 있었겠지. 그리고 그런 기사가 나가길 원하지 않았겠지."

"그게 사실이라면 우리가 어떻게 마틴 루터 킹이나 해리엇 터브먼에 대해 알 수 있었겠어? 백인 신문사 소유주들도 그 사건을 밝히려고 한 것 아닐까?"

"털사 대량 학살 사건은 역사책에 기록되어야만 해."

"우리가 모르는 게 얼마나 되는지 정말 궁금하다."

"넌 네가 읽는 것들을 어떻게 믿을 수 있니?"

그때, 한때 코카인 중독자였다가 지금은 사회복지 사업가가 된 초대 손님이 도착했다. 약물을 끊는 방법에 대한 이야기를 듣기 위해 두 학생이 어드바이저리 방에서 나갔다. 다른 학생들은 계속해서 털사가 대량 학살 피해자들의 후손들에 대한 보상을 어떻게 해야 하는지에 대해 토론했다. 전화기가 울리자 마야 선생님이 (멀리 떨어져 있는 인턴쉽 멘토에게서 온) 전화를 받았다. 그 때문에 토론은 다소 주춤해졌다. 어드바이저리 시간이 끝나자 학생들은 개별 학습이나 소그룹 프로젝트를 위해 뿔뿔이 흩어졌다.

회의용 탁자에 둘러앉아 있던 여학생 다섯 명은 『내 딸이 여자가 될 때 Reviving Ophelia』와 『우리들의 오필리아Ophelia Speaks』를 드라마로 만들기 위한 계획을 세운다. 그 학생들은 대본을 쓰고 수정하면서 예행 연습을 하고 녹화할 시간을 정했다.

"난 그날은 뺄 수가 없는데."

"일요일에는 우리 집에서 모여도 될 거야."

"너 옷깃 좀 단정하게 해줄래? 하루 종일 신경 쓰인다!"

마야 선생님은 그 여학생들과 함께 『내 딸이 여자가 될 때』에서 강간과 성폭력을 다룬 장에 대해 토론했다. 그러고 나서 옆 교실로 들어가 모임을 갖고 있는 학생들, 프로젝트 기획서를 타이핑하는 학생들, 또 의자에 앉아 책을 읽는 학생들을 돌봐주었다.

점심시간이 되면 중앙의 커다란 회의실이 식당 역할을 한다. 어드바이저와 학생들이 같이 앉아 있는 모습이 여기저기 눈에 띄었다. 마야 선생님은 다른 어드바이저들과 앉아 있었다. 학교생활을 힘들어하는 한 학생을 돕기 위해 비공식적으로 모인 자리였다. 그 학생은 지난 봄 한 해를 마무리하는 공개 프리젠테이션을 통과하지 못했고, 또 여름 학교도 통과하지 못했기 때문에 다른 학생들처럼 진급하지 못했다. 벌써 11월이 다 지나갔지만 어드바이저들은 겨울방학 동안 이 학생이 뒤쳐진 것을 만회할 수 있도록 도울 방법이 없는지 계속해서 고심하고 있는 것이다. 메트스쿨에서는 대개 학년 말에 상급반으로 진급하지만 학습계획에 정해져 있는 필수 과정을 다 마치면 어느 때든 진급할 수 있다.

점심시간이 끝난 뒤에 마야 선생님은 학생들을 한 명씩 만나 상담했다. 첫 번째 상담에서는 루서가 대학에서 듣고 있는 작문 수업의 보고서 주제를 무엇으로 할 것인지, 마감 시한을 정해 보고서 쓰는 시간을 어떻게 분배할 것인지를 도와주었다. 그리고 교정을 봐주겠다는 제안을 했고, 다른 학생들의 의견도 한번 들어보라고 충고했다.

마야 선생님이 루서와 상담하고 있는 동안 다른 학생들은 어드바이저리 방을 들락날락했다. 한 학생이 수학 담당 선생님과 SAT 준비 수업을 하러 나갔다가 몇 분 지나지 않아 다시 돌아와서는 일지를 쓰겠다고 말했다. 그 학생의 책가방을 보니 빌 브라이슨의 『나를 부르는 숲A Walk in the Woods』이 삐죽 튀어나와 있었다. 그 학생은 이렇게 말했다. "전 12학년 프로젝트로 두 달 동안 애팔래치아 산맥을 걸어서 여행할 생각을 하고 있어요."

이어서 마야 선생님은 해야 할 일을 제대로 끝내지 못한 한 학생과 상담했다. 그 학생이 맥없이 말했다. "저, 깜빡했어요."

"어제 얘기한 거잖아."

"그 책은 너무 무거워서 갖고 다니기 힘들어요. 그리고 여기서든 집에서든 읽기만 하면 되잖아요."

"그래. 그건 너 좋을 대로 해."

기운 빠지게 하는 말을 몇 마디 주고받은 뒤 마야 선생님이 말했다. "잠시 할 말이 있는데, 네 반응이 상당히 부정적인 것 같구나. 무슨 일이 있니?"

"지금 너무 피곤해요. 잠을 충분히 못 잤어요."

"그래, 알았다. 하지만 생산적인 상담을 하려면 네가 협조해줘야 해. 그러지 않을 거면 다음에 다시 상담 날짜를 잡는 게 좋겠다."

그들은 상담을 계속했다. "요즘 스페인어 시간에 무얼 했는지 보여주겠니?"

"토론했어요. 하지만 노트에 기록하지는 않았어요."

"전에도 이 문제에 대해 이야기했잖아. 그렇게 해서는 내가 너를 평가할 수가 없어. 일지에 스페인어 수업에 대해서도 적어보고 다른 사람들 앞에서 스페인어로 짧게 프리젠테이션도 해보렴."

아무 대답이 없다.

마야 선생님이 계속해서 말했다. "그리고 지금 우리가 하는 토론에 대해서도 적었으면 한다. 내가 한 이야기만 적는 것은 아무 의미가 없어. 사회에 나가 직장에서 일을 한다면, 네 상관이 이 방을 나가기 전에 네게 주어진 일이 무엇인지 확실히 알고 있어야 해. 나중에 다시 가서 물어볼 수 없거든."

　세 번째 상담은 개인적인 것이어서 나는 학교 주변을 돌아보며 학생들이 읽고 있는 책 제목을 적어보았다.

단행본

아이스킬로스, 『사슬에 묶인 프로메테우스Prometheus Bound』

줄리아 알바레즈, 『도미니카의 붉은 장미In the Time of the Butterflies』

로저 카라스, 『말에 관한 명작집A Treasury of Great Horse Stories』

빌 거트먼, 『새미 소사 전기Sammy Sosa: A Biography』

헤시오드, 『신통기Theogony Works and Days』

스티븐 킹, 『내 영혼의 아틀란티스Hearts in Atlantis』

리차드 로드리게즈, 『멕시코 소년의 성공투쟁기The Hunger of memory』

모나 루이스, 『모나 루이스의 생애Two Badges: The Hunger of Memory』

게르솜 숄렘, 『조하르Zohar: The Book of Splendor』

사라 샌들러, 『우리들의 오필리아Ophelia Speaks』

존 스타인벡, 『진주The Pearl』

앨리스 워커, 『칼라 퍼플The Color Purple』

켄 웨버, 『5분 미스터리Five-Minute Mysteries』

정기간행물

『포브스Forbes Magazine』

『뉴스위크Newsweek Magazine』

『프로비던스 저널Providence Journal』

교과서나 참고 서적

대학 수학: 미적분과 해석 기하학College Mathematics: Calculus and Analytic
    Geometry

바른 운전법Drive Right(운전자 교육용 소책자)

말보로 대학 카탈로그Malboro College Catalogue

노튼 명문집The Norton Reader

간호사: 평생의 직업Nursing: The Career of a Lifetime

현명한 해법: 십진법, 분수, 비율, 백분율Smart Solutions: Decimals, Fractions,
    Rations, and Percents

모세 5경 영역본The Torah: An English Translation

마야 선생님의 학생들은 그날 일과가 끝나기 30분 전에 어드바이저리 방으로 돌아와 함께 시간을 보냈다. 조나는 전미대륙 군사학교를 연구한 결과를 발표하면서 미국 군대가 중남미 독재자들을 양성하는 데 한몫했다는 사실을 이야기했다. 조나는 미국 정부가 이러한 사실을 부인하고 있다면서 인권단체에서 제시한 반증을 예로 들었다. 뒤를 이어 아동 착취, 기업의 이익, 의문투성이 권력, 국민의 세금으로 전미대륙 군사학교를 지원해야 하는가에 대한 토론이 벌어졌다.

방과 후 마야 선생님은 한 학생에게 연락을 했다. 그 학생은 지금 하고 있는 인턴쉽을 지겨워하는데 다른 프로젝트를 아직 찾지 못했다고 한다. 그 학생은 메트스쿨의 최첨단 기상 관측 기구를 관리하는 책임을 맡고 있는데, 앞으로 난이도가 높은 기상 실험을 해보고 싶다고 말했다. 그 학생은 이렇게 말했다. "그러지 않으면 그 실험도 지겨워질 거예요."

마야 선생님은 이렇게 말했다. "저는 기상 전문가는 아니에요. 하지만 우리는 함께 배워나갈 거예요." 두 사람은 시내 중심가에 있는 도서관에 가서 기상학에 관한 책도 찾아보고, 어떤 실험을 할 것인지 계획도 세우고, 기상학자도 초청하기로 했다.

그때 조나가 들어와서 유니콤에서 하는 인턴쉽에 대해 토론하고 싶어 했다. 과학적 추론을 어떤 방식으로 응용하여 컴퓨터 수리를 할 수 있을까? 프로젝트의 윤곽이 빠르게 잡혀갔다. 조나는 컴퓨터를 수리하기 전에 어디가 고장인지를 추론하고, 이를 바탕으로 진단 순서를 짤 것이다. 그리고 수리를 한 뒤에는 실제 결과에 따라 처음에 세웠던 수리 계획을 검토하여 더 나은 계획을 세울 것이다. 마야 선생님은 조나에게 프로젝트 기획서 초안을 만들라고 했다. 마야 선생님은 조나가 금요일까지는 프로젝트 기획서를 제출할 거라는 걸 확신하고 있었다.

일과가 끝나고 30분이 지났다. 재머가 어드바이저리 방으로 들어와 수줍은 표정으로 마야 선생님에게 리포트를 건넸다. 몇 달 전에 시작했다가 포기한 연극 대본이었다. 추수감사절 휴일 동안 다시 작업을 시작해서 꽤 진전시킨 것이었다. 마야 선생님은 처음 몇 쪽을 대충 훑어보더니 만족스러운 표정을 지으며 이렇게 말했다. "정말 괜찮은 연극이 되겠는데! 이 뒤의 장면을 어떻게 연결시킬지 생각해봤니?" 두 사람은 다음에 해야 할 일에 대해 이야기를 나눴다. 재머는 활기찬 모습으로 집으로 돌아갔다.

풍요로운 교육 | 메트스쿨의 학습 전략은 끝이 없다. 이 책 한 권으로 메트스쿨의 학습 전략을 모두 이야기하는 것은 불가능하다. 그래서 가장 일반적인 메트스쿨의 학습 전략을 소개하기로 한다. 앞 장에서 인턴쉽에 대해 이야기했기 때문에 이 장에서는 그 밖의 다양한

학습 활동에 대해 이야기할 것이다.

봉사활동을 통한 학습 | 메트스쿨이 설립되던 해, 로드아일랜드 주 당국은 주민들에게 로드아일랜드 주의 새 역사박물관을 홍보할 전시회를 준비해달라고 요청했다. 메트스쿨 학생 9명은 박물관 설계와 지역 역사에 대해 일 년 동안 연구했다. 그리고 로드아일랜드 주의 학생들과 어른들의 협조를 받아 전시회와 리셉션을 열었다.

또 다른 학생들은 인종 문제에 관해 공부하고 싶어했다. 그 학생들은 어드바이저의 도움을 받아 그 문제를 연구 조사하고, 학습계획을 세운 뒤에 프로비던스 초등학교 4학년생들을 가르쳤다.

이러한 프로젝트는 적극적인 시민되기, 가치 있는 일을 하는 과정에서의 학습, 지도력과 문제 해결 능력 기르기라는 메트스쿨의 목표를 이루는 데도 도움이 된다. 학생들은 봉사활동을 하면서 자신의 관심 분야를 발견하기도 하고, 또 인턴쉽 멘토를 찾기도 한다. 레슬리는 장애아동들을 위해 할로윈 파티를 준비하는 봉사활동을 하면서 자원봉사에 대한 자신의 능력과 열정을 발견하고 3년간 이 분야에서 인턴쉽을 한 뒤 로드아일랜드대학의 관련 자격증 코스에 입학하게 되었다.

메트스쿨에서는 단순한 지역사회 봉사활동과 봉사활동을 통한 학습을 구분한다. 강에서 쓰레기를 치우는 일은 지역사회 봉사활동이다. 여기에 강의 오염 원인이나 환경정책 개혁을 지지하는 방법을 연구하는 식으로 교육적인 면을 덧붙이면 이는 봉사활동을 통한 학습이 된다. 메트스쿨은 가능하면 여러 가지 방법을 모색한다. 봉사활동을 통한 학습의 범위가 넓어지고, 이와 관련해 멘토만 구할 수 있으면 이는 인턴쉽으로 발전할 수 있다.

그 밖의 봉사활동을 통한 학습

· 동물원 전시용 인공호수 설계 및 건축
· 프로비던스 시장의 낙서 반대 운동 실무단에서 봉사
· '프로비던스를 아름답게'라는 단체를 만들어 봉사활동 프로젝트를 수행하거
  나 초등학교에 환경운동 클럽을 만들기
· 초등학교 학생들에게 읽기와 수 가르치기
· 메트스쿨을 위한 위기 극복 프로그램 개발하기

일지 쓰기 │ 메트스쿨은 일지를 쓰게 해서 학생들이 자기 생각이나 걱정, 꿈을 표현하게 한다. 학생들은 자신이 읽은 책을 비롯해 다른 사람의 설교나 판사와의 인터뷰, 또는 가정이나 학교에서 있었던 일에 대해 쓴다. 산문이나 시 형식으로 쓰기도 하고 스케치, 도식, 목록, 연대표 같은 것을 사용하기도 한다. 학생들은 일주일에 세 번 일지를 써야 한다. 그러면 어드바이저들이 재빨리 여기에 답을 해준다. 따라서 일지는 맞춤 학습을 위한 또 다른 전략이 되는 것이다. 일지를 쓰게 하는 목적은 학생들의 작문 실력과 사고 능력을 높이고 자신들의 이야기에 귀 기울여주는 어른이 있다는 사실을 학생들의 마음속에 심어주는 것이다.

1999년 3월 24일. 이제 온실에서의 인턴쉽도 슬슬 지겨워지기 시작해요. 저는 조금만 시간이 지나면 모든 것을 지겨워하는 것 같아요. 오늘은 씨앗을 심었어요. 희망사항이긴 한데 어머니의 날(5월 둘째 일요일―옮긴이)에는 싹이 트기 시작할 것도 같아요. (유대교인도 어머니의 날을 기념하나요?) 제가 나중에 육아시설에서 일하고 싶어할 것 같지는 않아요. 내년에는 자동차 구조와 기술에 대해 인턴쉽을 했으면 좋겠어요. 9월부터 시작하려면 지금부터 찾아봐야 할 것 같

아요. 올해는 인턴쉽 구하는 데 너무 시간이 많이 걸렸어요.

선생님이 평생 같은 나이에 머문다면 몇 살이 좋겠냐고 물었잖아요? 전 계속 21살이었으면 좋겠어요. 운전면허증도 딸 수 있고, 카지노에도 가고, 술집에도 갈 수 있는 나이니까요. 나이만 되면 술을 많이 마실 거라는 말은 아니고요. 어쨌든 정말로 계속 같은 나이에 머물고 싶지는 않아요. 가족과 친구들은 다 죽었는데 저만 계속 살아 있고 싶지는 않거든요. 그러면 너무 지루하고 슬플 거예요. 암에 걸리거나 대머리가 되는 고통 때문에 계속 괴로워하면서도 살고 싶겠어요? 이제 그만 쓸까 해요. 내일 일에 늦으면 안 되거든요. 안녕히 주무세요.

-자밀라

한 어드바이저는 이렇게 말했다. "어떤 학생들은 정말로 일지를 잘 이용해요. 그러면 제가 답을 달고, 이렇게 이야기를 주고받죠. 우리가 실제로 대화하면서 이야기하지 않은 것이나 학교에서 못한 말을 하는 기회인 거죠. 집에서 있었던 일이나 개인적인 불안, 친구 관계 같은 문제들도 이야기해요. 그러면 저는 제 경험에 비춰 답을 쓰죠. 또 다른 형태의 멘토 역할이라고 보면 되요."

또 다른 어드바이저는 이렇게 말했다. "전 항상 두 가지가 힘들었어요. 학생들이 꾸준히 일지를 쓰게 만드는 일과 방과 후 학생들을 모아놓고 생각하는 기회를 갖게 하는 일 말이에요. 그런데 이 두 가지를 동시에 해결하는 기막힌 방법을 찾았어요. 저는 매일 아침 칠판에 학생들을 자극할 만한 말을 하나씩 썼지요. 학생들에게 낮 동안 생각해보고 글을 써보라는 의미였어요. 그리고 오후에 어드바이저리 방에서 10분간 이 문제에 대해 (아니면 다른 무엇에 대해) 글을 쓴 뒤, 돌아가면서 그것에 대해 토론을 해요. 이런 문제들이 제기되지요. '무인도에 갇히게 되었는데 같이 지낼 사람 세 명을 골라야 한다면 누구를 고를 것이며 이유는 무엇인가?' '지금까지 살아오면서 가장 숭고했던 순간은?' '체벌이 적절한 교육 방법이라고 생각하는가?' 우리는 한밤중의 난상 토론이나 식탁에서 하는 토론처럼 개인적인 토론을 벌이고는 하지요. 이는 학생들이 일지를 자주 쓰도록 하는 데 큰 도움이 됩니다."

일지와 관련된 그 밖의 활동
- 학생들끼리 일지를 바꿔 읽고 서로의 글에 대해 자신의 의견을 적어주기
- 어드바이저가 자신의 일지를 학생들과 공유하기
- 집에서 글을 쓸 수 있는 최상의 환경을 만드는 방법에 관해 토론하기
- 스페인어 할 줄 아는 어드바이저와 일지로 소통하면서 스페인어 배우기
- 글을 쓰기 위해서라면 학생이 학교 건물 밖으로 나가는 것을 허락하기

독립 프로젝트 | 9학년 학생들은 첫 번째 인턴쉽을 찾기 전에 학교에서 소규모 프로젝트를 한다. 한 학생은 늘 라자냐를 요리해보고 싶어했다. 그래서 그 학생은 주방장 몇 사람을 인터뷰하고, 도서관에서 요리법을 공부했다. 그리고 재료를 정한 뒤 장을 보고, 라자냐를 요리한 다음에 어드바이저리 학생들에게 요리 과정에 대해 설명했다.

또한 메트스쿨 학생들은 인턴쉽 찾는 일이 느리게 진행되거나 자신의 관심 분야에 있는 멘토를 찾지 못했을 때, 독립 프로젝트를 한다. 한 어드바이저는 이렇게 말했다. "독립 프로젝트는 학생들 대부분이 재미있어하는 음악, 사진, 패션 같은 최신 유행 분야인 경우가 흔하죠. 시간을 할애해주려는 멘토를 쉽게 찾지 못하는 경우가 때때로 있습니다. 그럴 때 학생들은 학교의 지원을 받아요."

　독립 프로젝트는 인턴쉽 프로젝트만큼 어렵지만 또 그만큼의 보람도 있다. 시저의 어드바이저는 이렇게 말했다. "시저는 사진 프로젝트를 하기로 했는데, 친구들의 인간관계를 사진에 담고 싶어했어요. 하지만 결국엔 잡다한 사진 모음밖에 되지 않았죠. 이런저런 지원을 많이 해주었는데, 시저는 필요한 사진 기술을 공부하려는 자세가 되어 있지 않았어요. 공개 프리젠테이션 시간에 맞춰 필름을 현상하지도 않았고 카메라 각 부분의 기능에 대한 지식도 없었죠."

　"그래서 시저에게 2주 동안 시간을 주고 다시 공개 프리젠테이션을 하라고 했어요. 실제로 시저는 프로젝트를 잘해보려고 노력했습니다. 그런데 카메라에 필름을 잘못 넣어 아예 사진이 찍히지 않았어요. 우리는 방식을 바꾸기로 했죠. 프로젝트를 처음부터 다시 시작하려면 비용이 너무 많이 들기 때문이었어요. 시저가 조리개나 노출계 사용법을 배우면서 느낄 어려움을 제가 너무 과소평가했던 면도 있고요. 대신 시저는 사진집을 여러 권 보고 나서 강한 인상을 남긴 사진을 골라 각각의 사진에 대한 비평문을 썼어요. 시저는 그 사진들의 상징성, 사진가의 시각, 조명 같은 기술적 측면에 대해 이야기했어요. 누가 하라고 해서 한 것이 아니라 시저 스스로 사진에 대해 정말로 관심을 갖게 되어서 그렇게 했다는 것이 분명했어요."

　한 어드바이저는 독립 프로젝트가 성공하려면 학생의 학습 의욕이 가장 중요한 요인이라고 말했다. 대부분의 학생이 자신의 프로젝트가 다른 사람들에게 영향을 미칠 때 가장 높은 학습 의욕을 보였다. 하지만 몇몇 학생들은 수화나 리눅스 컴퓨터 운영체제 학습 같이 자기 자신을 위한 활동에 더욱 몰두했다.

그 밖의 독립 프로젝트

- 학교에서 250달러를 대출 받아 양초 사업 시작하기
- 학생들이 쓴 시를 편집하여 시집 만들기
- 기초 전자공학을 스스로 공부하기
- 다른 학생이 쓴 대본으로 연출한 연극에 배우로 출연하기
- 일본 여행 경비 마련을 위한 스파게티 저녁 파티 열기

졸업반 프로젝트 | 교육자들은 졸업반 학생들의 슬럼프를 결코 해결하지 못할지도 모른다. 하지만 메트스쿨은 이에 대한 튼튼한 방어책이 있다. 12학년 학생들은 메트스쿨을 졸업하려면 자신뿐만 아니라 지역사회에 도움이 되는 1년 기한의 프로젝트를 계획하여 마쳐야만 한다.

로버트의 프로젝트는 국내외 기아 문제를 젊은이들이 더 깊이 인식하게 하는 것이었다. 로버트는 집회와 봉사활동의 날을 정해 통조림 2천 개를 기증받고, 2천 달러를 모금했으며 기아 문제 해결을 위한 탄원서에 2천 명의 서명을 받아냈다. 집회는 시청 앞에서 열렸는데, 경찰이 주변 도로로 차들이 다니지 못하게 해주었다. 유명 인사들이 나와 연설을 했고, 후원 업체들은 현수막을 기증하기도 했다. 이 프로젝트의 멘토는 노숙자를 위한 쉼터 소장이었는데, 로버트는 바로 그 쉼터에서 봉사활동을 하기도 했다.

또 다른 학생은 자전적인 연극 대본을 써서 연극을 연출하고 배우로 출연하기도 했다. 챈더는 메트스쿨에 오고 나서 2년 동안 천문학에 푹 빠져 있었다. 그러나 아버지가 갑작스럽게 캄보디아로 돌아가기로 결정하고 막내지만 유일한 아들인 챈더에게 가장 역할을 맡으라고 한 뒤부터 모든 것이 바뀌어버렸다. 착실한 학생이었던 챈더는 학교를 빠지기 시작했고,

마약에 손을 댔으며, 폭력적으로 변했다. 챈더의 형들은 크메르 루즈 정권에 의해 살해당했는데, 챈더는 아버지까지 캄보디아에서 죽는 것은 아닌지 두려워했다.

데니스 교장은 메트스쿨의 유연한 교과과정의 장점은 학생들이 자신의 삶에 필요한 것을 채워줄 수 있는 분야를 공부할 수 있는 것이라고 말했다. 챈더는 천문학에서 캄보디아의 역사와 정치로 학습 방향을 바꿨고, 또 아버지가 위험한 상황에 있지는 않은지 알아보려고 노력했다. 챈더가 그저 미국 사회학 교과과정의 하나인 전쟁에 대해 공부했다면 학습 정도나 관심의 수준은 훨씬 낮았을 것이라는 사실에는 이론의 여지가 없다.

결국 챈더의 아버지는 캄보디아에서 무사히 돌아오셨다. 하지만 챈더는 더 이상 아버지의 권위를 인정하지 않았다. 챈더는 그때 자신의 졸업반 프로젝트로 일련의 사건들에 대한 극본을 써야겠다고 결심했다. 챈더는 프로비던스 블랙 레퍼토리 극장 연출가의 지도로 극작과 연출에 대해 배웠고, 9편의 극본을 썼으며, 자신과 다른 학생들이 출연하는 연극을 연출했다. 이 연극은 2백 명의 관객 앞에서 상연되었다.

학생들은 졸업반 프로젝트를 준비하기 위해 프로젝트 기획서를 준비해야만 한다. 이 기획서에는 그 프로젝트를 하고 싶어하는 이유를 비롯해서 프로젝트의 역사적, 사회적 배경, 그 프로젝트가 메트스쿨의 학습 목표를 어떻게 충족시키고 지역사회에 어떤 혜택을 가져다줄 것인지에 대한 내용이 포함되어야 한다. 또한 필요한 기술과 자원, 프로젝트 멘토, 최종 성과물, 시간 계획이나 참고 목록도 다루어져야 한다. 이 기획서는 11학년이 끝날 때까지 제출해야 한다. 그렇게 해야만 가을부터 프로젝트를 빨리 시작할 수 있다. 물론 나중에 다른 프로젝트로 바꾸는 학생들도 많긴 하지만 말이다. 학생들은 12학년 말에 연구 논문을 쓰고, 자신의 프로젝트를 자세히 보여주는 공개 프리젠테이션을 열고, 자신이 배운 것에 대해 생각해보는 기회를 갖는다.

> 그 밖의 졸업반 프로젝트
> - 과학 관련 직업을 갖고자 하는 여학생들을 위한 수학 모임 만들기
> - 메트스쿨 신축 캠퍼스에 지역 사람들을 위한 공원 만들기
> - 프로비던스 시의 지구의 날 축하 행사 기획 돕기
> - 청소년 예술 및 문학 작품을 담은, 프로비던스 시에 배포되는 잡지 만들기
> - 학생과 교사가 함께하는 일주일 배낭여행 계획하기

대학 수업 | 데니스 교장은 이렇게 말했다. "메트스쿨이 처음 개교했을 때 사람들은 우리가 너무 엄격하지 않다고 말했지요. 그렇지 않다는 것을 그 사람들의 기준으로 보여주기 위해 우리는 식물학이든, 건축학이든 어떤 분야에 특별한 관심을 갖고 있는 학생 몇 명을 대학에 보냈어요. 대학에선 우리 학교 학생들에게 장학금을 주었어요. 그 뒤로 갑작스럽게 메트스쿨 학생 50명이 대학에서 강의를 듣게 되었죠. 어찌 보면 우리 학교에 대한 평판이 좋아지게 되었으니 대단한 일이죠. 대학교 입학 담당자들은 메트스쿨에 대해서는 자세히 몰랐지만 우리 학생들이 대학에서 수강한 두 강좌에서 B학점을 받았다는 것은 알고 있었어요. 우리 학생들이 공식적으로 인정받았다는 게 기쁘고, 또 대학 수업이 우리 학생들에게 메트스쿨을 졸업한 뒤의 교육 현실에 대해 파악할 기회를 제공해줬다는 게 맘에 들어요."

"하지만 한편으로는 이런 현실을 아직도 이해할 수 없어요. 모든 학생이 다 대학 강의를 들어야만 합니까? 반드시 관심 분야와 관련 있는 강의

만 들어야 합니까? 우리는 대부분의 대학 교수법을 인정하지 않습니다. 그런데도 학생들에게 대학 강의를 들어보라고 해야 합니까? 만약 학생들에게 대학 강의가 어떤 것인지 보여주는 게 목적이라면 메트스쿨에서도 그런 교수법을 따른 수업을 해야만 하는 겁니까? 아직도 제대로 이해를 못하겠어요."

메트스쿨 학생들은 프로비던스 시와 그 주변에 있는 대학에서 강의를 듣는다. 메트스쿨은 대학 강의를 들으려는 학생들에게 9학년을 마칠 것과 일지 쓰기, 인턴쉽 프로젝트 마치기 같은 조건들을 갖출 것을 요구하고 있다.

1998년 전국 조사 결과에 따르면 메트스쿨에서 실시하는 대학 강의 수강의 이점을 보여주는 증거가 세 가지 있다. 첫째, 고등학교를 졸업하자마자 대학에 진학한 학생들이 나중에 대학에 들어간 학생보다 학위를 끝마칠 가능성이 더 높았다. 둘째, 부모가 대학을 졸업하지 않은 학생의 경우 대학 진학을 미루는 경향이 더 높았다. 셋째, 25~29세를 대상으로 한 이 조사에서 백인 33%, 흑인 16%, 남미계 11%가 대학 학위가 있었다. 이러한 조사 결과는 대학을 다니지 않은 부모를 둔 학생이 70%나 되는 메트스쿨이 학생들을 대학에 진학시킬 때 얼마나 큰 어려움을 겪게 될 것인지를 보여준다. 메트스쿨은 학생들이 미리 대학을 경험함으로써 대학에 대한 편견을 없애고, 졸업한 뒤에 바로 대학에 진학할 수 있도록 학생들을 격려한다.

사람들 앞에서 말하기 | 새로운 프로비던스 차터스쿨을 기획하는 모임에서 나는 처음으로 시저가 다른 사람들 앞에서 말하는 것을 보았다. 앞에서 말하는 사람은 내가 아는 활발하고 용모 단정한 그 십대 소년이 분

명했지만 일상적으로 쓰는 속어나 건방져 보이는 평소의 태도는 거의 찾아볼 수 없었다. 이렇게 전혀 다른 두 세계를 넘나드는 모습이 내게는 참으로 깊은 인상을 남겼다. 메트스쿨이 학생들에게 다른 사람들 앞에서 말하기를 시키는 이유 가운데 하나는 다른 세계의 사람으로 변화하는 동기를 부여하기 위해서다.

메트스쿨 교사들은 다른 사람들 앞에서 연설을 할 때 학생들을 연단으로 데리고 간다. 한 학생은 졸업생들 앞에서 연설을 훌륭하게 했지만 농담 삼아 자신의 어드바이저의 머리 모양을 흠잡았다. 다음 연사는 바로 그 어드바이저였다. 그 학생은 나중에 어드바이저와 함께 그 일에 대해 이야기하면서 예전에도 긴장한 탓에 해서는 안 될 말을 했다는 사실을 알게 되었다. 그래서 그 학생은 긴장을 푸는 방법을 배우는 데 관심을 갖게 되었다. 메트스쿨은 다른 문제를 일으키지 않으면서 학습할 수 있는 상황이라면 학생들이 꼭 필요한 능력을 기를 수 있는 기회로 만든다.

메트스쿨에서는 다른 사람들 앞에서 말하는 것이 하나의 삶의 방식이다. 학생들은 분기마다 자신이 배운 것에 대해 한 시간에 걸친 공개 프리젠테이션을 해야 하는데, 아침 미팅과 지역 모임, 어드바이저리 토론을 할 때도 다른 사람들 앞에 서야 한다. 또한 메트스쿨은 학생들이 학교 밖에서도 여러 사람 앞에서 프리젠테이션을 하도록 권장한다. 이 때문에 다른 사람들 앞에서 말하는 것이 자연스러워지게 된다.

그 밖에 다른 사람들 앞에서 말할 수 있는 기회

- 메트스쿨 자금 지원 재승인 기간 동안 로드아일랜드 주 의회에서 하는 연설
- 교육에 관한 회의 때 프리젠테이션 하기
- 약국 체인점 매니저들에게 화장품 진열 방법 설명하기

- 멘토 역할에 관한 회의 때 콜린 파월 장군 소개하기
- 프로비던스 대학에서 교사 연수를 받고 있는 사람들과 이야기 나누기

아침 미팅 | 한 어드바이저는 메트스쿨의 아침 전체 모임이 공동체 의식을 높이고 다시금 확인할 수 있는 기회라고 한다. '나를 일깨워줘'라는 아침 미팅은 공지 사항 발표로 시작해 학생, 교사, 학부모, 초대 손님의 프리젠테이션으로 이어진다. 이 프리젠테이션은 그날 하루 학생들과 교사들의 관심을 자극하고, 특별한 기술을 보여주고, 지식을 넓히고, 또 힘을 북돋아주기 위한 것이다.

이 아침 미팅은 시 낭송이나, 기타 연주, 아칸소 여행을 담은 비디오 상영처럼 간단한 것일 수도 있다. 일반적으로 아침 미팅은 희망과 기운을 북돋워주는 모임이어야 한다. 하지만 사회 문제에 대한 토론이 벌어지기도 하고, 또 아흔 살의 유대인 대학살 생존자를 초청하여 이야기를 듣기도 한다. 어드바이저들은 자주 아침 미팅에 이어 곧바로 어드바이저리 모임을 갖기도 한다.

어떤 아침 미팅의 경우는 (다음 장에서 심도 깊게 다룰) 메트스쿨의 학습 목표에 중점을 두기도 한다. 한 예로 엘리엇 교장이 내게 아침 미팅에서 여러 개의 물건을 계속해서 공중에 던졌다가 받는 곡예를 해보라고 했을 때, 나는 곡예와 세 가지 학습 목표를 연결시킬 수 있었다. 수리적 사고력과 경험적 사고력을 기르기 위해 우리는 공 다섯 개를 갖고 하는 것이 세 개를 갖고 하는 것보다 어려운 이유에 대해서 토론했다. 우리는 공을 던지는 높이를 두 배로 늘이면 공이 올라갔다 내려오는 시간은 처음 높이로 던졌을 때에 비해 41%만 늘어난다는 사실을 증명했고 또 이러한 현상에 깔려 있는 수학과 물리학에 대해서도 토론했다. 소통 능력에 대해

서는 자신의 열정을 시로 쓰는 이야기를 했다. 나는 내 아들에 관한 짧은 시 한 편을 예로 소개했다.

제시에게는 힘겨운 일.
지난 금요일 제시는 기는 법을 배웠다
하지만 지금은 조용히 앉아 있다.

이 시를 들려준 이유는 모든 시가 대단한 걸작일 필요는 없다는 사실을 말해주고 싶어서였다. 시는 무엇보다도 순간의 경험을 담아낼 수가 있는 매체이다. (사실 나는 지금 아래층에서 제시가 여기저기에 부딪치는 소리를 생생하게 들을 수 있다. 이 짧은 시가 즐거운 추억을 떠오르게 하는 것이다.)

그 밖의 아침 미팅 사례
- 지역 현악 4중주단의 연주
- 학생들이 연극 모임에서 배운 즉흥 연기 기술을 보여줌
- 교도관인 학부모가 교도소 생활과 자신의 직업에 대해 이야기하고 토론함
- 복음파 교회 목사의 비폭력에 관한 설교
- 라틴계와 흑인, 여성의 역사를 기념하는 달에는 모든 아침 미팅이 그것과 관련 있는 사람들과 주제를 중심으로 이루어졌다.

여름 학습 | 여름방학은 학습 기회로서의 잠재성이 높다. 하지만 여름방학 때 학생들의 학습을 돕는 데 힘을 쓰는 학교는 거의 없다. 메트스쿨에서는 여름에 할 만한 가치 있는 일을 찾아보는 것이 학생 각자의 4/4

분기 학습계획에 공식적으로 포함되어 있다. 메트스쿨은 학생들이 여름 직업이나 인턴쉽, 또는 여행 기회를 찾고 신청하는 일을 도와준다.

11학년 한 해 동안 시저는 프로비던스 초등학교에서 아이들을 가르쳤다. 교사가 되는 것에 관심을 갖게 된 시저는 교사 자격증을 딴 메트스쿨 졸업생은 누구든지 채용하겠다는 데니스 교장의 약속을 떠올렸다. 시저의 어드바이저는 교사가 되려는 꿈을 계속 지닐 수 있도록 시저가 펜실베니아에서 열리는 특별 보호가 필요한 어린이를 위한 여름 캠프의 상담교사로 채용되도록 힘써주었다.

시저는 이렇게 말했다. "태스키아기 캠프 경험은 정말 잊지 못할 거예요. 전 아직도 그 물가에서 보낸 몇 시간에 대해 불평을 늘어놓긴 하지만 그곳이 너무 좋았어요. 특히 아침에 일어나자마자 수영했던 거 말이에요. 물이 얼어붙을 것처럼 찼어요. 하지만 그 조그만 아이들은 물에 뛰어들어 신나게 놀았죠. 저한테 물을 튀겨서 '이 녀석들! 너무 차가워, 너무 차가워!'라고 했어요. 나중에는 저도 물에 뛰어들어가 애들을 물속에 집어넣었고요. 정말 즐거운 시간이었어요. 아이들은 엎치락뒤치락하며 노는 걸 좋아했고 저도 너무 좋았어요. 찰리라는 아이는 정말 귀여웠어요. 그 아이 엄마는 약물 중독자였어요. 찰리가 집으로 돌아간 뒤에는 '찰리가 없네. 찰리가 없어. 찰리가 없으면 다른 아이와는 수영하지 않을 거야' 하고 생각했어요. 아직도 찰리가 너무 보고 싶어요. 보고 싶어서 미칠 지경이에요."

"너무 힘들었어요. 그 아이들은 12살밖에 되지 않았는데도 벌써 마약과 깡패 생활, 총싸움을 경험해봤어요. 전 그 아이들에게 말했어요. '내 친구들 대부분이 마약이나 다른 일로 감옥에 갔어. 나도 어렸을 때는 장난 삼아 해봤지. 근데 정말 마약은 해볼 만한 가치가 없어. 가치가 없단 말이야.' 태스키아기 캠프는 병원이었어요. 진짜 병원이라는 말은 아니고, 비유를 하자면요. 아이들은 환자고 우리는 의사였죠. 그 아이들이 필요로 하는 약은 사랑이었고 우리는 사랑을 줬어요. 우리는 그 아이들에게 다른 할 일이 얼마든지 있다고, 그러니까 불량배가 될 필요는 없다는 사실을 보여줬어요."

그 밖의 여름 학습 체험

· 프로비던스 여름 직업 단체에서 일하기
· 스페인어를 배우기 위한 베네수엘라 여행
· 메트스쿨의 4주 여름학교 참가
· 학기 중에 시작한 인턴쉽 계속하기
· 여름 토론 학교 참가

시험 준비 | 표준화된 일률적인 시험은 메트스쿨의 원칙과 맞지 않는다. 하지만 이런 시험은 불가피하다. 대부분의 대학이 지원 학생에게 SAT나 ACT(American College Test, 미국 대학입학 학력시험) 점수 제출을 요구하고 있고, 또 로드아일랜드 주 공립학교 학생들은 몇몇 과목의 경우 주에서 시행하는 시험을 통과해야만 한다.

메트스쿨이 우려하는 문제는 7장에서 자세하게 다루겠지만, 간단히 말하면 메트스쿨은 표준화된 시험은 대개 학생들의 학습을 방해할 뿐만 아니라 학생 개인의 자질이나 중요한 능력을 무시한다고 생각한다. 따라서 시험을 지나치게 강조하는 것은 메트스쿨의 주요 학습 목표에 장애가 될 수도 있다. 하지만 시험 점수는 대학 입학과 여론에 영향을 미치고, 이는 다시 메트스쿨의 학생 모집과 학교에 대한 주 당국의 자금 지원에 영향을 준다.

메트스쿨은 학생들의 시험 준비를 돕지만 다른 학교처럼 거기에 중점을 두지는 않는다. 어드바이저들은 자신의 학생이 그해 치르게 되는 시험(예를 들어 10학년은 수학, 11학년은 작문)에 중점을 둔다. 어드바이저들은 먼저 학생들이 질문의 주요 유형과 채점 기준을 이해할 수 있도록 돕는다. 예를 들어 문제를 풀다 도중에 포기하더라도 점수를 받을 수 있다는 사실을 알려주는 것이다. 둘째로 어드바이저들은 자주 다뤄지는 지식이나 기술이지만 메트스쿨 학생들이 그다지 자주 접할 수 없는 것들을 가르쳐준다. 한 어드바이저는 학생들이 일주일에 평균 2시간은 시험 준비에 쏟는다고 했다. 학생들의 시험 결과는 9장에서 논의할 것이다.

나머지 다른 부분 | 메트스쿨의 학습 활동은 다양하며 끊임없이 변한다. 이 모든 학습 활동을 이야기하는 것은 사실 불가능하기 때문에 간단히 몇 개만 더 짚고 넘어가기로 한다.

야외 체험은 메트스쿨 학습의 일부이다. 어드바이저리 그룹은 적어도 일 년에 한 번씩은 카누를 비롯하여 하이킹, 암벽 등반, 자전거 타기, 배낭여행 같은 야외 체험을 한다. 또한 메트스쿨은 브라운대학교와 협력하여 '야외에서의 지도력과 경험을 통한 교육 프로그램'을 개발했다. 이 프로그램을 통해 브라운대학교 학생들은 야외 활동에 관심이 많은 메트스쿨 학생들과 함께 일 년에 서너 번 여행을 한다. 대학생들은 이때 개인적, 학문적인 면에서 멘토 역할을 하는 것이다. 메트스쿨은 야외 체험이 학교 공동체를 더욱 강화시켜 주고, 의사소통 능력을 비롯하여 협동심, 계획성, 자신감, 인내심, 책임감, 체력을 길러준다고 믿는다.

학생들의 관심과 학교의 목표, 외부의 요구에 따라 학생 워크숍이 열리기도 한다. 수학과 일지 쓰기 같은 것은 필수 과정이지만 다른 것들은 대부분 선택할 수 있다. 이런 워크숍에는 사진 기술, 실험실에서 알아야 할 기본 기술, 논설문 쓰기, 스페인어, 여름 계획 짜기에 관한 것들이 있다. 에어브러시 사용법이나 심폐 소생술 같은 워크숍은 잠시 열렸다가 끝나지만 토론팀이나 주 당국의 요청에 따라 열리는 헬스 워크숍 같은 것은 그 다음해까지 계속되기도 한다. 워크숍의 구성은 참가자의 요구와 관심에 따라 달라지며 학생들이 주도할 수도 있고 교사나 학부모, 지역사회 일원이 주도할 수도 있다.

학생회에서는 학교가 안고 있는 중요한 문제들에 대한 의견을 개진하며 의사 결정과 관련해 학생들에게 발언권을 준다. 메트스쿨은 학생들이 학교를 자신이 속한 공동체로 느끼고 학교에 책임감을 느끼는 것이 필수라고 본다. 또한 학생회는 학생들이 안건을 정해 회의를 열고, 결론을 이끌어내며 의사를 결정하는 능력을 기르는 데 도움이 되기도 한다. 학생회 활동은 해마다 달라지며 사회 활동, 학교 구성원 갈등 해결, 졸업 앨범 같은 문제를 다룬다. 가장 활발한 활동을 하는 자치위원회는 매주 학교 전체 모임의 안건을 내놓는다.

한 번에 한 아이씩 가르치기 | 학습 활동에 제한이 없는 메트스쿨은 비현실적이고 비효율적이라는 비난을 받아왔다. 그러나 데니스 교장은 이렇게 말했다.

"사실은 그렇지 않습니다. 메트스쿨의 구조가 다른 학교보다 더 자연스럽고 논리에 맞습니다. 기존 주류 교육제도는 철저하게 고안된 것입니다. 하지만 꼭 그렇게 보기도 어렵지요. 왜냐하면 기존 학교들은 수십 년에 걸쳐 효율화를 꾀했고, 그러면서 어색한 교육과정이 대중화되었기 때문입니다. 시간이 지나면 메트스쿨 같은 형태의 학교가 더 운영하기 쉬울 것이라고 생각합니다. 중요한 것은 기존의 학교가 대부분의 학생들에게 맞지 않는다는 사실 아니겠습니까? 무능한 사람이 있는데, 그 사람이 얼마나 유능한지를 묻는 것은 적절한 일이 아니죠."

메트스쿨의 교수법은 전국 중고등학교 교장연합에서 후원한, 널리 알려진 한 연구 결과를 그대로 반영하고 있다. "토론이나 강의는 학생들과 교사 모두에게 비생산적이고 지루한 경우가 많다. …… 토론을 통해 제대로 가르치기는 매우 어렵고, 또 학생들에게는 시간을 대충 때울 수 있는 가장 손쉬운 방법이기도 하다. 우리가 살펴본 바로는 대부분의 강의가 극적 효과나 짜릿한 즐거움이 부족했으며, 손쉽게 구할 수 있는 교재를 되풀이하거나 산만했고, 정보 전달이 제대로 이루어지지 않고 있었다. …… 대충 때울 수 있는 토론이나 강의를 매일 듣는 것보다는 열정적인 토론이나 강의를 이따금씩 듣는 것이 더 나을지도 모른다. 적은 것이 나을 수도 있다는 말이다."

"기존 학급 수를 줄임으로써 학교에서 보내는 시간을 더욱 생산적인 목표를 위해 쓸 수 있다. 교사들은 가정이나 친구 사이에서나 볼 수 있는 개인적 관심을 학생들에게 가질 수 있고, 또 이를 중요하게 여기게 된다. 기존 학교보다 수업 시간이 적다면, 교사들은 개인 또는 그룹별 지도나 수험 지도, 학생의 가족들과 연락하는 데 시간을 할애할 수 있다. 모든 구성원들의 매일매일의 활동이 더욱 다양해지게 된다. 교사들의 일정이 상담사나 특별지도 교사의 일정과 비슷해지게 된다."

메트스쿨의 접근 방식은 이러한 교육 이념의 단적인 예이다. 수업 시간이 그리 많지 않고, 어드바이저리 토론은 일주일에 몇 시간만 한다. 하루 대부분의 시간을 개인 활동과 소그룹 활동으로 보내며, 어드바이저의 일정은 어떤 면에서는 다른 학교의 특별지도 교사의 일정과 비슷하다.

메트스쿨은 각각의 학생에 맞추어 교과서를 정한다. 어드바이저들이 학생들의 관심과 필요로 하는 학습에 맞춰 각기 다른 시기에 다른 교과서를 정해준다. 학생들은 교과서 아닌 다른 자료에서 정보를 많이 얻는다. 왜냐하면 교과서는 대체로 지식을 폭넓게 다루는 반면, 메트스쿨은 지식의 깊이를 강조하기 때문이다.

데니스 교장은 이렇게 말했다. "교과서만 보게 하면 학생의 발전 과정을 잘못 판단하기가 쉬워요. 예를 들어 50쪽에서 시작했는데 100쪽까지 나갔다고 생각해봐요. 대충 읽어서 아는 게 없을 수도 있어요. 메트스쿨에서는 학생들의 발전 과정을 교과서 쪽수 같은 것으로 확인하기 어렵지요. 그래서 어떤 학부모들은 이런 점을 언짢게 생각하기도 해요. 학부모들은 교과서 진도가 빨리 나가기를 바라죠. 하지만 우리는 학생이 정말로 무엇을 배우고 있는지 질문할 필요가 있어요. 게다가 교과서는 다양한 주제나 생각보다는 쉽게 시험을 볼 수 있는 사실에만 초점을 맞추죠. 학생들이 공부에 흥미를 느끼게 하는 것이 목표라면 교과서를 추천할 사람이 과연 몇이나 되겠습니까?"

나는 최근에 교외에 있는 한 고등학교의 10학년 영어 수업을 참관한 적이 있다. 처음으로 시 단원을 배우는 수업이었다. 교과서에는 운율과 의성법, 주어, 술어, 심지어 사전 사용법에 대한 장황한 설명이 8쪽이나 나와 학생들을 질리게 만들었다. 마침내 시 한 편이 나왔다. 꾸벅꾸벅 졸아대는 10학년 학생들이 그래도 시에 굶주림을 느끼고 있다면, 아이들이 굶주려하는 시를 이해시키려는 교과서 내용 때문에 오히려 아이들의 배에서는 꼬르륵 소리가 났을 것이다.

"비가 와서 소풍을 망치면 정말 화나지 않나요? 이 시는 소풍날의 짓궂은 날씨를 잘 표현하고 있어요."

일기예보 아저씨
항상 날씨가 맑을 것이라 한다.
하지만 아저씨는 사실을 말하지 않는다.
날씨가 맑을 것 같지 않은 때도.

내리치는 천둥
심술을 부린다.
천둥을 뒤따른 빗방울이
즐거운 분위기를 적셔버린다.

과연 이런 방법으로 글쓰기의 매력에 흥미를 갖고 평생 글을 쓸 아이들을 만들어낼 수 있을까? 메트스쿨은 먼저 학생들의 관심을 끌면서 공감할 수 있는 것에 대해 글을 쓰게 한다. 엘리스 폴의 '후광에 새 빛을New Light on Your Halo'의 첫 부분을 보자.

도시에 온 것을 환영합니다.
자존심과 연민이 교차하는 곳
한 어린 소년이
어리석은 한 소년이
환한 대낮, 총에 쓰러진다

충격의 순간
얼굴을 길바닥에 묻은 채
하나님을 만난 소년은
허락을 받는다
매처럼 천국으로.

도시가 전쟁으로 치달을 때
무엇으로 승패를 가리는가
총으로, 목숨으로, 돈으로 가리는가
검은 코트 입은 한 남자가
총탄의 연기 속에 서서
흰 우유와 꿀, 꿀을 마신다.

일단 학생들이 이런 감정을 불러일으키는 시에 빠져들면, 그때가 바로 문학적 장치에 대해 논의할 때인 것이다. 그러면 다시 한번 물어보자. 앞에 나온 시의 운율이 무엇인지를 아는 일이 그렇게 중요한가? 운율을 아는 것이 우리 어른들에게는 다소 중요하다 쳐도 운율 대신에 배워두어야 할 유익한 것이 있지 않을까? 교육자들 가운데는 의성법에 치중해야 한다고 주장하는 사람이 많다. 왜냐하면 훌륭한 시의 미묘하고 복잡한 측면보다 의성법이 객관식 시험 문제를 내는 데 적당하기 때문이다. 메트스쿨은 학생들이 글을 읽으면서 미학적, 정서적 즐거움을 경험하고 글이 제기하는 사회적, 지적 문제에 대해 깊이 숙고해보기를 바란다.

관심에 기초한 메트스쿨의 교육과정이 빚은 결과 가운데 하나는 어떤 학생들은 시나 희곡, 또는 다른 장르를 거의 접해보지 못한 채 졸업할 수도 있다는 점이다. 모든 학생들이 독서 모임에 참여하기는 하지만 어느 모임에 낄 것인지는 자신이 결정한다. 다른 모임에서 다루는 문학 장르나 주제, 시대는 놓칠 수밖에 없다. 하지만 교육 방식이 무엇이든 간에 이러한 차이는 있기 마련이므로 메트스쿨은 다양성 대신 깊이를 강조하기로 한 것이다.

대부분의 학교는 그와 정반대의 선택을 한다. 기존의 교과과정은 '폭은 넓으나 깊이는 얕다'는 평가를 받고 있다. 왜냐하면 학생들의 기억력이나 뒷날 지식을 응용할 수 있는 능력을 무시한 채 짧은 기간 동안 너무나 방대한 양의 주제를 다루기 때문이다. 테드 사이저는 "이 끔찍한 수업량(4월 1일까지 클레오파트라에서 클린턴까지, 6주 동안 셰익스피어 희곡 3편, 총 30장의 생물 교과서에서 진화를 다룬 장 전체) 때문에 교사는 지쳐버리고, 수업은 진부하게 되며, 학생들은 무관심해진다"고 말했다.

사이저는 이렇게 말했다. "생각이 깊어지기 위해서는 시간이 필요합니다. 정말로 아이들의 지적 수준이 높아지기를 바란다면 교과과정에 지나친 부담을 주는 일은 삼가야 합니다. 글을 잘 쓰려면 꾸준히 손보는 과정이 필요하고, 글을 깊이 읽으려면 시간을 들여 여러 번 자세히 들여다봐야지요. 예술이나 과학은 주제를 하나 정해 이것저것 시도해보고, 간단한 방법으로는 답할 수 없는 의문들을 제기해보는 훈련을 해야 합니다."

메트스쿨 어드바이저들은 학생 개인의 관심 분야와 필요로 하는 학습에 맞는 책을 추천한다. 할은 이렇게 말했다. "저는 시저가 『난징 대학살 The Rape of Nanking』은 읽을 것이라고 생각했죠. 그 책은 시저의 발목을 잡은 폭력을 생생하게 묘사했어요. 하지만 시저가 배운 것은 그것보다 한 차원 더 높은 것이었어요. 시저는 폭력에 깊이 물들어 있었어요. 그래서 전 시저가 다른 시대, 다른 곳에서 일어난 폭력 문제에 대해 알았으면 했어요. 그리고 전 이 책이 시저의 장점인 지적 호기심을 자극하리라는 사실을 알고 있었죠."

미구엘의 인턴쉽 멘토는 좀더 깊이 있게 사고하고 책읽기에 푹 빠질 수 있도록 9학년인 미구엘에게 『붉은 무공훈장The Red Badge of Courage』을 추천했다. 미구엘은 이렇게 말했다. "그 책을 읽는 데 시간이 좀 걸렸어요. 왜냐하면 책을 안 읽은 지가 4년이나 됐거든요. 몇 장 읽고 나니까 소리 내어 말하는 것처럼 단어가 술술 읽히기 시작했어요. 마지막 부분을 읽을 때는 정말 화가 났어요. 헨리의 죽음을 믿을 수가 없었거든요. 그 모든 것을 끝내고 결국 헨리는 죽고 말았어요. 혹시 헨리가 죽지 않았는데 내가 뭔가 놓치고 읽은 게 아닌가 하는 생각이 들어서 마지막 부분을 다시 읽었어요. 이 책이 정말 내 이야기를 하고 있다는 사실을 뒤늦게 깨달았어요. 여기 프로비던스 시 아이들처럼 헨리는 남자가 되기 위해 너무나 많은 것을 경험했어요. 결국에는 어린 나이에 죽고 말았지요. 책을 덮으면서 저는 이 감동을 오래 간직하고 싶었어요. 그래서 여름에 읽을 다른 책을 찾았죠."

지독한 독서광이거나 교양 있는 학생들에게는 책을 목표로 삼는 것 또한 효과적인 방법일 수 있다. 줄리아의 어드바이저는 줄리아에게 광우병에 관한 책인 『죽음의 향연Deadly Feasts』을 추천했다. 왜냐하면 그 책의 내용이 줄리아의 관심 분야인 과학과 사회문제를 결합시킨 것이기 때문이었다. 줄리아는 그 책을 읽고 나서 농업 관련 기업이 얼마나 잔인하고 해로운 방식으로 운영되는지에 대해 논문을 써야겠다는 생각을 했다.

글쓰기 교육에도 '한 번에 한 명씩'이라는 원칙이 적용된다. 타미카의 어드바이저는 타미카가 처음 메트스쿨에 왔을 때 속어를 아주 심하게 썼던 사실을 기억하고 있었다. "저는 타미카가 표준 영어를 배워야 한다는 사실을 스스로 깨닫도록 도와주었어요. 저는 대학에 가서야 뒤늦게 그걸 깨달았거든요. 타미카에게 조라 닐 허스턴의 『그들의 눈은 신을 보고 있었다Their Eyes Were Watching God』를 읽으라고 했어요. 타미카는 남부 흑인 영어를 몰랐기 때문에 그 책의 내용을 거의 이해하지 못했지만, 지방마다 쓰는 사투리가 다르다는 것을 알아차리게 되었어요. 그 뒤에는 속어 사전을 찾아가며 자신의 말을 표준 영어로 다듬어갔지요. 저도 타미카가 '니가 쓴 그 모자 캡인데'라고 글을 쓰면, '네가 쓴 모자 너무 멋지다'라는 식으로 다시 쓰게끔 가르쳤어요. 달리 표현할 수 있는 단어들이 많다는 사실을 알게 된 타미카는 글쓰기에 재미도 붙였고 자신감도 갖게 되었어요."

메트스쿨 학생들은 논문, 프로젝트 기획서, 자기 평가서, 일지, 75쪽 분량의 자서전과 그 밖의 다른 글들을 써야 한다. 이에 대한 교육법은 학생에 따라 다르다. 하지만 공통적인 것도 있다. 한 어드바이저는 이렇게 말했다. "학생들이 좋아하는 주제를 찾고, 그 주제에 대해 표현하도록 돕습니다. 일지는 개인적으로 소중한 것이어서 첨삭 지도는 하지 않아요. 하지만 다른 글쓰기의 경우에는 학생들에게 여러 번 초안을 수정하게끔 시킨 다음 문법, 구두법, 글의 명료성 같은 문제에 대해 의견을 달아주죠. 어떤 학생은 생각은 뛰어난데 표현이 엉망이더라고요. 그러면 그 점을 고치는 데 중점을 두죠. 저는 서로의 장단점을 보완할 수 있는 학생들끼리 짝을 지어줘요. 한 학생은 글의 내용은 좋은데 글쓰기 능력이 없고, 또 한 학생은 글쓰기 능력은 좋은데 글에 열정이 담겨 있지 않다면 그 두 학생을 서로 돕게 하면서 글쓰기 과정을 곰곰이 생각해보게끔 합니다."

수학이나 과학 관련 주제를 다룰 때는 어드바이저들이 인턴쉽 멘토에게 도와달라고 하는 경우가 잦다. 줄리아의 멘토는 줄리아가 화학을 공부하지 않았다는 점을 걱정했다. "줄리아가 실험실에서 일할 수 있을 정도로 기본 지식이 충분하지 않다는 게 문제예요. 줄리아를 가르칠 시간이 날지 모르겠네요." 멘토가 줄리아에게 배워야 할 것을 알려주면 줄리아는 어드바이저의 도움를 받아가며 그 분야를 공부했다. 얼마 지나지 않아 줄리아는 용액을 혼합하고, 조직을 배양할 수 있게 되었으며 간세포를 레트로바이러스로 감염시킨 뒤에 항원 발현에 미치는 영향을 조사하는 프로젝트를 기획하기도 했다. 줄리아는 기존 교과서를 차례에 따라 공부하기보다는 프로젝트에 필요한 특정 주제와 기술을 선택해서 공부하는 쪽을 택했다.

메트스쿨과 다른 학교의 차이는 알피 콘이 '의도적인 난잡함'과 '강제로 부여한 질서'라고 일컫는 것의 차이이기도 하다. 한 어드바이저는 메트스쿨을 복잡한 뉴스 편집실에 비유했다. 기존 통념으로는 이런 생기 넘치는 뉴스 편집실을 보고 나서 눈살을 찌푸릴지도 모른다. 하지만 부산스러운 교실은 확실히 학습을 촉진시킬 수 있다. 반면에 조용한 교실에서는 학습이 제대로 이루어지지 않는데도 그 사실이 드러나지 않을 뿐이다. 사실 이 책을 읽는 독자들에게도 수업시간에 딴 생각을 하면서도 잘 듣고 있는 듯 선생님을 바라봤던 기억이 한두 번은 있을 것이다. 메트스쿨은 엄숙한 교실 분위기 대신 어드바이저리, 학습 목표, 공개 프리젠테이션 같은 것으로 이루어진 나름의 구조로 질서를 잡고 학생들의 학습을 돕는다. 그리고 메트스쿨에서 학생 징계 문제가 발생하는 비율은 다른 학교의 평균보다 훨씬 낮다.(9장 참조) 이 점은 꽉 짜여진 기존의 교실 분위기가 더 나을 것이라는 통념에 의구심을 갖게 한다.

한 어드바이저가 학생들을 찾아 학교 주변을 헤매고 다녔던 악몽을 떠올렸다. 학생을 찾지 못해 당황해하는 순간 꿈에서 깼다고 한다. 다른 어드바이저가 농담을 했다. "그건 꿈이 아니라 예시지요." 조직화된 체제와 유연성 사이에서 균형을 잡고 학교와 도시 전역에서 프로젝트를 하고 있는 14명의 학생을 돌봐야 하는 것은 메트스쿨 어드바이저들의 과제이다. 하지만 메트스쿨은 이러한 접근 방식이 더 수준 높은 학습을 하게 한다고 믿기 때문에 교사들도 복잡한 상황을 감수하는 것이다.

메트스쿨의 견해에 이의를 제기할 독자들은 대부분 체계가 잡힌 교실과 그곳에서 성공적으로 학습했던 어린 시절의 기억을 갖고 있을 것이다. 메트스쿨도 몇몇 학생들은 어떤 환경에서든 열심히 공부하고, 교과서로 하는 수업만으로도 공부를 잘할 수 있다고 생각한다. 그러나 한편으로는 어린 시절 똑바로 줄을 맞춘 책상에 앉아 배웠던 것들이 중요한 것이 아니었다는 생각을 할 수도 있다. 반짝인다고 다 금이 아닌 것처럼 말이다.

게다가 대부분의 학생들이 기존의 학습 방식으로는 제대로 배울 수 없거나 배우려고 하지 않는다. 메트스쿨의 접근 방식은 이런 학생들에게 중퇴가 아닌 결실을 안겨준다. 엘리엇 교장은 이렇게 말했다. "한 학생이 책을 읽지 않으려 하더군요. 읽을 수는 있었지만 읽기를 거부한 거죠. 그 때문에 어드바이저는 화가 단단히 났습니다. 그런데 그 학생은 손재주로 자신의 지적 능력을 보여주었어요. 나중에 그 학생은 오토바이 디자인팀과 일했어요. 그 전에 인턴쉽을 했을 때의 멘토는 그 학생이 일주일에 두 번씩 오후에 와서 대장장이 일을 했으면 했지요."

"그래서 어드바이저에게 계속 노력해보라고 했어요. 하지만 그 학생은 어른으로 성장하는 단계에 있었기 때문에 우리가 적절한 방법을 찾아 설득하지 않으면 책을 많이 읽지 않을 게 분명했어요. 그래서 관심 분야 위주로 공부를 하게 했죠. 그 학생을 놓아버리지 않았던 겁니다. 물론 우리는 그 학생의 관심 분야와 책읽기를 연계시키려고 계속 노력할 겁니다.

그 학생이 오토바이를 연구하면서 과학에 관심을 가질 수도 있고, 그렇지 않을 수도 있지만요. 항상 성공하는 건 아니지만, 우리는 계속 둘 사이의 연결고리를 찾을 겁니다. 오토바이 경주에 참가하기 위해서는 셰익스피어 작품을 읽어야만 한다고 하면 어떻게 되겠습니까? 아마 그 학생은 말도 안 되는 소리라고 하겠지요. 언젠가 그 학생은 지금 자신의 행동을 후회할지도 몰라요. 그렇다고 강제로 밀어붙일 수는 없어요. 그러면 그 학생은 당장 학교를 그만둘 거니까요. 저는 그 학생이 학교에 남아 있기를 바랍니다."

학생들은 무엇을 배우는가? 6

데니스 교장은 이렇게 말했다. "하루는 어떤 학생이 『햄릿』에 나오는 독백을 멋지게 읊조렸어요. 그랬더니 다른 학생들이 '햄릿이 누구야?' 하고 물어보더군요. 매우 당혹스러웠습니다. 하지만 그 학생의 멋진 연기 덕택에 다른 학생들이 『햄릿』에 관심을 갖게 되었으니 다행이기도 하죠. 그 멋진 대사가 셰익스피어의 다른 작품인 『맥베스』나 혹은 조셉 콘래드의 『어둠의 한가운데』에 나오는 것이었다면 『햄릿』에 대해서는 모른 채로 넘어갔을 테지요. 어차피 모든 것을 배울 수는 없으니까요."

"그렇다고 오해하지는 마세요. 모든 학생이 모르는 것이 없게 되었으면 하는 게 제 바람이니까요. 제가 이곳에 오기 바로 전에 근무했던 학교에서는 하루에 5분씩 E. D. 허쉬의 문화 교양 목록을 가르치라고 선생님들에게 지시하기도 했었죠. 이렇게 하면 아이들이 돈키호테나 플로렌스 나이팅게일, 히로시마 같은 모든 것에 대한 지식을 조금씩은 쌓을 수 있을 테니까요. 물론 이런 지식을 쌓는 것도 중요하지만, 현실적으로 모든 지식을 모든 학생에게 가르치는 건 불가능하다는 것 또한 사실이지 않습니까?"

"사람이라면 누구나 똑같이 알아야 하는 것이 있다고 믿는 사람도 있지만, 뛰어난 지성으로 존경받는 사람들을 한곳에 모아 놓으면 저마다 아는 것이 다르다는 사실을 알게 될 겁니다. 저는 누구나 알아야 할 지식이 선물세트처럼 정해져 있다고는 생각하지 않습니다. 셰익스피어나 광합성 같은 단편적 사실을 아는 게 중요한 건 아니죠. 저는 학생이 무언가를 새로이 배우는 것을 좋아하게끔 만들고, 자료를 찾아 이해할 수 있도록 하며, 어떤 분야에 대해서는 깊이 있는 지식을 얻을 수 있도록 도와주는 일에 더 많은 관심을 갖고 있습니다. 모든 것은 연결되어 있기 때문에 하나를 깊이 알아가는 도중에 다른 것들도 알게 되거든요."

"하지만 지식과 능력은 엄연히 다릅니다. 누구나 알아야 할 지식세트가 존재하지는 않지만, 누구에게나 필요한 능력은 분명 있습니다. 읽기, 쓰기, 말하기, 듣기, 계산, 이해, 분석, 평가 같은 능력 말입니다. 이런 능력은 지식을 이용하고 새로운 지식을 습득하는 도구가 됩니다. 어떤 주제에 대해 말할 수 있게 되는 것보다 훨씬 더 중요한 것은 열정적이고 적절하게 말할 수 있게 되는 것이죠. 물론 문맥에 따라 적절하다는 의미는 달라지겠지만요. 문법도 마찬가지입니다. 우리는 학생들이 문법에 어긋나는 말이나 글을 쓰면 바로 고쳐주고, 인턴쉽 멘토도 우리처럼 해주었으면 하고 바랍니다. 문법에 어긋나는 말로 누군가를 설득하려고 하면 상대방에게 좋지 않은 인상을 남긴다는 사실을 학생들에게 분명히 일러주죠. 우리는 학생들이 기회와 지식을 얻을 수 있도록 도와주는 겁니다."

"또한 우리는 대학에 진학하지 않는 학생에게도 많은 관심을 쏟고 있습니다. 학생들 모두가 대학에 진학하도록 지도하고는 있지만, 미국 고등학교 졸업생 가운데 서른 살이 되기 전에 학사 학위를 취득하는 사람은 전체의 삼분의 일이 채 되지 않는 게 현실입니다. 나머지 삼분의 이는 고등학교를 끝으로 더 이상 학습 방법에 대해 배울 기회가 없기 때문에 고등학교 졸업 뒤의 인생에서 스스로의 학습을 책임질 능력을 갖춰야 합니다. 그렇기 때문에 평생에 걸쳐 유용한 교과과정을 만들어야지, 대학 진학만을 염두에 둔 교과과정을 만들어서는 안 됩니다."

"메트스쿨은 일단 모든 학생이 대학에 지원하도록 하고 있습니다. 아마 당장에 대학에 가지 않거나 평생 대학과는 상관없이 살아갈 학생도 있겠지만, 나중에라도 마음이 바뀐다면 지금 대학에 지원하는 과정을 경험해보는 것이 도움이 될 테니까요. 모든 학생에게 대학에 지원하도록 하는 또 다른 이유는 대학에 가고 싶지 않다던 학생을 대학에 보낸 경험에서 나온 것입니다. 우리는 그 학생에게 꼭 대학에 지원하라고 했고, 결국 그 학생은 입학 허가를 받았습니다. 그 학생은 입학 허가를 받고 나서, 사실은 계속 대학에 가고 싶었지만 자신은 들어가지 못할 거라고 생각했기 때문에 아예 지원하지 않으려 했다고 털어놓더군요."

메트스쿨의 학습 목표 | 메트스쿨은 수많은 분야 가운데 무엇을 배울 것인지를 결정해야 하는 학생을 돕기 위해 학생들이 앞으로 향상시켜야 할 다섯 가지 학습 영역을 정해두었다. 의사소통 능력, 사회적 사고력, 경험적 사고력, 수리적 사고력, 자기관리 능력이 그 다섯 가지 영역이다. 영어 대신에 의사소통 능력, 수학 대신에 수리적 사고력이라고 표현한 것이 필요 이상으로 둘러대는 것처럼 들릴지 모르겠지만, 이런 구분은 메트스쿨 학생들이 무엇을 어떻게 배우는가에 큰 영향을 미친다.

엘리엇 교장은 이렇게 말했다. "다섯 가지 학습 목표 가운데 사고력이 세 가지나 포함되는 것은 결코 우연이 아닙니다. 학교 밖 세상의 문제와 부닥쳤을 때 효율적으로 사고하는 법을 가르치는 것이 바로 우리 학교의 목표입니다. 그렇게 해야 학생이 제대로 머리를 쓸 수 있게 되니까요."

메트스쿨은 학습 목표에 대해 구체적인 정의를 내리지 않는 대신에 다음에 나오는 일반 지침을 바탕으로 한 개별적인 합의에 따른다. 교사와 학부모들은 물론 더 분명한 기준이 있으면 학생의 학습을 계획하고 평가하는 작업이 쉬워지리라는 데 동의하지만, 메트스쿨은 아직까지 명확한 기준을 제시하지 않았다. 물론 그런 기준을 잡기가 힘든 탓도 있고, 메트스쿨의 노력이 부족한 탓도 있다. 그러나 더 큰 이유는 메트스쿨의 목표가 기존의 기회에 안주하는 데 있지 않고 아직 개척하지 않은 가능성을 추구하는 데 있기 때문이다. 데니스 교장은 이렇게 말했다. "만약 우리가 학습 목표를 아주 세세한 부분까지 명확하게 정해 놓는다면, 진정한 학습을 가능케 하는 현실세계의 무궁무진한 다양성을 놓치게 될 겁니다."

소통 능력 | 9학년이 된 앤디는 어드바이저와 베트남전에 관한 프로젝트를 준비하기 시작했다. 앤디의 아버지는 베트남전에 참전했지만, 그에 대해 얘기하는 것은 싫어했다. 앤디는 9학년 인턴쉽을 로드아일랜드 주 방위군에서 하기로 결정하고, 베트남 참전용사들과 전쟁 경험에 관한 인터뷰를 했다. 앤디는 그해 말에 고엽제에 관한 연구도 하고 베트남에 관한 글도 많이 읽었으며, 전쟁을 어떻게 가르칠 것인지가 주제인 고등학교 교사 대상의 워크숍에 참석하기도 했다. 앤디 아버지는 마침내 소탕작전과 파편 때문에 입은 상처, 그리고 가까이서 목격했던 비참한 죽음 같은 끔찍했던 경험에 대해 이야기하기 시작했다.

앤디는 졸업반 프로젝트를 위해 3주간의 베트남 여행 계획을 세웠다. 여름에 아르바이트도 하고, 저녁은 값싼 음식으로 때우며 기업체와 퇴역 군인 단체의 기부를 받아 아버지와 함께 여행을 갈 만큼의 돈을 모았다. 앤디의 아버지는 이렇게 말했다. "제가 베트남을 떠날 당시에는 다시는 베트남 땅을 밟게 되지 않기를 바랐습니다. 하지만 앤디는 점점 더 베트남에 관심을 가지더군요. 이제는 앤디가 자랑스럽습니다. 32년이 흐른 뒤에 제 아들과 함께 베트남을 다시 가보게 되었으니까요." 앤디는 아버지와 함께 전쟁터와 박물관을 둘러보고, 현지 주민과 전역 군인들을 인터뷰하면서 30여 년 전 아버지의 흔적을 따라가보았다.

앤디가 프로젝트를 제대로 해내기 위해서는 전통적인 영어 교과에서 다루는 문법이나 문헌 분석 같은 능력뿐만 아니라 메트스쿨이 앤디가 살아가는 데 유용할 것이라고 여기는 능력도 필요했다. 참전 용사들과 베트남 사람들을 인터뷰하는 동안 앤디는 다양한 배경의 사람들과 의사소통하는 법과 적절한 질문을 만드는 법, 답변을 귀담아듣는 법을 배우게 되었다. 프로젝트 결과물에는 에세이뿐만 아니라 경험담, 기획서, 연구 보고서, 기금 요청 편지, 슬라이드 쇼, 웹사이트 같이 다양한 매체가 포함되었다. 앤디는 학급 동료에게만 한 번 들려주고 끝나는 '구두 보고서'에 그친 것이 아니라 학급 동료와 학부모, 참전 용사, 신문기자, 학교 관계자, 교사 연수생 모두에게 일련의 프리젠테이션을 보여준 것이다. 게다가 앤디는 교과서나 인터넷에서 얻을 수 있는 정보에 의존하지 않고 직접 체험을 통해 얻은 지식이 얼마나 소중한지를 깨우치게 되었다.

또한 메트스쿨 학생들은 어드바이저리 토론을 통해 의사소통 능력을 기른다. 어드바이저리 토론은 찬반 논쟁, 소크라테스식의 문답 세미나, 난상 토론 같이 다양한 형태를 띠는데 학생들의 토론 능력이 향상됨에 따라 좀더 자유롭게 진행된다. 한 어드바이저가 알려준 '어항'식 토론이라는 것도 있었는데, 조를 둘로 나누어 한 조의 학생들이 주제에 대해 토론하는 동안 다른 학생들은 가만히 지켜보다가 나중에 역할을 바꾸어 토론하는 방식이었다. 두 조의 토론이 모두 끝난 뒤에 다 같이 모여 토론 내용과 진행 과정을 되돌아보는 것이다. 토론자는 올바른 근거를 들어 주장을 펼쳤는가? 그 주장을 다른 방식으로 분석할 수 있는가? 모두가 예의 바르게 행동했는가? 누군가 토론을 장악한 사람은 없었나? 토론이 중간에 끊긴 적은 없었나? 어떻게 하면 모든 사람이 활발하게 토론에 참여하도록 할 수 있는가?

의사소통 능력 학습 목표를 구성하는 공식적인 요소는 다음과 같다.

듣기

- 서로 다른 관점을 지닌 사람의 이야기에 귀기울인다.
- 다른 주장을 하는 사람의 의견을 이해하고 적절하게 대응한다.
- 효과적으로 인터뷰를 한다.
- 구두 지시에 따를 줄 안다.
- 적극적으로 다른 사람의 의견을 듣는다.

말하기

- 다양한 사람과 생산적인 대화를 한다.
- 다양한 사람 앞에서 효과적으로 구두 프리젠테이션을 한다.
- 말로 자신을 표현하고 자기 견해를 주장할 줄 안다.
- 말로 지시를 한다.
- 주제에 어울리는 어휘와 어법을 구사한다.

쓰기

- 다양한 독자를 대상으로 글을 쓴다.
- (설득하는 글, 과학적인 글, 문학적인 글 같이) 다양한 형태의 글을 쓴다.
- 올바른 문법과 철자, 구두점을 쓴다.
- 명확하고 정확하게 생각을 표현한다.
- 글을 읽거나 말을 듣는 동안 메모를 한다.
- 피드백을 받으면 글을 다시 고쳐 쓸 때 반영한다.
- 스스로를 돌아보며 반성하는 글을 쓴다.

읽기

- 다양한 종류의 글을 이해한다.
- 텍스트를 요약하고 발췌한다.
- 서면 지시를 따를 줄 안다.

- (도표, 차트 같은) 시각 정보를 이해한다.

외국어

- 제2외국어와 그 언어권의 문화를 공부한다.

컴퓨터와 멀티미디어

- 컴퓨터 다루는 방법을 익힌다.

- 문서 작성 프로그램과 스프레드시트, 데이터베이스 소프트웨어를 사용한다.

- 전화기와 팩스, 전자메일, 인터넷을 능숙하게 다룬다.

창의적 표현

- 예술과 음악, 춤 혹은 연극을 통해 자신을 표현한다.

- 프리젠테이션을 효과적으로 하기 위해 시각 정보를 활용한다.

사회적 사고력 | 메트스쿨은 영어, 사회, 수학, 과학 같은 전통적인 교과 구분 방식을 거부한다. 현실세계에서 일어나는 현상은 교과 구분처럼 명확하게 나눠지지도 않을 뿐더러 메트스쿨의 학습 목표 또한 그렇지 않기 때문이다. 지금부터는 사회적 사고력에 중점을 두어 설명하겠지만, 지금부터 이야기할 학습 영역은 의사소통 학습 목표와 겹치는 부분이 많을 것이다.

앤디의 베트남전 프로젝트는 앤디의 사회적 사고력을 발전시키는 데 많은 도움이 되었다. 해외 여행을 준비하는 동안 앤디는 베트남에 관한 논의의 주류를 이루는 사람들이 쓴 글부터 하워드 진의 『미국 민중사A People's History of the United States』 같은 수정주의 시각의 저작까지 두루 섭렵했다. 베트남을 방문한 동안에는 전쟁 박물관을 여러 곳 둘러보고, 당시 참전했던 북베트남의 퇴역 군인도 만나보았다. 베트남에서 돌아오자마자 앤디는 웹사이트를 만들어 베트남에서 경험한 내용을 올렸고,

동시에 베트남전에 대한 미국의 공식 출판물을 분석하고 비판하는 글도 실었다. 또한 베트남 참전용사들이 베트남을 다시 방문할 수 있도록 돕는 일이 매우 가치 있다는 것을 정치인에게 설득시키기 위한 청원 작업도 시작했다.

앤디가 쓴 일지를 보면 이렇게 시작하는 글이 있다. "오늘 우리는 베트남 대통령궁을 방문했다. 그곳은 남베트남의 대통령이 살던 곳이다. 지하에는 주요 전투지와 적이 포진한 곳을 표시한 지도가 여기저기 붙어 있는 방이 많이 있었다. 그런 지도를 보니 속에서 무언가 울컥 하고 올라왔다. 매일 지도를 바라보며 전장에서 죽어가는 병사들을 생각해야 했던 대통령이 안 됐다는 생각이 들었다. 대통령이 어떤 느낌을 가지고 있었을까 상상이 잘 되질 않았다. 대통령은 전투를 중단시킬 것인가—물론 이는 그의 손에 달려 있는 문제였다—아니면 공산주의와 끝까지 싸워야 하는가를 결정해야 했다. 무엇이 더 중요한 문제였을까? 이 물음에 대한 정답은 없다고 생각한다. 나라면 대통령 자리에 있는 것 자체가 정말로 싫었을 것이다."

앤디의 어드바이저는 이렇게 말했다. "학생들이 여러 가지 관점이 존재한다는 사실을 인식하고 다양한 관점을 통해 사고했으면 합니다. 중요한 문제에 대해서는 교과서나 신문 기사의 관점이 아닌 또 다른 관점에서 파악할 필요가 있죠. 앤디는 베트남 경험을 통해 이런 교훈을 체득했습니다. 이제 앤디는 심도 깊은 질문을 던질 줄 알게 되었고, 사물을 보이는 그대로 받아들이지도 않게 되었죠."

10학년인 레즐리는 심각한 인지 장애나 신체 장애를 겪고 있는 아이들을 한곳에서 지내게 하며 치료하는 프로그램을 돕는 인턴쉽을 했다. 레즐리의 어드바이저는 이렇게 말했다. "레즐리는 일 년 동안 참 힘들어했어요. 하지만 점점 더 프로그램에 빠져들었고, 다른 사람들을 보살피는 일에 열정을 느끼게 되었죠. 레즐리는 아이들이 앞에 있는데도 상담교사들이 마치 아무도 없는 것처럼 그 아이들에 대해 함부로 이야기하는 모습을 보고 몹시 마음 아파했어요. 레즐리는 뒤늦게 프로그램에 참여했기 때문에 처음에는 별 말을 하지 않았지만, 이제는 프로그램 담당자를 만나 변화가 필요하다고 직접 설득하기도 합니다. 레즐리는 장애 아동이 비록 정확한 표현을 할 수 없다 하더라도 다른 사람이 하는 말은 전부 이해한다고 생각하거든요. 레즐리는 다른 사람 입장에서 이해하는 법을 배웠고, 아이들이 저마다의 방식으로 의사 표현을 하면 그 의미를 이해하기 위해 애썼습니다. 레즐리의 그런 노력은 사회적 사고력의 많은 부분과 맞닿아 있어요. 예를 들어 협력이나 갈등 해결, 시민의 역할, 세밀한 사항에까지 관심을 기울이기, 하나의 사안에 대해 여러 관점에서 생각해보기 같은 것 말입니다."

메트스쿨에서 말하는 사회적 사고력은 전통적인 사회 과목의 교과과정과는 매우 다른 것이다. 내가 고등학교 다닐 때 들었던 미국사 수업에서는 콜럼버스에서 냉전에 이르는 내용을 9개월만에 후다닥 훑어봐야 했다. (앤디가 들었다면 실망했겠지만) 베트남 전쟁을 포함한 현대사 부분은 교과과정에 포함되지도 않았고, 학생이 해야 할 일도 꽤 간단했다. 기껏해야 교과서 몇 쪽을 읽는 것과 학생들이 실제로 참여하는 수업 한두 시간, 형식적으로 수업시간에 쓰는 에세이 한 편, 그리고 가르침을 주기보다는 함정에 빠뜨리려는 객관식 시험 정도가 전부였다. 이런 식의 접근은 수많은 주제들을 대충 훑어보게 했기 때문에 성적이 좋은 편이었는데도 지금 기억 나는 것은 거의 없다.

최근에 교수법에 관한 강의를 듣던 중에 진주만 공습에 대해 정말로 훌륭한 시범 수업을 한 학생 교사를 만나게 되었다. 역사에 관해 아는 것은 많지 않지만, 미국이 일본의 공습에 얼마나 엉성하게 대비했는지, 미국이 군수물자를 공급할 수 없도록 기반시설을 파괴하지 않고 내버려둔 일본의 실수가 얼마나 결정적이었는지를 자세히 설명해준 그 학생 교사에 매료되어버렸다. 가장 놀랐던 것은 일본이 진주만을 공습할 것이라는 사실을 영국이 알고 있었지만 미국이 참전하기를 바랐기 때문에 모른 체했다는 것을 암시하는 듯한 말을 그 학생 교사가 했다는 점이다. 그 학생 교사는 진주만 공습을 학자들이 한창 열띤 논쟁을 벌이고 있는 문제로 부각시킴으로써 역사를 먼지 쌓인 교과서에서 꺼내와 수많은 해석이 공존하는 활발한 토론의 장으로 이끄는 데 성공했다. 이런 생각의 틀이야말로 수준 높은 학습과정에 꼭 필요한 요소이다.

수업이 끝난 뒤에 나는 그 학생 교사의 수업 방식을 칭찬했다. 담당 과목 지도교사도 훌륭하다는 칭찬을 했지만, 그 학생 교사는 사실 학교 수업시간에는 '시간이 허용될 때만' 오늘처럼 해석의 여지가 있는 문제를 다루는데, 그것도 한 단원이 끝날 때 30분 정도밖에 주어지지 않는다는 말을 잊지 않고 덧붙였다. 일반 학교에서는 여전히 진도를 나가는 게 제일 중요한 것이다.

그러나 메트스쿨의 철학은 진도가 우선이라는 입장과는 다르다. 메트스쿨은 미국 대통령 이름을 모조리 외우는 것보다는 대통령 모두가 백인 남자였고 대부분 부유층 출신이었으며, 이런 사실을 통해 세상이 어떻게 움직이는지 이해하는 것이 훨씬 중요하다고 믿는다. 또한 메트스쿨은 특정 대통령 한 사람 혹은 시민운동가나 사회문제, 역사의 흐름 같은 어느한 가지 주제에 대해 깊이 있는 공부를 하는 것이 모든 내용을 건성으로 공부하는 것보다 훨씬 중요하다고 믿는다.

사회적 사고력 학습 목표를 구성하는 공식 요소는 다음과 같다.

역사

· 역사적 사실과 관련된 역사적이고 개인적인 정보를 찾아본다.

· 정보를 이해할 때 어떤 상황이나 문제의 맥락 안에서 파악한다.

다양한 관점에 대한 이해

· 다른 사람의 입장을 이해하려고 애쓴다.

· 다양한 역사적, 문화적, 개인적 관점에서 문제를 분석해본다.

시민의식

· 도시, 학교, 어드바이저리 공동체에 참여한다.

· 참여한 공동체에서 봉사활동을 한다.

· 공동체에 해가 되거나 좋지 않은 영향을 미치는 행동을 삼간다.

협동

· 전체의 목표를 이루기 위해 다른 사람들과 협조하여 효과적으로 일한다.

· 자신의 장점을 발휘하여 다른 사람들이 목표를 이룰 수 있도록 도움을 준다.

수리적 사고력 | 재머는 미디어테크에서 그래픽 작업을 하는 동안 추상적인 수리 정보를 논리적으로 다루고 복잡한 문제를 단계별로 나눠 해결하는 방법을 배워야 했다. 재머는 2차원 평면 그림을 회전시켜 3차원 입체를 만드는 것 같은 고급 수학 개념을 이용하고 있었지만, 그러한 개념을 설명하는 수학 용어에 대해서는 배운 적이 없었다. 정확한 용어를 몰랐기 때문에 재머는 소프트웨어 사용설명서에 뜻은 통하지만 엉뚱한 말을 쓰곤 했다. 적절한 용어를 쓰지 못하면 분명히 대학 입학시험을 칠 때 어려움을 겪게 될 것이었다. 그래서 재머와 어드바이저는 수학 교과서

에서 기본 개념을 뽑아 재머가 이미 알고 있는 개념과 연결시키면서 부족한 부분을 메워갔다.

칼리타는 커뮤니티 네트워크라는 단체의 회의를 기획하면서 비용을 예측하는 스프레드시트를 고안하여 산출된 결과를 바탕으로 참가비를 정했다. 칼리타는 스프레드시트를 이용해 음식 값이나 참석자 수 같은 미확정 변수에 따라 여러 개의 시나리오를 만들 수 있었다. 칼리타는 대수 공식을 직접 만들어 적용했고 또한 산출 결과가 일인당 평균 회의 비용과 어느 정도 차이 나는지 비교해보았다. 해결책이 적절한지를 판단하는 능력을 교육학에서는 수적 감각이라고 하는데, 이는 일상생활에서 마주치는 수학적인 문제를 해결하는 데 매우 중요한 것이지만 교실에서는 거의 다루지 않는다.

수리적 사고력의 학습 목표를 구성하는 공식 요소는 여기에 모두 열거할 수 없을 정도로 아주 광범위하지만, 중요한 부분을 들자면 계산, 대수, 기하, 표, 그래프, 통계, 추정, 수적 감각이 있다. (고등학교 교과에서는 마지막 세 분야를 다루지 않는 경우가 많다.) 일부 학생들은 미적분학을 공부하기도 한다. 어느 경우든 목표는 암기가 아니라 수학적 사고를 이해하고 실생활에서 만나는 문제에 적용할 수 있게 하는 데 있다.

다시 말해 전통적인 수학 교과에서 배우는 내용과 현대인의 삶이나 직업 생활에서 필요한 수학적 요구 사이에는 상당한 거리가 있다는 연구 결과가 점점 많이 나오고 있고, 이런 결과는 메트스쿨의 수리적 사고력 함양을 위한 접근 방식에 반영되어 있다. 린 스틴의 연구 결과를 보면 삼각법이나 고급 대수학, 미적분처럼 전통적으로 고등학교 고급 수학 과정에 포함되는 내용은 사실 공학처럼 매우 전문적인 분야에 종사하는 사람에게나 필요한 것이라고 한다. 단순한 일뿐만 아니라 높은 수준의 지성을 요구하는 일도 대부분 산수와 기초 대수, 기하 같은 중학교 2학년 수준의 수학 능력만 있으면 충분히 해낼 수 있다고 한다.

스틴은 고급 수준의 수학 실력보다 중요한 것은 기존의 교과과정에서 등한시했던 사고력과 문제 해결 능력이라고 주장한다. 이런 능력이야말로 어른이 되어 자동차 대출 상품을 고를 때나 갓난아이에게 예방 주사를 맞혀 얻는 건강상의 이득과 손실을 견주어볼 때, 또는 세금과 관련한 투표에 앞서 자료를 보고 선택을 하려 할 때 필요한 것이다. 에펠탑에서 떨어진 동전의 하강 속도를 구하는 따위의 교실 수학 문제와는 달리 현실에서 경험하는 수학 문제에는 정답이 없으며 복잡한 상황에 따라 여러 가지 답이 나올 수 있다. 정유소를 새로 지었을 때 거둬들일 수 있는 세금 수입이 정유소 때문에 지하수가 오염되는 것을 상쇄할 만큼 가치 있는 것인가? 주택을 새로 구입했을 때 얻는 재정 이익이 세입자로서 누리는 편익보다 큰 것일까? 크다면 어느 정도 클 것인가? 어떤 요소가 추가되면 이런 등식이 변화하게 될 것인가? 이런 문제를 해결하기 위해 전문가를 고용해서 조언을 얻어야 할까? 에펠탑에서 떨어진 동전의 속도 알아맞히기 같은 수학 공부를 한 학생이 교실 밖 세상으로 나갔을 때 학교에서 배운 내용을 현실에 적용시키지 못할 것은 불을 보듯 뻔하다.

이 문제에 대해 제임스 모펫은 다음과 같이 말했다. "전통적인 수학, 과학 과목 수업 방식에 가장 큰 치명타를 입히는 증거는 애초에 수학, 과학 과목에서 낙제를 하거나 형편없는 점수를 받고, 수업 듣기를 싫어했던 대다수의 학생들에게서가 아니라 수업 시간에 잘 따랐던 학생에게서 많이 찾아볼 수 있다. 나와 내 아내 모두 고등학교 4년간 수학 수업을 들으며 항상 A학점을 받았지만, 생활과 수학을 연계시키는 데는 결국 실패하고 말았다. 기억나는 것도 거의 없고 막상 필요할 때면 어떻게 응용해야 할지도 몰랐으며, 수학적으로 생각하는 법을 전혀 배우지 않았기 때문에 결국은 요즘 말하는 수학적 마인드를 갖추지 못한 사람이 되고 말았다. 우리는 잠깐 동안 훈련받은 원숭이에 불과했다. 수학에 특별한 재능이나 흥미를 지닌 학생이 아니라면 공부 잘하는 학생이라도 대부분 우리와 비슷한 처지에 놓여 있을 것이다. 수학 교육의 실패가 좋은 성적에 가려 잠시 드러나지 않을 뿐이다."

한 어드바이저는 이렇게 말했다. "예전에 근무했던 학교에 대수와 기하를 잘했던 학생이 있었는데, 종종 그 학생을 생각합니다. 저는 생물을 가르치고 있었는데 자동차로 그 학생을 대학까지 데려다줄 일이 있었어요. 그런데 그 학생이 지도를 볼 줄 모르지 뭡니까. 그 학생의 가족들도 지도를 볼 줄 몰랐기 때문에 제가 대신 운전해줘야 했던 것이었습니다. 그 학생이 제게 목적지까지 가는데 얼마나 걸리느냐고 묻길래 '학교는 160킬로미터 정도 떨어진 곳에 있고 우리는 시속 80킬로미터로 달리고 있잖니. 그러면 얼마나 걸릴까?' 하고 되물었습니다. 그 학생은 아무 말도 못했어요. 가족들도 전혀 모르더군요. 그래서 두 시간 안으로 정답을 계산해보라고 했는데도 여전히 답을 알아내지 못했습니다. 분명히 대수 시간에 '속도에 시간을 곱한 것이 거리'라는 공식을 암기해서 시험문제를 풀긴 했겠지만, 실제로는 공식의 의미를 전혀 모르고 있었던 겁니다."

"며칠 전에는 10학년 학생 하나가 수리적 사고력에 대한 프리젠테이션을 준비하는 것을 도와주었습니다. 병원의 영양 관련 부서에서 인턴쉽을 하고 있던 그 학생은 지방의 양과 칼로리의 관계를 조사하는 프로젝트를 하고 있었죠. 엑셀 프로그램을 이용해서 여러 가지 수치를 도표로 만들기는 했지만, 제대로 이해하고 있는 것 같지는 않았습니다. 그래서 어느 정도 이해하고 있는지 알아보려고 '연필 한 자루의 무게는 얼마나 될까?'

하고 물었더니, '무게라뇨? 연필은 지방으로 만드는 게 아니잖아요'라고 답하더군요. 메트스쿨에 오기 전에 8년이나 수학을 배웠다는 학생의 수준이 고작 그 정도입니다."

스틴이 전국의 어른들을 대상으로 실시한 조사 결과를 보면, 예로 든 학생이 특별한 경우가 아니라는 것을 알 수 있다. 식료품 가게에서 쉽게 볼 수 있는 포장지를 두세 개 보여주고 질문을 했다. 1.89달러에 파는 16온스 땅콩잼과 1.99달러에 파는 20온스 땅콩잼이 있는데, 어느 것을 사야 이익일까 하는 질문에 정답을 말한 사람은 17%에 지나지 않았다. 그리고 1만 달러를 10년간 대출 받아 매달 156.77달러씩 갚을 경우에 지불해야 하는 총 이자를 계산하는 문제의 정답을 말한 응답자는 4%에 지나지 않았다. (156.77달러에 120개월을 곱한 후에 1만 달러를 빼면 된다.)

다섯 가지 학습 목표 가운데 학생들의 관심에 따라 가르치는 메트스쿨 방식으로는 향상시키기 힘든 것이 바로 수리적 사고력이다. 어드바이저들은 학생들의 프로젝트에 수리적 사고력을 향상시킬 수 있는 과정이 포함되도록 애를 쓰지만 만족스러운 성과를 얻는 경우는 드물다. 수준 높은 수리적 사고력을 지닌 학생도 종래의 수학 수업시간에 쓰이던 방법과 같은 방식, 예를 들면 SAT 준비반이나 학교 워크숍, 일대일 개인 과외, 대학 강의 같은 방식으로 실력을 쌓은 경우가 대부분이었다.

이런 현상이 나타난 데는 몇 가지 이유가 있다. 첫째, 메트스쿨 학생 대부분이 9학년으로 입학할 때부터 이미 수학 기초가 부족했기 때문이다. 둘째, 메트스쿨이 자체적으로 정한 목표에 따라 수학을 가르치려 해도 학생들이 주에서 시행하는 시험이나 대학 입학시험에서 좋은 점수를 받아야 하므로 제약을 받을 수밖에 없다. 셋째, 미국에서 대학을 졸업한 여느 사람들과 마찬가지로 메트스쿨 어드바이저들도 다른 학습 영역에 비해 수리적 사고력이 상대적으로 떨어지는 것이 사실이다. 마지막으로 학생들의 관심에 따른 프로젝트 학습을 지향하는 교수법 가운데서 수리 영역이 상대적으로 개발 초기 단계에 있기 때문이다. 데니스 교장과 엘리엇 교장은 곧 이런 문제점을 극복할 것이라고 믿고 있다. 이미 몇몇 학생이 수리적 사고력 부문에서 두드러진 성공을 거두었기 때문인데, 그래도 애초의 기대치에는 못 미친다. 그렇지만 두 교장은 메트스쿨 학생들이 일반 고등학교 학생들만큼은 수학 공부를 하고 있다고 확신한다. 9장에서 이 주제에 대해 깊이 살펴보는 한편 다른 학교의 학생들과 공통으로 치른 표준 시험에서 메트스쿨 학생들이 어떤 성과를 거뒀는지에 대해서도 이야기할 것이다.

경험적 사고력 | 경험적 사고력에 대해 한 어드바이저는 이렇게 말했다. "경험적 사고력이 학습 목표라는 발상 자체가 기존의 생물학이나 화학, 물리학 수업 시간에 배우는 수많은 사실을 넘어서는 것입니다. 실제로 학생들은 수업 시간에 배운 것을 금세 잊어버립니다. 우리는 어느 교과에나 적용 가능하고 더 나아가 일상생활에도 적용 가능한 과학적 사고력을 개발시켜주고 싶습니다. 학생들이 듣거나 읽은 것을 그대로 받아들이는 대신에 그 정보들이 신뢰할 만한 것인지 검토하고 나서 그 정보를 제대로 활용하여 결정을 내리기를 바라는 거죠. 다시 말해 아이들이 논리적으로 생각하고, 의구심도 적당히 품기를 바랍니다. 이런 능력을 길러주기 위해 학생들이 충분한 근거 없이 어떤 입장에 찬성하면 학생들과 함께 그 주장을 꼼꼼히 살펴보고 논리적으로 사고할 수 있도록 도와줍니다."

　해양생물학에 관심을 보이던 키요는 나라간셋만 위원회Narragansett Bay Commission에서 인턴쉽을 하게 되었다. 키요의 프로젝트는 수질

감시 운동의 하나로 올바른 공공정책을 수립하는 데 도움을 주는 동시에 사람들의 인식을 높이기 위한 활동이었다. 예를 들어 수질 검사 결과 인산염 수치가 높은 것이 넙치 어획량이 줄어든 것과 관계가 있다고 밝혀지면 인산염을 주요 성분으로 하는 비료 사용을 억제시키는 법안을 제정하라고 촉구하는 것이었다. 키요는 자신의 가정을 증명하기 위해 인구 성장과 환경오염의 관계, 수질 관리 법안을 도입하면 수질에 어떤 영향을 미치는지에 대해 공부했다. 생물학자인 키요의 멘토는 물 표본을 채취하고 분석하는 데 필요한 기초적인 실험 기술을 가르쳐주었다.

메트스쿨 학생들은 전통적으로 고등학교 과학 시간에 다뤘던 범주를 벗어난 분야에서도 경험적 사고력을 응용한다. 브렌다는 프로비던스 시 경찰서에서 인턴쉽을 하면서, 십대 청소년과 경찰의 관계를 개선하는 프로젝트를 기획했다. (브렌다는 순찰차 안에서 시간을 보내며 가정 불화에서 살인에 이르기까지 온갖 문제에 대한 해결책을 생각해보기도 했다.) 브렌다는 브라운대학 사회학자의 도움을 받아 고등학생 120명을 대상으로 설문조사를 하고 응답지를 수거했다. 연구 결과 일반적으로 경찰이 생각하던 것과 상반되는 내용이 두 가지 발견되었다. 첫째, 경찰에 대해 호의적인 태도를 보인 학생이 많았으며 둘째, 학생과 경찰은 길거리에서보다는 학교나 지역 문화센터 같은 곳에서 더 자주 마주친다는 것이었다. 브렌다는 이런 결과를 토대로 작성한 보고서에서 경찰이 십대와의 관계 개선을 위해 앞으로 길거리 순찰에 역점을 두겠다고 한 계획에 이의를 제기했다. 그 대신 학교와 지역 문화센터 같은 곳에 자주 와서 긍정적인 모습을 보여달라고 부탁했다.

경험적 사고력 학습 목표를 구성하는 공식 요소는 다음과 같다.

아이디어를 검증할 전략 세우기

- 질문을 던지고 가정을 세운다.

- 정보 수집을 위해 창조적인 계획을 세운다.

- 대조 표본과 견본, 연구 방법을 정한다.

연구

- 관찰, 측정, 자료 수집을 세심하게 한다.

- 문서 자료, 대담, 비디오, 인터넷 같은 매체를 통해 정보를 수집한다.

- 원인과 결과를 이해한다.

- 자료의 출처가 확실한지 평가해본다.

논리

- 자료와 정보를 분석한다.

- 귀납법과 연역법으로 논리를 따져본다.

- 결론에 이르는 논리적 과정을 설명해본다.

자기관리 능력 | 로버트는 정신집중 장애 진단을 받은 아이로, 메트스쿨에 왔을 때는 자신의 일을 전혀 체계적으로 해결할 줄 모르는 상태였다. 로버트는 번번이 일지를 잃어버렸고 일일 계획서도 대충 작성했다. 그리고 계획한 일 가운데 진득하게 끝까지 해낸 것이 하나도 없었다. 특별 학생 담당 교사가 교실에 상자를 두고 로버트에게 학용품을 상자에 넣었다가 나중에 정리하도록 시켜보자는 제안을 했다. 몇 주가 지나 상자 안에서 나온 것은 신었던 양말 한 켤레뿐이었다.

3년 뒤에 졸업반 프로젝트를 준비하게 된 로버트는 앞에서 말한 것처럼 기아 체험운동과 봉사활동, 진정서 작성, 기금 마련 같은 모든 일을 해내야 했다. 로버트의 어드바이저는 이렇게 말했다. "프로젝트 준비는 정말 복잡했어요. 로버트는 예산, 일정표, 서신 같은 20여 개 항목으로 나뉜 파일을 가지고 다녔고, 부문별로 자신을 도와주는 여덟 명의 학생을 이끌어야 했죠. 로버트는 진심으로 프로젝트에 애정을 갖고 나서야 비로소 우리가 그렇게 오랫동안 알려주던 방법을 활용하기 시작하더군요. 어느 날 갑자기 항목별로 나뉜 파일과 일정표를 필요로 하게 된 거죠. 하지만 로버트가 맡은 일에 책임을 지고 잘 이끌어가기까지는 시간이 많이 걸렸습니다. 시행착오를 겪는 과정을 통해 배웠던 거죠. 로버트는 10학년 때 근처에서 열리는 록 콘서트 준비를 맡았는데, 티켓을 직접 디자인하여 인쇄해서 팔고, 안전 점검도 하고, 여러 밴드와 출연 계약도 맺었어요. 그 때문에 로버트는 완전히 지쳐버렸지만 소중한 것을 배웠죠. 기아 체험 프로젝트는 말도 못하게 더 복잡한 것이었어요. 하지만 로버트는 이미 놀랄 정도로 변했거든요.”

나와 가족, 그리고 지역 공동체를 위한 자기관리 능력이라는 다섯 번째 학습 목표는 다른 학습 목표 모두에 영향을 미친다. 메트스쿨에서 따로 필수적인 자기관리 능력 목록을 만든 적은 없지만, 가장 자주 나오는 덕목은 끈기, 협동, 정리, 지도력, 주장, 공감, 책임감, 창조력, 관용, 자원 활용 능력, 자기인식, 진취성, 존중, 설득, 계획 세우기, 우선순위 정하기, 분쟁 조정하기, 실패 딛고 일어나기 같은 것이다. 전통적인 일반 학교에서는 이런 자질을 정규 교과 밖에서 다뤄야 한다고 여기지만, 메트스쿨은 교과의 중심으로 다루고 있다.

밀란은 분노로 가득 찬 상태로 메트스쿨에 들어왔는데, 자기 안에 갇힌 채 다른 사람과의 교류를 피하려고 했다. 예전에 다니던 학교에서 친구들에게 심한 괴롭힘을 당했던 밀란은 메트스쿨에 와서는 아예 접촉을 피하는 것으로 일종의 선제 공격을 한 것이다. 밀란은 뛰어난 컴퓨터 실력을 무기 삼아 다른 아이들의 컴퓨터를 사용할 수 없도록 망가뜨렸고, 자신이 맡은 일을 하지 않으려고 전문 기술이 필요한 문제라는 변명을 하기도 했다.

10학년이 되어 생활하던 어느 날, 밀란은 다른 학생이 괴롭히는데도 신경 쓰지 않는 척하고 있었다. 하지만 어느 순간 더 이상 참을 수 없는 경계에 이르렀는지, 자그마한 체구의 밀란이 갑자기 스테이플러를 집어 들고는 그걸로 때릴 것처럼 커다란 덩치의 레니를 쫓아다니기 시작했다. 밀란의 어드바이저는 그 일에 대해 이렇게 말했다. "밀란에게는 대화라는 중간 단계의 해결책이 없었어요. 전혀 말하지 않거나 아니면 그냥 폭발해버리는 극단적인 방법만 알고 있었던 거죠. 내가 밀란과 레니를 데려다가 싸움을 말리려고 하자, 레니는 '저는 그냥 장난을 좀 쳤을 뿐이에요' 하고 대꾸하더군요. 그러자 밀란이 '더 이상 참을 수 없었어요'라고 말했죠. '레니에게 더 이상 못 참겠다는 말을 했니?' 하고 묻자 밀란은 '아뇨. 그냥 쟤가 이제 그만했으면 좋겠다는 생각을 했을 뿐이에요' 하더군요. 그래서 모두 모인 자리에서 자신이 원하는 것을 어떻게 말로 표현할 것인지에 대해 이야기했어요. 그렇게 모두 돌아가면서 얘기하는 시간을 몇 번 갖고 나자 밀란은 혼자만의 세계에서 빠져나와 조금씩 친구들을 믿기 시작하더군요."

졸업반이 된 밀란은 직접 지도하고 책임져야 하는 일을 여러 개 맡았고, 후배들에게 컴퓨터 사용법을 가르쳐주는 일도 즐겁게 했다. 어려운 학습과정도 피하지 않고, 통계와 미시경제 분야의 대학 강좌에도 등록했다. 밀란은 여전히 자신이 친구들과 다른 사람이라고 생각하지만, 메트스쿨에서는 그런 차이가 흔한 일이기 때문에 자신을 학교의 일원으로도 생각한다고 말했다.

밀란의 어드바이저는 이렇게 말했다. "이곳에서는 편협한 사람에게는 그만큼 편협하게 대합니다. 서로에 대한 존중을 굉장히 소중하게 여기죠. 밀란의 태도가 확연히 바뀐 데는 자신이 존중받고 환영받고 있다는 느낌이 가장 크게 작용했을 겁니다. 밀란이 졸업하기 전에 인터뷰를 했는데, 철저히 혼자서만 지내겠다고 마음을 먹고 들어온 학생의 말이라고는 전혀 믿기지 않는 정말 놀라운 얘기를 들려주었습니다. 밀란에게 메트스쿨에서 지내는 동안 가장 중요했던 것이 무어냐고 묻자 같은 어드바이저리 친구들과의 돈독한 관계라고 답했거든요."

머네인과 레비의 정서적 지능에 관한 연구를 보면, 대인관계가 원만하지 않은 직원에게는 업무와 관련된 지적 능력이 별 의미가 없다고 한다. 일정 수준의 지적 능력을 쌓기만 하면, 그 사람의 성과를 측정할 수 있는 중요한 수단은 자기관리 능력이라는 말이다. 더군다나 골만의 연구를 보면, 좋은 학점과 지능지수가 직업적 성공의 최고 잣대는 아니다. 학문으로 대성한 사람도 학문적 성공을 저해할 정도로 성격이 안 좋고, 거만하며 융통성이 없는 경우가 많았고, 반대로 성적은 좋지 않아도 대인관계에는 뛰어난 사람이 괄목한 만한 성과를 이룬 경우도 많다. 미국 노동부장관도 1991년에 어느 보고서에서 이런 사실을 입증해주었고, 골만은 1995년에 정서적 지능은 업무에서뿐만 아니라 개인 생활이나 시민 활동의 성공 여부에 영향을 미친다는 연구 결과를 발표했다.

9장에서 좀더 다루겠지만, 자기관리 능력을 정확하게 정의하기는 매우 어렵다. 메트스쿨은 현재로서는 정해진 틀 없이 '경험해야 알게 된다'는 현실적인 접근 방식에 주로 의존하고 있다. 메트스쿨은 자기관리 능력 가운데 일부 구성 요소를 다음과 같이 규정했다.

존중

- 스스로는 물론 타인도 존중하고, 사물도 소중히 여긴다.

책임감

- 맡은 바를 완수하고 개인적으로 책임을 진다.

지도력

- 조직 전체에 긍정적인 영향을 미친다.

- 조직 활동을 계획하고 긴밀히 협조한다.

구성력

- 과제와 프로젝트에 대해 계획을 세운다.

- 시간을 효율적으로 관리한다.

- 자료와 과제를 잘 정리한다.

육신의 건강

- 건강을 유지하기 위해 노력한다.

- 건강과 관련한 문제에 대해 이해한다.

인내

- 힘든 일을 겪더라도 과제와 목표에 최선을 다하는 모습을 보여준다.

자기 인식

- 일지와 자기평가 보고서를 통해 학습과정을 되돌아본다.

- 자신의 감정과 행동을 이해하고 표현할 줄 안다.

- 개인적 관심사와 목표에 대해 분명히 말한다.

학습 목표와 관련된 문제점　｜　메트스쿨 교사들도 학습 목표에 대한 정의와 실행 방식에 만족하고 있는 것은 아니다. 데니스 교장은 학습 목표에 대해 이렇게 말했다. "우리는 학생들이 쉽게 이해할 수 있는 학습 목표를 만들려고 노력하고 있습니다. 그런데 왜 '경험적 사고력' 같은 애매한 표현을 쓰느냐구요? 우리는 때로는 '어떻게 주장을 증명할까?'라는 질문으로 대신하기도 하죠. 물론 앞의 표현보다는 나아졌지만 그런 질문도 딱 맞다고는 할 수 없죠. 생각을 제대로 담을 수 있는 나은 방법을 계속 찾아야 해요."

한 어드바이저는 이렇게 말했다. "제가 생각하는 학습 목표의 문제점은 때때로 사람들이 원래 의도와는 달리 기존의 교과과정으로 세분한다는 점입니다. 예를 들어 어떤 학생이 패션쇼를 준비한다면, 학생의 흥미와는 거리가 멀더라도 폴리에스테르의 화학 구조를 가르쳐야 하는 것 같은 문제점이 발생한다는 얘기죠. 문제는 기존의 사고 방식에 길들여진 나머지 그렇게 하고 싶지 않아도 경험적 사고력을 기존의 틀 이외의 방식으로는 발휘하지 못한다는 것입니다. 그래서 패션에 대해 얘기하면서도 굳이 생물학과 화학, 물리학을 찾아내려는 거죠. 그보다도 '왜 이런 패션이 큰 인기를 끄는 걸까?' 하는 물음처럼 학생들이 관심을 보이는 문제를 찾아내야 합니다. 일단 문제를 제기한 뒤에 경험을 근거로 하여 답을 찾아가는 데 활용할 일련의 가정을 만들어야 합니다. 그러니까 '패션 산업이 실제로 사람들의 취향을 창조한다' 또는 '진화론적 관점에서 볼 때 특정 신체 부위를 강조하는 전략이 유리하다' 같은 가정 말이죠."

엘리엇 교장은 이렇게 말했다. "학생의 관심보다는 학습 목표에서 출발해 생각을 발전시키는 경우가 너무 많아요. 우리가 가야 할 방향은 관심에 따라 프로젝트를 시작하고, 그러면서 학습 목표를 어떻게 이룰 것인가를 연구하는 것입니다. 하지만 '이 학생은 사회적 사고력이 부족하다'는 생각이 드는 경우에는 학생이 흥미를 느끼지 않는 프로젝트나 워크숍이라 해도 진행시켜야 합니다. 그런 경우에는 학습 목표가 학생이 완벽하게 몰입해서 능력을 발휘하는 데 오히려 방해물이 될 수 있죠. 결국 학생의 관심사와 학습 목표가 조화를 이루어 통합될 때, 더 큰 성과를 얻을 수 있습니다."

학습계획팀과 학습계획 │ 모든 고등학교가 광범위한 영역 전부를 다루려고 노력하고 있다. 일반 고등학교는 학습 영역의 경계를 이런저런 과목으로 정해 놓는다. 그래서 정해진 과목을 모두 이수한 학생은 학습 목표를 이뤘기 때문에 졸업장을 받을 자격이 있다고 주장한다. 그러나 대수나 기하에서 좋은 성적을 받고도 대학교까지 가는 데 걸리는 시간 하나 계산하지 못하는 학생의 예를 통해서 보듯-이 학생뿐만 아니라 많은 학생이 증명하듯-그런 주장에는 의심스러운 구석이 많다.

메트스쿨에는 정규 과목 같은 것이 없다. 관심 분야에 대한 프로젝트가 메트스쿨이 추구하는 영역의 경계를 정하기 때문에 모든 학생들이 저마다 다른 학습 목표를 갖게 된다. 하지만 관심사를 좇는다고 해서 학생이 자신의 교육에 대해 올바른 결정을 내렸다고 할 수는 없다. 그런 이유 때문에 학생마다 학생 자신과 어드바이저, 인턴쉽 멘토, 학부모 그리고 필요한 경우 특별교육 관계자까지 포함하는 학습계획팀을 갖고 있다. 학습계획팀은 학기마다 다음 학기의 학습계획을 세우기 위해 만난다. 학생의 공개 프리젠테이션 직후에 회의를 여는 경우도 종종 있는데, 그렇게 함으로써 학교에 방문한 학부모와 멘토가 두 가지 행사 모두에 참가할 수 있게 된다. 학생은 학습계획팀의 회의 전에 다음 물음에 답해야 한다.

정말 좋아하고 관심 있는 것은 무엇입니까?

메트스쿨에 다니면서 경험하거나 배우고 싶은 기술이 있다면 무엇입니까?

졸업 후의 목표는 무엇입니까?

자신의 장점은 무엇입니까?

좀더 개발이 필요하다고 생각하는 부분은 어떤 것입니까?

자신에게 맞는 최적의 학습 방법은 어떤 것입니까?(학습 스타일을 써보세요)

자신이 극복했던 어려움은 어떤 것이 있습니까?

학부모에게도 똑같은 문항을 주어 자신의 자녀에 대해 답하도록 하는데, 학부모의 답변은 중요한 정보가 된다. 학부모는 자녀 교육의 목표에 대해 고민하고 목표를 실현하는 과정에 참여함으로써 학습과정에 더욱 깊이 관여하게 된다. 학부모도 학습계획에 영향력을 행사한다는 시늉만 하고 곧바로 신경도 쓰지 않는 일반 학교의 의례적인 절차와는 다른 것이다. 학생의 학습 활동의 윤곽을 정할 때 학부모의 의견은 필수 요소이다.

학부모의 개입 정도는 차이가 많이 난다. 학습계획 회의에 여러 번 참석한 적이 있는데, 한번은 어드바이저가 어떤 제안을 하든 모두 좋다고 하는 아버지를 보았다. 어드바이저가 몇몇 문제에 관해 아버지의 의견을 물었지만 별 말이 없었다. 메트스쿨은 얼마 전부터 학부모가 더 큰 목소리를 낼 수 있게 하기 위해 공개 프리젠테이션과 학습계획 회의를 제대로 이해하게 하고 생산적인 참여를 유도하는 훈련 프로그램을 마련하여 실시하고 있다.

앞의 아버지와는 매우 딴판으로 아들의 프리젠테이션 방식부터 미적분과 컴퓨터 프로그래밍 학습 성과에 이르기까지 전반적인 평가를 하는 어머니도 보았다. 그 어머니는 다음 학기의 학습계획에 대해 17세기부터

20세기 역사를 깊이 있게 학습할 필요성이 있다고 강조하면서 필독 도서도 추천해주고, 역사에서 음악과 예술, 철학을 아울러 배울 수 있는 방법까지도 소개해주었다. 그런 다음 그 어머니는 다음 학기 회의를 수동적으로 기다리지 않고, 한 달 뒤에 다음 학습계획 회의를 열자며 구체적인 일정까지 잡았다.

학습계획표는 학생이 학습계획팀과 힘을 합쳐 빈칸을 메우도록 되어 있는 한 장 분량의 커다란 표이다. 표의 맨 왼쪽 세로줄에는 칸마다 해당 학기 동안 학생이 하기로 한 일을 적고, 맨 위쪽 가로줄에는 여덟 개의 칸에 그 일과 관계 있는 영역의 표제어를 적는다. 어느 10학년 학생이 커피하우스에서 인턴쉽을 하면서 기독교 커피하우스의 역사를 주제로 보고서를 작성하기로 했는데, 그 학생의 학습계획표 맨 위쪽 가로줄에는 이런 내용이 적혀 있었다.

1. 수리적 사고력

    오순절교회파Pentecostal 운동의 성장 그래프를 그린다.

2. 의사소통

    커피하우스를 열기 위해 편지를 쓰고, 전화를 건다.

    오순절교회파 운동에 관한 자료를 읽는다.

3. 경험적 사고력

    컴퓨터 사용 계획을 세운다.

    커피하우스와 오순절교회파 운동에 관한 연구를 한다.

4. 사회적 사고력

    시민정신, 협력, 오순절교회파 운동의 역사를 이해한다.

5. 자기관리 능력

책임감, 체계 세우기.

6. 어떤 자원을 활용할 것인가?

인터넷, 도서관, 교회 문헌을 이용한다.

7. 언제 작업을 하고, 어드바이저에게는 어떻게 진척 상황을 알릴 것인가?

월, 수, 금 개별 작업 시간 동안에 한다.

보고서 초안과 컴퓨터 작업 내용을 보여준다.

8. 프리젠테이션에서는 무엇을 보여줄 것인가?

보고서와 인턴쉽 학습 요약, 활동 기록, 작성한 편지.

학습계획표 제일 위쪽의 가로줄은 이와 같이 여덟 개의 항목으로 구성되어 있다. 각 줄마다 서로 다른 활동 계획이 구체적으로 적혀 있다. 빈칸도 더러 있는데, 이는 각각의 프로젝트가 모든 학습 목표를 일일이 이룰 필요는 없기 때문이다.

학습계획팀이 학기별 학습계획을 짜는 데 도움을 주기 위해 메트스쿨이 작성한 기대 활동 목록이 있다.

해마다 해야 할 일(해마다 반드시 완수해야 하는 내용)

· 학교 밖 세상에서 자신의 관심사를 추구한다.(정보 수집 인터뷰나 일일 직업 체험, 인턴쉽 포함)

· 첫 학기가 끝나기 전에 인턴쉽을 구한다.

· 지역사회에 (자원봉사를 통한 학습 같은) 긍정적인 영향을 끼치도록 한다.

· 일 년에 학습계획팀과 최소한 세 번 이상 만난다.

· 부족한 부분을 확인해두었다가 프로젝트 작업을 통해 보완하도록 한다.

· 일 년에 최소 네 번은 학습계획서를 작성한다.

- 학습계획표에 제시된 과제는 끝까지 마친다.
- 모든 활동은 포트폴리오로 제작하고, 가장 훌륭한 결과를 거둔 활동은 따로 정리해둔다.
- 일 년에 네 번 공개 프리젠테이션을 연다.
- 매주 세 번 일지를 쓴다.
- 일주일 단위로 일일 활동 계획을 세운다.
- 지각하지 않도록 한다.
- 일하는 장소가 어디든지 책임을 다한다.(학교 밖으로 외출할 때는 어드바이저리에 알린다)
- 본인뿐만 아니라 다른 사람도 존중한다.
- 학습과정에 책임을 진다.
- 생산적인 결과를 낳도록 알찬 여름방학 계획을 짠다.

메트 101(9학년 때 해야 할 일)

- 해마다 해야 할 일을 빠짐없이 끝낸다.
- 관련 프로젝트를 하나 이상 한다.
- 주州에서 시행하는 건강 평가에 대비한다.
- 책을 세 권 이상 읽고, 독서일지를 쓴다.
- 수리적 사고력 부문에서 표와 그래프, 비례 I, 직접 측정에 대해 학습한다.

메트 201(10학년 때 해야 할 일)

- 해마다 해야 할 일을 빠짐없이 끝낸다.
- 관련 프로젝트를 두 개 이상 한다.
- 주州에서 시행하는 (작문, 화술 같은) 언어 능력과 수학 평가에 대비한다.

- 책을 다섯 권 이상 읽고, 독서일지를 쓴다.
- 네 학기 가운데 세 번째 학기에는 학습 목표 영역별로 소규모 공개 프리젠테이션을 실시한다.
- 9학년, 10학년 때 했던 프로젝트 가운데 가장 훌륭하게 마친 프로젝트를 따로 정리해둔다.
- 여러 대학을 방문해보고 입시 요강을 살펴본다.
- 수리적 사고력 부문에서 선형 모델과 비례 II, 간접 측정에 대해 학습한다.

메트 301(11학년 때 해야 할 일)
- 해마다 해야 할 일을 빠짐없이 끝낸다.
- 자기관리 능력이 향상되었고, 학습에 깊이가 더해졌다는 것을 보여준다.
- 학교에서 주도적인 역할을 한다.
- 졸업논문 기획서가 위원회의 심사를 통과하도록 한다.
- 두 권의 자서전을 포함하여 여섯 권 이상의 책을 읽고, 새로 읽은 책에 대해 독서일지를 쓴다.
- 25쪽 분량의 자서전을 쓴다.
- 수리적 사고력 부문에서 비선형 모델과 확률, 통계에 대해 학습한다.
- 주州 시행 작문 평가에 대비한다.
- 대학 입학 담당자를 만나보고 학습계획팀과 정보를 공유한다.
- 다섯 개 대학의 입시 요강을 꼼꼼히 살펴본다.
- 대학 입시 요강에 제시된 조건에 미치지 못하는 부분은 학습계획에 포함시켜 보충한다.
- 대학에서 개최하는 설명회에 가족과 함께 참석한다.
- 대학을 세 군데 이상 직접 방문한다.

- 대학에 제출할 에세이 초안을 작성한다.

- 대학에 제출할 각종 서류 준비를 시작한다.(이력서, 성적증명서, 에세이, 수상 경력, 가장 뛰어난 학습 결과물)

- 가을에 치를 PSAT(Preliminary Scholastic Aptitude Test, 대학 진학 적성 예비시험)에 대비하고 응시한다.

- 봄에 치를 SAT이나 ACT에 대비하고 응시한다.

- 내년에 치를 대학 면접을 네 군데 이상 계획한다.

메트 401(12학년 때 해야 할 일)

- 해마다 해야 할 일을 빠짐없이 끝낸다.

- 자기관리 능력이 향상되었고, 학습의 깊이도 더해졌음을 보여준다.

- 학교에서 주도적인 역할을 한다.

- 논문 지도 멘토와 정기적으로 만난다.

- 논문 작성에 도움을 주는 사람들과 최소한 2주에 한 번씩 만난다.

- 깊이 있는 졸업논문 프로젝트를 완성한다.

- 한 달에 한 권씩 책을 읽고(자서전 한 권 포함 총 아홉 권) 독서일지를 쓴다.

- 75～100쪽 분량의 자서전을 쓴다.

- SAT나 ACT에 대비하고 응시한다.

- 대학에 제출할 서류 준비를 마친다.

- 적어도 네 군데 이상의 대학을 방문해 면접을 본다.

- 여러 대학을 알아보고 지원한다.

- 메트스쿨 졸업 뒤의 진로를 계획한다.

- 졸업 프리젠테이션에서 그동안의 결과물을 보여주고 성찰의 시간을 갖는다.

메트스쿨이 매우 중요하게 여기는 것은 상급반 진급으로, 이는 고등학교 과정의 전반부와 후반부를 공식적으로 나누는 기준점이 된다. 10학년 말이 되면 학생은 공개 프리젠테이션을 두 차례 실시하여 메트 101과 201에서 요구하는 과정을 성공적으로 마쳤다는 것을 증명해야 한다. 가장 훌륭한 학습 결과물에 대한 포트폴리오, (부모, 멘토, 어드바이저, 동료 학생이 쓴) 4장의 추천서, 진급할 준비가 되었다는 내용의 에세이 한 편을 작성해야 하며, 또한 진급 준비가 얼마나 되었는지 알아보기 위해 패널과 한 차례 면접을 해야 한다. 진급 준비가 미흡하다는 판정을 받은 학생은 학습계획팀에서 지정한 대로 여름방학 동안 보충 학습을 해야 하고, 경우에 따라서는 10학년을 다시 다녀야 한다.

진보적인 학교가 흔히 받는 비판은 교사가 학생의 학습을 충분히 지도해주지 않는다는 것이다. 진보적인 교육개혁에 앞장선 학자로 널리 알려진 존 듀이조차도 진보적 교육의 문제점을 지적했다. "이른바 진보적 학자들이 내놓는 사상은 결국 학생에게 학습 자료나 도구 같은 것을 모두 보여준 뒤에 학생 스스로 하고 싶은 대로 하게 내버려두자는 말과 다름없다. 사람들이 말하는 진보적인 교육을 하자면, 교사는 학생에게 어떤 목표나 계획을 제안해서는 안 되며, 무엇을 해야 할 것인지에 대해서도 전혀 얘기하지 말아야 한다. 개별 학생의 신성한 지적 능력을 부당하게 침범하기 때문이다. …… 하지만 그것은 독립적 사고의 조건을 잘못 이해한 말도 안 되는 소리다."

그러나 메트스쿨은 듀이가 풍자하는 것과는 분명 다르다. 학생은 각자 하고 싶은 일을 하면서 학습 재량권을 충분히 누리는 동시에 학교에서 필수로 지정한 부문은 반드시 학습해야 하고 학기마다 열리는 공개 프리젠테이션에서 그에 대한 성과를 보여주어야 한다. 메트스쿨은 이런 체제를

통해 학생을 지도하고 학생에게 책임도 지우면서 맞춤식 학습의 접근 방
식도 십분 활용하고 있다.

평가는 어떻게 이루어지는가? 7

HTML or Java
Cold Fusion
Visual Basic
FRIDAY AFEIC
9:00 PMU.
9:30 Advisory - questionaire
5:00 Independant work.
Exhibitions or
12:00 LUNCH

메트스쿨에서는 학기 말에 학습 성과를 평가하는 프리젠테이션이 열린다. 어느 학기였는지 이 프리젠테이션을 준비하고 있던 한 어드바이저가 자신이 맡고 있는 학생 하나가 아무래도 진급을 못할 것 같아 걱정이라는 말을 내게 했다. 학교에 입학한 지 반년이 지나도록 아직도 무슨 인턴쉽을 할 것인지조차 정하지 못했다는 것이었다. 학습 의욕이 별로 없는 학생이었는데 부모님은 아이를 다그치지도 않고 평가회에도 참석을 않는다고 했다.

마침내 그 학생의 프리젠테이션이 열리는 날이 왔다. 데니스 교장과 한 어드바이저가 세 학생과 함께 일찌감치 자리를 잡고 앉았다. 그리고 드디어 오늘의 주인공인 조가 무지갯빛 구슬 목걸이와 치렁치렁한 머리 스타일을 하고 나타났다. 십대의 전형적인 모습인 무관심한 척하는 표정을 하고서. 조는 야생동물 보호기금 단체와 도시문제 해결을 위한 단체, 그리고 다른 비영리단체에서 일일 직업체험을 했었는데, 그 어떤 것에도 흥미를 느끼지 못했다고 했다.

그런 조에게 메트스쿨 교사들은 자연보호연합에서 일일 직업체험을 해보라고 추천해주었다. 그 이야기가 나오자 데니스 교장은 조에게 이렇게 말했다. "이번에 그곳에서 일을 하게 되면, 정말 열심히 해야 한다. 그곳은 전국적인 규모의 훌륭한 단체인데다가 지난 몇 년간 우리와 좋은 관계를 유지해온 곳이야. 네가 일을 제대로 못해서 관계가 틀어지게 할 수는 없어. 할 생각이 있으면 내게 알려주렴. 우리도 계획을 짜야 하니까 말이야. 할 생각이 없어도 알려줘야 한다. 아직 인턴쉽을 찾지 못한 다른 학생들을 위해 자원봉사 학습계획을 짜고 있으니까, 네가 안 하겠다면 다른 학생에게 추천할 거야."

이런 과정을 거쳐 조는 지난 학기부터 자연보호연합에서 인턴쉽을 시작했다. 인턴쉽의 내용은 정부 자료를 토대로 출신 민족과 소득 수준별로 의료 혜택 이용도가 어떻게 다른지 조사하는 것이었다. 한 학기가 지난 뒤에 이에 대한 평가회가 열렸는데, 조는 전 학기와는 달리 이번에는 주어진 과제를 잘 수행했다며 스스로 만족스러워하는 것 같았다. 그러나 평가회에 참가한 한 어드바이저는 다음과 같이 예리하게 파고들었다. "네가 이번 일에 얼마만큼 노력을 했는지 얘기를 좀 해볼까? 네가 이번 학기 프로젝트를 끝낼 수 있던 이유 가운데 하나는 이 프로젝트가 지난 학기에 했던 것보다 훨씬 쉬웠기 때문일 거야. 물론 그래프를 이용해서 설명을 잘하긴 했지만, 10학년이나 되는 학생이 한 학기 내내 시간을 투자해야 할 정도로 어려운 프로젝트는 아니었어."

이와 같은 문제 제기에 이어 평가회에 참여한 패널리스트들은 조가 학습계획에 포함되어 있던 몇 가지 과제를 깊이 있게 다루지 않았다는 결론을 내렸다. 조의 어드바이저는 이렇게 말했다. "그저 로리 베런슨에 관한 책을 읽기만 해선 안 돼. 그 책을 철저히 분석해서 왜 페루 대통령이 미국의 인권 기자를 6년 동안이나 뚜렷한 증거도 없이 감옥에 가두었는지에 대해 썼어야 해. 아니면 그 기자를 재판하는 과정이 적절한 절차를 밟지 않았는데도, 왜 미국 대통령이 두 명이나 바뀌는 동안 그 기자를 도우려 하지 않았는지에 대해 썼어야지. 네 머릿속에만 답이 있으면 뭐하니? 종이 위에 그 생각을 표현해야지!"

조는 조금 뒤에 그 자리에서 록 밴드 더 그레이트풀 데드The Grateful Dead가 지역사회를 활성화하기 위해 작곡하고 라이브 공연을 했던 일에 대해 짤막하게 논평을 했다. 그러자 데니스 교장이 이렇게 말했다. "지금 네가 한 그런 생각이 바로 우리가 바라는 거야. 네가 다룬 책의 작가나 방금 이야기한 록 밴드 모두 다른 사람들을 생각하게 만들려고 노력하는 사람들이지. 조금 전에 네가 했던 생각이 바로 그 사람들이 원하는 것이란 말이야."

그러고 나서 조가 한 이야기들이 얼마나 설득력을 갖는지에 대한 추궁이 이어졌다. 데니스 교장이 물었다.

"책을 많이 읽긴 했니?"

"별로요. 시간이 없었거든요."

그러자 데니스 교장이 농담조로 말했다.

"수학 문제를 푸느라고 아주 바빴던 모양이구나?"

"아니오. 여기저기 돌아다니느라구요."

이번에는 조의 어드바이저가 물었다.

"그럼 이제 너는 어떻게 해야 할 것 같니?"

"더 철저히 하도록 노력해야죠."

"이번이 여섯 번째 평가회인데, 매번 똑같은 말을 반복했잖아. 그럼 구체적으로 무엇을 할 계획인지 물어봐야 할 것 같은데?"

"선생님한테 더 잘해야 할 것 같아요. 그래야 싸우지 않을 테니까요."

"정말 그랬으면 좋겠다. 하지만 그 말도 이미 저번 평가회 때 했었지? 내 생각엔 내가 너랑 얘기를 하려고 앉기만 하면 넌 벌을 받고 있는 것처럼 생각하는 것 같아."

"다른 사람들이 이래라저래라 참견하는 게 싫어서 그렇겠죠, 뭐."

"하지만 누군가는 네가 뭘 어떻게 하고 있는지 확인해야 하잖아? 너를 점검해줄 사람이 나 아닌 다른 사람이라면 더 잘할 수 있겠니? 네 어머니가 나을까, 아니면 친구?"

그러자 조는 공부 열심히 하기로 소문난 한 상급생을 지목했고, 패널리스트들은 조의 학습 상황을 매일 어떻게 체크할 것인가 하는 문제를 좀

더 구체적으로 논의했다. 조가 인근 대학에서 곧 듣게 될 사회학 강의에 대해서도 논의했다. 그러자 데니스 교장이 문제를 제기했다. "내가 너를 잘못 생각하고 있다는 걸 네가 입증해주었으면 정말 좋겠다. 난 솔직히 네가 보고서를 쓸 정도의 의욕도 없는데, 대학 강의의 과제를 해낼 수 있을지 걱정이 된다. 대학에서는 우리를 배려해서 장학금도 주었는데, 네가 가서 낙제라도 하면 정말 당혹스러울 테니까 말이다. 이 일을 내가 결정할 수 있었다면, 네가 다른 일을 제대로 해낼 때까지 강의를 듣지 못하게 했을 거다. 그렇게 하는 것이 우리 원칙이다. 그런데 어드바이저가 이미 등록을 허락했으니까, 잘 마쳐서 내가 잘못 생각했었다는 것을 보여주면 좋겠다."

마지막으로 그들은 조가 지난 학기에 읽은 책에 대해 토론했다. 조는 『종 단지The Bell Jar』와 『앨리스에게 물어봐Go Ask Alice』라는 책을 아주 감명 깊게 읽었는데, 그 이유는 자신의 삶에서 맞닥뜨리는 문제를 이해하는 데 도움이 되었기 때문이라고 했다. 이 말을 들은 데니스 교장은 앞서와 같이 칭찬을 해주었다. "바로 그거야! 평가회를 하면서 내가 정말로 기분이 좋아질 때가 바로 이럴 때야. 방금 네가 정말로 좋아하는 것에 대해 한 말을 들을 때처럼 말이야. 네게는 다른 사람에게서는 찾아볼 수 없는 특별한 것이 있다는 것을 알게 되었기 때문이지. 네 목소리에 열정이 있었거든."

데니스 교장은 조가 꼼꼼하게 정리한 노트에 대해서도 칭찬해주었는데, 그 노트에는 아까 말한 록 밴드 더 그레이트풀 데드에 대한 기록이 가득했다. 학생들이 어떤 능력을 갖고 있는가에 늘 관심을 갖고 있는 데니스 교장은 조에게 그 그룹이 부른 노래를 다 외우고 있는지 물어보았다. 조는 고개를 끄덕였다. 데니스 교장은 정말로 감명을 받은 듯 조의 눈을 똑바로 쳐다보았다. 그건 시늉이 아니라 진심에서 나온 것이었다.

공개 프리젠테이션은 어떻게 이루어지는가 | 메트스쿨 학생들은 공개 프리젠테이션을 통해 자신이 배운 것을 얼마나 이해하고 있는지 다른 사람들에게 보여주고, 자신이 어떻게 성장했고 앞으로의 계획은 무엇이며, 또 극복해야 할 문제점은 무엇인가에 대해 성찰하게 된다. 프리젠테이션은 학교 또는 인턴쉽을 하는 장소에서 열리는데, 어드바이저와 동료 학생들은 늘 청중으로 참가한다. 그리고 가능하면 학부모, 인턴쉽 멘토, 지역사회 사람들, 그리고 메트스쿨의 다른 교직원들도 참가한다.

프리젠테이션을 하는 학생은 우선 학기 초에 세운 학습계획, 학습과정에 대한 보고서, 그리고 그동안 한 일이 자신과 학교, 인턴쉽 현장 또는 그 밖의 다른 사람에게 어떤 중요성을 띠고 있는지에 대해 기술한 보고서를 나눠준다. 그러고 나서 정식으로 자신이 한 일에 대해 보고하고, 질의응답 시간을 가진 뒤 토론을 벌인다.

토론은 다음과 같은 문제에 초점을 둔다. 어떤 학습 자료가 그 학생의 학습 능력을 향상시킬 수 있을까? 어떻게 하면 그 자리에 모인 사람들이 학생의 성장을 도울 수 있을까? 패널리스트들은 학생이 자기 일에 대해 얼마나 깊이 이해하고 있는지, 그리고 현장에서 배운 일을 새로운 상황에 응용할 수 있는지를 평가하기 위해 질문을 던진다. 어느 병원의 자원봉사자 현황을 파악하기 위해 엑셀 프로그램을 사용한 학생이 있었는데, 한 패널리스트가 워드 프로그램으로 자료를 입력할 수도 있는데 왜 그러지 않았느냐고 물었다. 학생의 대답을 통해 그 학생이 엑셀 프로그램을 이용

하여 자료를 입력, 분석, 보고하는 이점을 이해하지 못했다는 것을 알 수
있었다.

이와는 대조적으로 한 학생은 컴퓨터를 가져와서 자신이 개발한 엑셀
시트를 직접 보여주었다. 프리젠테이션에 참여한 한 패널리스트가 그 학
생에게 나중에 새로운 변수가 생기면 어떻게 추가할 것이냐고 묻자 그 학
생은 그 자리에 모인 사람들의 기대치를 훨씬 뛰어넘는 멋진 대답을 해냈
다. 어떻게 하겠다고 설명하는 대신 바로 그 자리에서 새로운 변수를 포
함시킨 엑셀 시트를 보여준 것이다.

한 어드바이저는 프리젠테이션에서 패널리스트들이 하는 또 다른 역
할이 '잔소리를 나눠서 하는 것'이라고 말했다. 패널리스트들은 학생의
부족한 점에 대해 이야기하고 학생들에게 앞으로 좀더 책임감 있게 일을
하라고 압력을 넣는다. 학생의 과제 수행 결과가 신통치 않으면 어드바이
저는 그 학생의 학습계획팀과 함께 미리 그 문제를 의논한다. 이런 방법
을 통해 프리젠테이션은 질책을 하는 데 그치지 않고 해결책을 제시하는
데까지 신경을 쓴다.

프리젠테이션의 목적이 창피를 주려는 것은 아니지만, 몇몇 학생들은
자신의 결점을 여러 사람들이 공개적으로 논하거나 자신이 존경하는 어
른들이 자신에게 실망하는 것을 보고 몹시 창피해한다. 마가렛의 어드바
이저는 그 점에 대해 이렇게 말했다. "마가렛은 10학년을 겨우 통과했어
요. 마가렛의 프리젠테이션 결과는 정말 형편없었죠. 프리젠테이션이 끝
나갈 무렵 한 어드바이저가 큰 소리로 마가렛에게 말했어요. '너 지금 장
난치는 거니? 한 학기 동안 고작 독서 보고서 하나랑 수학 보고서 하나밖
에 안 썼단 말이야?' 그 말을 들을 마가렛은 눈물을 글썽이더니 울음을
터뜨렸어요. 울고 또 울고 하더니, 자신의 수준이 어느 정도인지 느끼는

것 같더군요. 저는 걱정이 돼서 밤에 전화를 걸어 마가렛 어머니에게 마가렛이 괜찮은지 물어봤어요. 하지만 그 몇 주 뒤에 마가렛은 아주 훌륭하게 인턴쉽을 해냈고, 이제는 많이 달라졌어요. 아직도 어른스럽지는 않지만 책임감은 커졌어요. 학교에서는 학생이 준비가 되지 않았으면 프리젠테이션을 열지 말아야 한다고 생각하지만, 마가렛의 경우에는 오히려 전환점이 되었어요. 완전히 실패하고 더 높은 수준의 목표를 부여받은 그 순간, 중대한 변화를 일으키게 된 거죠. 이게 모든 학생에게 통하는 방법은 아닐 테지만, 그리고 마가렛이 우리를 믿고 따르지 않았다면 성공할 수 없었겠지만, 어쨌든 마가렛 경우에는 효과가 있었어요. 때로는 학생들의 느슨함을 조여주고, 학생들이 고통스럽게 생각할 정도로 정직하게 평가해줄 필요도 있어요.”

프리젠테이션을 벼락치기로 준비하는 것은 애당초 불가능하다. 왜냐하면 메트스쿨은 학습 결과물과 학습과정 모두를 평가하기 때문이다. 학기 내내 빈둥거린 학생이 있다면 아무리 프리젠테이션을 훌륭하게 마쳤다 하더라도 좋은 평가를 받을 수 없다. 정답을 알아맞히는 능력뿐만 아니라 성실하게 일하는 자세를 기르는 것도 중요하기 때문이다. 사실 어드바이저들이 학생들의 모습을 지켜보면서 좀더 나은 방향으로 나아가도록 도울 수 있는 것은 작은 학교이기 때문에 가능한 것이다.

프리젠테이션은 학생의 프로젝트 내용과 학년 수준에 따라 다른 형태로 이루어진다. 9학년 초에는 학생들이 각자의 관심사 탐색을 시작하기 위해 무엇을 했는지에 중점을 둔다. 그해 말에는 인턴쉽과 다른 프로젝트에 초점을 둔다. 10학년의 마지막 프리젠테이션은 상급반 진급에 초점을 두고, 12학년 프리젠테이션은 졸업반 프로젝트나 메트스쿨 졸업 이후의 계획에 초점을 둔다.

사실 프리젠테이션 자체에 비해 크게 눈에 띄지는 않지만 매우 중요한 것이 바로 프리젠테이션에 대비한 폭넓은 준비와 프리젠테이션 뒤에 해야 하는 후속 학습이다. 현실세계에서의 프로젝트와 마찬가지로, 학생들은 각 작업 단계에 필요한 시간이나 그에 따른 일정을 예상해본다. 학생과 어드바이저는 매 학기 초에 해야 할 일의 일정을 대강 잡고 나서 진척 정도를 평가하기 위해 매일 또는 매주 협의한다. 어드바이저들은 프리젠테이션이 열리기 몇 주 전에 예상되는 질문을 목록으로 만들어 학생들에게 나눠주고 구체적인 답변을 작성해 예행 연습을 해보라고 한다. 한편 학생들은 지난 학기 동안의 자신의 성과를 기술하는 보고서를 써야 한다.

패널에 참여할 사람들을 적절하게 선정하는 것 역시 프리젠테이션을 보다 효과적으로 만드는 요소이다. 어드바이저들은 학생에게 관심을 갖고 있으며 충고와 질책을 할 수 있는 사람, 그리고 학생들이 자신의 인상을 좋게 남기고 싶어하는 사람들을 패널리스트로 선정한다. 한 어드바이저는 이렇게 말했다. "가장 좋은 패널리스트는 의외로 동료 학생인 경우가 종종 있어요. 좀더 책임감을 가지라고 이야기해줄 필요가 있는 학생이 있으면, 저는 가능하면 상급생에게 그 학생을 도와주도록 합니다. 학년이 낮은 학생들은 선배들을 존경하니까 선배의 말은 영향력이 크게 마련이죠. 학부모들도 더 많은 발언권을 가질 수 있도록 도와줄 필요가 있어요. 자식 교육을 계획하고 평가하는 데 참여하라는 요청을 받은 적이 있는 학부모는 거의 없어요. 메트스쿨은 올해부터 학부모들을 대상으로 프리젠테이션이나 학습계획 회의에 대한 이해와 참여도를 높여줄 교육을 실시했어요."

때로는 학생의 프로젝트와 관련된 전문 지식을 가진 사람이 패널리스트로 선정되기도 한다. 줄리아의 어드바이저는 이렇게 말했다. "줄리아가 간암 연구에 관해 프리젠테이션을 연 적이 있는데 마치 테니스 시합을 보는 것 같았어요. 줄리아가 무엇을 설명하면, 멘토가 곧바로 질문을 했거든요. 저도 과학 분야를 가르치지만, 아직도 어떤 쥐의 항체가 이차인지 삼차인지 잘 모르거든요. 이럴 때는 외부 평가자가 절대적으로 필요합니다."

프리젠테이션이 끝난 뒤 학습계획팀은 그 학생이 학습 목표를 충분히 이뤘는지를 평가하고 해당 학기 통과 여부를 결정한다. 통과하지 못한 학생들은 대개 2주 안에 보충 과제를 해내야 한다. 통과했다 하더라도 프리젠테이션을 할 때 프로젝트를 진행하고 있는 경우도 있다. 이런 경우에는 학습계획팀이 그 프로젝트를 다음 학기 학습계획에 포함시킬 것인지를 결정하기도 한다.

프리젠테이션을 비디오로 촬영해두었다가 다시 보면서 해당 학생에게 이런 질문을 던지고 대답하게 하기도 한다. 긴장한 나머지 '있잖아요' 같은 표현을 너무 많이 사용하지는 않았는지? 사람들의 시선을 피하지 않고 발표했는지? 어떤 주제를 표현하는 것이 가장 힘들었는지? 사람들에게 알리려고 한 것을 언제 가장 명확하게 발표했는지?

학생들은 또한 글쓰기나 어드바이저와의 만남을 통해 자신의 프리젠테이션 결과를 반성하기도 한다. 이럴 때 항상 나오는 질문은 이런 것들이다. 너 자신에 대해서 어떤 것을 배웠는지? 어떤 문제들에 부닥쳤는지? 그 문제들을 어떻게 극복했는지? 자신이 한 일 가운데서 자랑스러웠던 것은 무엇인지? 어떻게 하면 그 일을 더 잘할 수 있는지? 더 훌륭한 프리젠테이션 준비를 위해 어드바이저가 어떻게 도와줘야 한다고 생각하는지?

그중 마지막 질문이 가장 효과적이고 좋은 질문이라고 생각되는데, 왜냐하면 학생에게 교사를 평가하도록 하는 학교가 거의 없기 때문이다. 이런 질문을 학생들에게 하도록 함으로써 메트스쿨이 학생들의 의견을 존중하고 있다는 메시지를 확실히 전달하게 되고, 동시에 메트스쿨이 늘 강조하는 것처럼 자기 스스로 단점을 개선하는 모범을 보이게 된다. 또 이러한 질문은 '교사는 모든 것을 안다'는 일부 교육가들의 잘못된 생각을 거부하는 것으로, 그런 잘못된 생각이야말로 학생과 교사의 관계를 해치고 미국의 고등학교가 주창하는 민주적 가치에도 위배된다는 것을 보여주고 있다.

메트스쿨에는 다른 학교에서 흔히 볼 수 있는 그런 성적표가 없다. 성적표 대신 어드바이저들은 매 학기마다 학생 개개인에 대한 장문의 평가서를 쓴다. 이 평가서는 대개 학생의 공개 프리젠테이션과 지난 학기 동안의 진척에 관한 평가, 그리고 다음 학기나 내년에 할 일에 대한 제안으로 채워져 있다.

왜 프리젠테이션과 평가서를 중시하는가? 프리젠테이션 형식의 평가회는 종종 '진정한' 또는 '수행 중심' 평가라고 불린다. 학교 밖 세상에서 정말 필요로 하는 능력을 갖췄는지, 또 자기관리 능력이 있는지 보여주어야 하기 때문이다. 사실 기존 평가 방식의 한계에 대응하여 많은 학교와 주州에서 이런 평가 방식을 고안하기 시작했다. 모든 학생이 이런 평가회를 거쳐 졸업해야 한다고 주장하는 '진정한 학교의 연합'은 이런 노력을 기울이는 데 선구적 역할을 해왔다.

메트스쿨이 이런 평가 방식을 선호하는 데는 몇 가지 이유가 있다. 첫째, 메트스쿨은 평가 역시 '맞춤형'으로 이루어져야 한다고 본다. 학생들이 모두 '맞춤형' 교육과정에 따라 학습하는 만큼 일률적으로 시험을 본다는 것은 말이 안 되기 때문이다. 둘째, 학교 밖 현실세계와 학습의 관계를 고려하여 복잡한 문제에 대한 이해도를 평가하자면 이런 평가 방식이 기존의 시험보다 훨씬 적합하기 때문이다. 셋째, 이런 평가 방식을 통해 메트스쿨의 문화가 선배에게서 후배에게로 전달될 수 있기 때문이다.

데니스 교장은 이 점에 대해 이렇게 말했다. "직접 봤어야 하는 건데… 메트스쿨에서 가장 멋진 학생이 프리젠테이션을 한 적이 있는데, 히피 복장을 하고 나오기는 했지만 아주 진지한 자세로 자신이 한 일에 대해 이야기했어요. '이것이 제가 졸업 프로젝트를 위해 쓴 희곡입니다. 그리고 이것은 75쪽 분량의 자서전입니다'라구요. 그랬더니 10학년 학생 하나가 '75쪽이라구요?' 하며 놀라더군요. 그러자 그 학생이 '나도 처음엔 그렇게 긴 글을 어떻게 쓰나 하고 생각했었는데 막상 해보니 75쪽은 우습더군요' 하고 말하는 거예요. 손가락으로 딱 소리를 내면서 말이죠. 그 이야기들 듣고 나서 그 자리에 있던 학생들은 자서전 쓰기에 대해 다시 생각하게 되었어요. 그런데 그 멋진 학생이 자신이 입학하게 된 대학이 어떤 학교인지, 어떻게 장학금 1만 8천 달러를 받게 됐는지, 그리고 어떻게 마약과 폭력에서 벗어나 학업에 대해 진지하게 생각하게 되었는지 얘기했어요. 어른이 아니라 직접 그 일을 겪은 학생이 그런 이야기를 해줬다는 게 중요합니다. 이렇게 해서 학습 문화도 전수하고 학생들의 스스로에 대한 기대 수준도 높이게 되죠. 그 자리에 있었던 학생들은 곧바로 상급반 논문 주제를 생각하거나 자서전을 쓰기 시작할 겁니다. 직접 보았으니 미리 생각하게 되겠죠."

넷째, 프리젠테이션 형식의 평가회는 전통적 평가 방식에서는 무시되는 능력을 길러준다. 데니의 어드바이저는 이 점에 대해 이렇게 말했다. "제가 담당하고 있는 데니라는 아이가 있는데요. 아마 시험을 치라고 하면 자리에 조용히 앉아 문제를 풀고 좋은 성적을 낼 수 있을 겁니다. 그런데 그런 방식으로는 데니의 문제점은 해결되지 않고 고착되어버릴 거예요. 하지만 프리젠테이션 형식으로 평가를 하면 그런 문제점이 드러날 수밖에 없어요. 발표할 내용의 개요를 제대로 작성하는 법을 알아야 하고, 또 패널리스트들에게 나눠줄 자료를 준비하고, 그동안 작업해온 내용을 포트폴리오로 만들고 체계적으로 발표해야 하기 때문이죠. 이처럼 우리는 학생이 학습한 내용뿐만 아니라 그것을 어떻게 체계적으로 만들어 외부에 보여주는가에 대해서도 평가합니다."

시험을 보고 A, B, C 같은 등급으로 성적을 매기는 평가 방식에는 한계가 있다. 알피 콘은 『우리 아이들에게 이런 학교를The Schools Our Children Deserve』에서 바로 이 주제에 대한 방대한 연구를 검토했다. 그에 따르면 시험을 봐서 등급을 매기는 방식은 단기간에 간단한 기술이나 단편적인 지식을 기억한 것에 대한 평가로는 효과적이지만 장기적으로 고급 기술을 익히거나 여러 가지 문제를 깊이 이해하게 하고 학습 동기를 부여하는 데는 오히려 방해가 된다.

그렇다면 '시험'과 '성적 매기기'가 왜 중요한 학습 목표들을 이루는 데 방해가 되는 것일까? 더욱이 이러한 목표들이 사실상 현재 미국 학교 개혁 논의의 핵심인데도 말이다. 알피 콘이 최근에 이에 대해 연구한 결과는 다음과 같다. 첫째, 시험은 명확한 답을 요구하는 만큼 단편적인 질문에 초점을 맞추는 경향이 있다. 그런데 이런 시험은 성적을 매기기는 수월하지만 정작 학습한 내용을 깊이 이해하고 그것을 교실 밖 현실세계에 응용할 수 있는 능력에 대해서는 평가하지 못한다.

둘째, 시험과 성적은 학생이 무엇을 성취했는가를 필요 이상으로 강조하는 경향이 있다. 이 때문에 좋은 성적이 나오기 어려운 도전적인 학습을 피하는 아이들이 오히려 좋은 성적을 받는 '기현상'이 벌어지게 된다. 아이들에게 성과, 결과, 성취, 성공만을 노래하듯이 강조하는 학교는 시를 쓰고, 망원경을 만들어보는 과정, 또 도대체 왜 발칸 반도에 전쟁이 일어난 것인지 이해하는 과정을 어렵게만 느끼는 학생들을 양산하게 된다. 이와 반대로 성공에 대한 강박관념이 없는 학생들은 여러 가지 정보를 깊이 있게 다루면서 처음에는 이해하지 못했던 사실을 다시 검토하고, 지금 하고 있는 일과 예전에 배웠던 것을 연결시키며, 새롭게 접하는 개념들을 이해하기 위해 다른 방법들을 동원해보기도 한다.

셋째, A, B, C로 평가하는 것은 분명히 등수를 매기는 데는 유용하지만 결과적으로 협동보다는 경쟁을 가르치게 되고, 다른 사람을 패배시킬 수 있는 정도에 따라 자신의 능력을 판단하게끔 가르친다. 이러한 사고가 만연해지면 성적이 나쁜 아이들만 피해를 입는 것이 아니다. 한 어드바이저는 이에 대해 이렇게 말했다. "메트스쿨은 아무리 뛰어난 학생이라 하더라도 무엇을 더 공부해야 하는지 지적해줍니다. 이것은 A학점을 받느냐 마느냐 하는 것과는 차원이 다른 이야기이죠. A학점을 받는다는 것은 사실 특정 수업 시간에 배워야 할 상한선을 통과했다는 것에 불과하기 때문입니다. 항상 최고 성적을 받던 학생에게는 메트스쿨의 평가 방식이 갑작스러운 부담으로 느껴지기도 할 텐데, 그 이유는 이제 경쟁해야 할 사람이 바로 자기 자신이 되기 때문이죠. 따라서 학생들은 항상 지난 프리젠테이션 때보다 더 잘하려고 노력하게 됩니다."

또한 시험과 성적을 통한 평가는 객관적이고 정확한 것 같지만 사실은 그렇지 않다. 어떤 아이에게 에세이 점수를 87점을 줄 것인지 92점을 줄 것인지 결정해야 하는 상황을 생각해보자. 어떤 사람의 몸무게가 정확히 얼마인지 눈대중으로 알아맞히려 하는 것과 얼마나 다를까? 여기서 5점이라는 차이는 얼마나 '객관적'일 수 있을까? 문학 과목에서 B학점을 받은 학생이 둘 있다고 치자. B라는 점수가 과연 두 학생의 문학에 대한 지식과 능력이 똑같은 수준이라는 것을 입증하는 자료가 될까? 이 점수는 그 학생들이 어떤 학교를 다녔고 어떤 교사가 점수를 매겼는가에 따라 판이하게 달라지는 것 아닌가? 이런 관점에서 볼 때 SAT나 그 밖의 다른 객관식 시험도 사실상 그다지 객관적인 것은 아니다. 이와 관련하여 주목할 만한 연구 결과에 따르면, 생각이 깊은 학생들은 틀린 답은 아니지만 출제자가 생각하는 정답을 적지 않아 감점을 당하는 경우가 종종 있다고 한다. 그들은 명백한 답, 그러나 실제로는 부정확한 답을 뛰어넘는 생각을 한 죄에 대한 벌을 받는 셈이다.

원칙적으로 볼 때 평가의 기능은 과연 그 학생이 앞으로 주어질 과제를 얼마나 잘 수행할 수 있을지 예측하는 것이다. 그러나 이 분야에 관한 연구 결과를 종합해보면, 등급과 시험 점수는 미래의 직업 수행능력을 제대로 예측하지 못한 것으로 드러났다.

등급과 시험 점수를 지나치게 강조하다보니, 정작 학교는 왜 학생을 평가해야 하는지를 잊어버린 듯하다. 학생들이 더 많이 배울 수 있도록 도와주는 바로 그 목적 말이다. 성적표에 단순히 A, D, 또는 F라고 적어주는 것이 학생들에게 자신의 능력을 향상시키는 방법을 알려주는 것은 아니다. 이런 점에서 볼 때 메트스쿨의 평가 방식은 학생들 자신에 대해 더 많은 정보를 제공해주고 미래지향적인 그림을 그리도록 도와주는 역할을 한다는 점에서 눈여겨볼 필요가 있는 것이다.

다음은 메트스쿨의 한 어드바이저가 쓴 평가서의 일부를 발췌한 것이다. "이 학생은 제 시간에 보고서를 끝낼 수 있도록 스스로 동기를 부여하는 노력을 기울이지 않았습니다. 마지막 순간까지 과제 제출을 미뤄둔 까닭에 저로서는 충분한 피드백을 해줄 수 없었습니다. 그러나 이 학생은 글쓰기에 재능이 있습니다. 예를 들어 선거운동에 드는 비용의 개혁에 관해 쓴 논설문은 제가 담당하고 있는 그룹의 학생들이 쓴 글 가운데서 가장 뛰어난 것이었습니다. 만약 좀더 여유를 가지고 글을 써서 교정을 하고 완벽하게 마무리한다면 정말로 뛰어난 작가가 될 것입니다." 이런 식으로 자세한 내용을 담은 평가서는 무려 세 장이나 되었다.

이와는 대조적으로, 프로비던스 근교에 있는 한 고등학교는 엽서 크기만한 학생 카드에 중간 학기 평가만 덜렁 써놓는 것으로 그쳤다. 일반 학교의 교사들은 미리 주어진 질문과 해결책란에 하나 이상씩 체크하면 된다. 예를 들어 '성적이 좋지 않다'라든가 '공부 시간을 늘려야 한다'는 항목에 해당 사항이 있으면 체크만 하면 되는 것이다. 물론 교사가 좀더 자세히 평가하고 싶다면, 우표 두 개 정도 크기만한 의견란에 적으면 된다! 성적표 맨 아래에는 "더 자세한 사항은 학생지도 사무실에 전화해 담당자와 상의할 것"이라고 적혀 있는데, 매우 불친절하게도 전화번호 안내마저 생략되어 있다. 백 명도 넘는 학생을 맡아야 하는 교사로서는 별 내용 없는 의견을 쓰고 나서 그 학생에 대해 잘 알지도 못하는 '담당자'에게나 가보라고 통보할 도리밖에 없는 것이 현실이다.

메트스쿨에 오는 학생들 대부분이 규모가 큰 공립학교 출신인데 학부모들은 대부분 교사들의 무성의한 반응에 분노하고 있었다. 그런 만큼 메트스쿨의 상세하고 개별화된 평가서에 대해 고맙게 생각한다. 학부모들이 받아보는 평가서에는 자신이 함께 계획한 자기 자녀만을 위한 '맞춤형' 커리큘럼과 자신이 참석한 회의 기록, 그리고 이제는 서로 잘 아는 사이가 된 선생님의 목소리가 묻어 있기 때문이다.

하지만 이렇게 평가하는 것은 정말 만만치 않은 일이다. 그냥 시험만 보는 경우에는 행정이 아주 편해지지만 프리젠테이션 형식의 평가회를 열자면 품도 많이 들고 복잡한 과정을 거쳐야 하기 때문이다. 그러한 과정에는 일정 조정, 사전 연습, 그리고 학생의 학습 수준에 대한 합의도 포함된다. 패널리스트 선정도 만만치 않다. 아이들에게 앞으로 어떻게 하면 되는지 도움을 주는 한편, 정확한 질문도 할 수 있는 전문성과 축적된 경험을 갖춘 사람을 골라야 하기 때문이다. 이처럼 어드바이저는 적절한 패널리스트들을 모으고, 생산적인 프리젠테이션이 될 수 있도록 뒤에서 조율해야 하며 평가서도 작성해야 한다. 이 평가서에는 칭찬과 건설적인 비판을 조심스럽게 오가는 의견이 들어가야 한다. 그러나 이 모든 '만만치 않은 과정'을 메트스쿨 교사들이 견뎌내고 받아들이는 것은 이런 식의 평가회와 평가서를 통해 정말로 아이들이 뭔가를 배운다고 믿기 때문이다.

맞춤 학습의 목표 | 아이들 하나하나를 위한 '맞춤형' 학습을 하는 학교에도 일반적으로 아이들이 성취해야 할 목표는 있게 마련이다. 데니스 교장은 이에 대해 이렇게 말했다. "좋은 학교라면 아이들이 무엇을 성취해야 하는지 명확한 목표가 있게 마련입니다. 그런데 그 '명확한 목표'가 무엇을 말하는지에 대해서는 좀더 자세히 살펴볼 필요가 있습니다. 메트스쿨은 학생 저마다의 학습계획에 따른 단기 목표가 있어야 한다고 보지만, 장기 목표는 매우 유동적이라고 생각합니다. 그래서 우리는 매 학기 학습계획을 다시 돌아보고 만약 학생이 새로운 주제에 대해 더 큰 관심을 보일 경우에는 그쪽으로 방향을 전환할 수 있도

록 배려합니다.”

“우리는 아이들의 학습 결과에 대해 얘기할 때도 ‘한 번에 한 아이씩’ 합니다. 왜냐하면 우리는 학습 목표 기준은 높게 세우지만 학생에 따라 아주 유연하게 적용하기 때문입니다. 마약 중독 때문에 재활치료 시설에 수용된 학생이 있었는데 그 학생에게는 무엇을 해야 할지 아주 구체적으로 정해주어야 했습니다. 우리가 매일 그곳에 가서 그 학생이 뭘 하고 있는지 일일이 확인할 수 없었기 때문이죠. 지금 그 학생은 ‘잘나가는’ 비영리 자선단체를 꾸리고 있습니다. 당시에는 그 학생이 이렇게 좋아질 거라고 상상인들 할 수 있었겠습니까? 만약 우리가 그 학생에게 장기 목표를 아주 구체적으로 정했더라면, 잠재되어 있던 그 아이의 가능성을 발견하지 못했을 겁니다. 그랬다면 그 학생은 자신의 새로운 삶에 대해 꿈조차 꾸지 못했을 거구요.”

“그런 의미에서 메트스쿨은 다른 학교에 비해 실제 삶에 더 가까이 다가서 있습니다. 어른들의 경우에도 자기가 무엇을 원하는지 대강의 그림은 그리고 있지만, 거기에 이르기 위해 정확히 무엇을 해야 하는지 잘 모르는 경우가 많죠. 어른들 역시 자기가 만날 수 있는 최고의 사람들을 만나 최고의 기회를 찾아가면서 자신의 길을 만들어가는 것 아니겠어요? 메트스쿨은 바로 그런 일을 아이들에게 해주고 있습니다. 학생들에게 좋은 환경을 만들어주면 각자에게 맞는 최선의 길을 찾게 된다고 봅니다. 그것을 위해 우리는 한 번에 한 아이에게만 매달리는 거구요.”

엘리엇 교장이 몇 마디 거들었다. “진정한 졸업장은 학생들이 배우는 즐거움을 느끼게 되었다는 사실, 그 자체에서 찾을 수 있습니다. 단순히 어떤 지식을 배웠다는 것이 아니라 말이죠. 아무리 정해진 교육과정을 마쳤다 하더라도 그게 너무 지루해서 결과적으로 학습에 흥미를 잃게 되었다면 그건 정말 할 일이 아니라고 봅니다. 정보가 넘치는 이 시대에 학생들이 어떻게 정보를 구하고 활용할 수 있는지 '알고 싶어하도록' 하는 것이 우리 임무죠. 대부분의 학교에서는 학생들이 읽을 수 있는 능력이 있는가에 관심을 둡니다. 하지만 우리는 아이들이 지금, 그리고 앞으로도 계속해서 정보를 제대로 읽을 수 있는가에 관심을 두고 있습니다. 이 때문에 우리의 기준이 그렇게 복잡해진 것입니다."

메트스쿨에서 적용하는 기준은 일반적인 미국사회의 획일적인 기준과 정면으로 배치된다. 현재 미국사회를 지배하고 있는 획일적 기준은 수준 낮은 학교들 때문에 미국사회의 경제적 경쟁력이 약화되고 있다는 생각에 뿌리를 두고 있다. 이 때문에 일반 학교에서는 '훌륭한 교육을 받은 학생은 어떤 요소를 갖춘 학생인지 정의하고, 그 기준에 맞춰 성과를 측정하는 시험을 고안해낸 뒤, 학생의 시험 성적에 따라 (선생님의 봉급을 올려주는 것 같은) '보상'을 해주거나 또는 (졸업장을 주지 않는 것 같은) 제재를 가한다. 이런 획일적인 기준은 명목상으로는 학습 동기를 부여하고 사회경제적으로 불리한 위치에 놓여 있다고 판단되는 학생들에게 공정한 교육 기회를 제공하며 학교 수준을 판단하는 것을 가능하게 한다는 점을 내세우고 있다.

어떤 면에서 보면 이런 획일적 기준은 확실히 성공을 거두었다. 49개 주에서 저마다의 학업 성취 기준을 만들었고, (로드아일랜드 주를 제외한) 30개 주에서는 졸업하려면 통과해야만 하는 '통과하기 어려운' 시험을 도입했다. 그러나 다른 측면에서는 과연 성공했는가 하는 것에 대해 논란이 많다. 학부모, 교육자, 권익 옹호단체와 학계에서 이러한 최근의 '교육개혁'의 위험성에 대해 경고하고 비판을 쏟아부었다. 다음 두 단락에서는 이러한 비판의 요지를 정리해보려 한다.

우선 역사학자들은 여러 증거를 통해 최근 수십 년간 미국 교육의 질이 계속해서 떨어졌고 이 때문에 미국의 국제적인 입지가 약화되었다는 사람들의 생각이 근본적으로 잘못된 것임을 밝혀냈다. 교육의 질이 높아져야 한다는 말은 누구나 다 하는 것이지만, 정작 중요하고 어려운 문제는 과연 누가 그 기준을 정하는가 하는 것이다. 민주주의 사회에서는 교육의 기준 역시 주 정부나 국가가 아니라 지역의 학부모와 교육가들이 구체적으로 결정해야 한다. 많은 주에서 채택해온 교육과정들은 금세 잊혀져버릴 세탁물 목록 같은 것인데, 바로 그것이 아이들의 배움에 대한 열의를 꺾어버리고 있다. 그 많은 것들을 외우고 있는, 또는 외우고 싶어하는 어른은 거의 없다. 한 연구 결과에 따르면, 지금의 교육과정에 따라 모든 것을 다 익히려면 세상에서 가장 똑똑한 학생이라 하더라도 고등학교에서 10년 이상 보내야 할 것이라고 한다.

사실 우리는 주 단위로 치러지는 시험이 어떤 것인지 불을 보듯 환히 알고 있다. 시험제도는 공정한 경쟁의 장을 제공하기보다는 오히려 아이들의 격차를 더 벌리고 있다. 현재 중산층 지역의 학교들은 시험 준비에 시간을 낭비하지 않고, 학생들이 더 높은 수준의 공부를 할 수 있도록 권장하고 있다. 주 정부의 재정 지원이 줄어드는 것을 걱정할 필요가 없기 때문이다. 그러나 극빈층 지역의 학교는 성적이 나쁘면 재정적 제재를 당하기 때문에 그것을 피하려고 시험 준비에만 집중하고 있다. 이런 학교일수록 과학이나 문학을 통해 어려운 문제를 해결하는 방법을 가르치기보다는 답안지를 채우는 방법, 함정이 있는 문제를 푸는 방법을 가르치느라 시간을 허비하고 있다. 이런 식의 '시험 대비 교육'은 교사의 사기를 저하시키며, 결과적으로 시험의 진정한 의미를 퇴색시키고 있다. 이런 상황에서 학생들이 높은 점수를 받는다 하더라도 그것은 실질적인 실력이 향상되었기 때문이 아니라 시험 보는 실력이 향상되었기 때문이라고 해도 좋을 것이다. 이런 사실을 잘 알고 있기 때문에 규모가 수십 억 달러나 되는 시험 출제 관련 사업체조차 시험 성적이 낮다고 졸업장을 주지 않는 것은 부당한 처사라고 주장하는데, 아직도 여전히 많은 주에서 이러한 시험을 실시하고 있다.

데니스 교장은 이에 대해 이렇게 말했다. "물론 어떤 식으로든 학교에도 책임을 물을 필요가 있습니다. 아예 책임을 묻지 말라는 얘기가 아닙니다. 그러나 학생을 평가하는 방법이 오직 한 가지 뿐이라는 것에는 동의하지 않습니다. 모든 주 정부가 학생들이 훌륭한 사고력과 문제 해결 능력을 갖춘 시민이 되길 바란다고 하지만, 주에서 제공하는 시험은 이런 것과는 아무 상관이 없습니다. 국가 차원에서 중요하다고 여기는 사항을 학생들이 실제로 성취하고 있는지 보여줄 수 있는 방법을 각 학교가 나름대로 개발할 수 있어야 합니다. 그런 점에서 볼 때 메트스쿨의 프리젠테이션과 포트폴리오를 통한 평가는 아주 뛰어난 방식입니다. 원한다면 프리젠테이션을 모두 비디오로 촬영해두었다가 하나를 무작위로 골라 평가해보라고 하고 싶습니다."

메트스쿨의 기준 가운데 특이한 점은 자기관리 능력을 평가한다는 사실인데, 자기관리 능력은 메트스쿨의 다섯 가지 학습목표 가운데 하나이다. 한 어드바이저는 이에 대해 이렇게 말했다. "상급반으로 진급한다는 건 제 역할을 다하는 젊은 어른이 된다는 뜻입니다. 제가 일을 제대로 하라고 닦달해야 하는 학생이 있다면, 그 학생은 아직 상급반으로 갈 준비가 안 된 겁니다. 메트스쿨은 단순히 역사나 물리를 배우는 데 국한된 학습을 중요하게 여기지 않습니다. 시간 관리, 동기 부여, 스스로 방향 설정하기, 인내심 기르기, 진지한 목표의식 갖기 같은 것을 아주 중요하게 생각합니다. 메트스쿨의 졸업 기준 역시 마찬가지입니다. 우리는 학생이 이전에 비해 훨씬 독립적으로 자기 학습을 할 줄 알아야 한다고 생각합니다. 그래서 시간이 지날수록 스스로의 학습에 대해 더 많은 책임을 질 것을 요구하고 있습니다.”

그렇다면 어느 정도까지 책임을 져야 하는 것일까? 어느 정도의 동기부여가 요구되고 있으며, 어느 정도의 읽기와 수학 수준이 요구되고 있는 것일까? 엘리엇 교장은 이에 대해 이렇게 말했다. “우리는 구체적인 내용에 맞춘 기준을 거부합니다. 모든 학생이 다른 수준에서 출발하기 때문이죠. 우리는 한 번에 한 명씩, 각자의 학습계획에 따라 가르칩니다. 따라서 학생마다 기준을 설정하는 방법 역시 달라집니다. 시험을 본다고 해서 높은 수준에 이를 수 있는 것은 아닙니다. 지식을 ‘활용할 줄 아는 것’, 다시 말해 현실의 문제와 현실의 사람을 다룰 줄 아는 것이야말로 바로 ‘진짜’ 시험입니다.”

데니스 교장이 이에 덧붙여 말했다. “일률적인 기준은 미신에 불과합니다. 실제로 모든 학교가 아이들에 따라 다른 기준을 적용하고 있습니다. ‘수준이 낮은’ 학생은 ‘수준 낮은’ 반에 배정합니다. 수준이 낮은데도 어쨌든 졸업장을 받고 졸업합니다. 그런 이야기를 하려는 것은 아닙니다. 정말로 중요한 것은 학생들이 열심히 공부할 수 있는 법을 배우고, 노력해서 향상되어야 한다는 것이죠. 중요한 것은 스스로를 발전시키려는 열망과 노력입니다. 어떤 학생이 3학년 수준에서 5학년 수준으로 올라갔다면 대단한 일입니다. 하지만 처음에 10학년 수준이었던 학생이 계속 그 수준이라면 그건 그리 대단한 일이 아니죠. 한 번에 한 명씩 다루면서 정말로 성장하게 도와주어야 합니다.”

“메트스쿨에도 최소한 이 정도는 되어야 한다는 기준이 있느냐고 묻는

다면, 읽기 능력을 예로 말씀드리겠습니다. 우리는 6학년 정도의 읽기 수준을 가진 학생이라면 절대 졸업시키지 않습니다. 하지만 학생의 읽기 능력을 정확하게 측정하는 방법은 어디에도 없습니다. 학생들은 어떤 주제에 관심을 가지고 있으면 더 잘 읽고 더 잘 쓰게 됩니다. 그런데 대부분의 시험은 학생들의 관심을 끌지 못하거든요. 관심 분야에 대한 글을 읽고 있는 학생이 있다고 합시다. 우리가 그 학생의 읽기를 도와주는데도 6학년 수준으로밖에 읽지 못한다면 그 학생에게는 학습 장애가 있을 겁니다. 그러나 이런 경우에도 역시 그 학생에게 맞는 계획과 기준, 그리고 졸업 요건이 필요하다고 봅니다. 미국의 공립학교는 모두 원칙적으로 이래야 한다고 봅니다."

"하지만 반대로 생각하면, 준비만 되어 있는 학생은 4년을 채우지 않아도 졸업할 수 있는가 하는 문제가 생깁니다. 물론 '그렇다'가 답입니다만, 그런 학생이라 해도 4년을 다 채워 학교에 다니게 하고 싶습니다. 졸업을 서두를 필요가 있나요? 남은 기간 동안 우리가 그 학생들에게 제법 많은 것을 제공할 수 있는데요. 현재 졸업반 학생 가운데 두 명이 정규 학생으로 대학에 다니고 있습니다만, 이 학생들에게도 약간씩 지도를 해주고 있습니다. 다른 두 명은 일본과 아르헨티나에서 1년 기한으로 공부하고 있습니다. 그 아이들 모두 아직 학습계획이 있고 졸업하기 위해서는 프리젠테이션을 통과해야 합니다. 솔직히 저는 메트스쿨의 환경과 지원이 웬만한 학교보다 낫다고 생각합니다. 그래서 학생들이 이곳을 떠나면 지금만큼의 배려와 도움을 받을 수 있을지 우려하고 있습니다. 그렇기 때문에 학생들이 4년간 이곳에 머무는 편이 좋다고 생각하는 것이죠."

엘리엇 교장은 이에 대해 이렇게 말했다. "졸업에 대해 이야기하자면, 해당 학생을 잘 알고 있는 사람들이 합의해서 결정을 내린다고 말씀드릴 수 있습니다. 그 사람들이 학생의 프리젠테이션 통과와 졸업 여부를 결정합니다. 물론 아무래도 학생의 학습에 대한 큰 그림을 가장 잘 볼 수 있는 사람은 어드바이저이기 때문에 결정은 대개 어드바이저 몫이죠. 하지만 의견이 일치하지 않는 경우에는 학생, 학부모, 멘토, 어드바이저, 교장이 모두 모여 의논합니다.”

주 정부 차원에서 모든 학교에 똑같은 기준을 적용하는 현재 학교정책의 관점에서 본다면 국지적 기준이라는 생각은 매우 급진적으로 들린다. 그러나 미국에서 가장 저명한 세 교육자는 이런 생각에 찬성하고 있다. 하워드 가드너는 이렇게 말했다. “진보적인 교육의 비결은 기준을 정하는 데 있습니다. 하지만 아무것도 없는 상태에서 이런 기준이 나올 수는 없습니다. 학생과 교사가 서로 존중하는 분위기에서 함께 학습하는 동안 자연스레 기준이 정해져야 하는 것입니다.”

허브 콜 역시 교육 전문가들이 효과도 없고 객관적이지도 않은 표준화된 시험에 집착하는 것은 국지적인 교육이 이뤄지는 것을 두려워하고, 지역사회 스스로 그 지역에 가장 적합한 교육체제를 만들 수 있다는 생각을 믿지 않기 때문이라고 말했다.

데보라 마이어는 이렇게 말했다. “지역사회에 권한을 위임하는 것이 해가 될 때도 있지만, 국가에 위임한다 하더라도 마찬가지다. 학교에 관한 것이라면, 자치 확대와 지역별 관리로 말미암은 이득이 위험보다 많다고 생각한다.” 마이어는 기업주와 대학의 요구가 있기 때문에 지역별로 교육 기준을 정해도 기존의 틀에서 크게 벗어나지는 않을 것이라고 본다. 오히려 문제는 학교가 변화를 받아들일 준비가 되어 있는가 하는 점이다.

한편 지역 기준을 만들고자 하는 학교들은 학생들의 학업에 대한 기대치를 세밀하게 기술한 평가 규정을 개발해왔다. 다음 표는 어느 학교가 학생의 에세이를 평가할 때 사용하는 것이다.

글의 구성 수준	평가
글의 구성력이 아주 뛰어나다	A 또는 "표준을 능가함"
글에 구성력이 있다	B 또는 "표준에 부합함"
구성에 약간의 문제가 있다	C 또는 "표준에 접근함"
구성이 잘 안 되어 있다	D 또는 "이제 기초 단계임"

엘리엇 교장은 이런 예에 대해 이렇게 말했다. "물론 이런 규정은 학생들의 과제를 섣불리 일반화하는 것을 피할 수 있는 장점이 있습니다. 하지만 훌륭한 평가 규정이라면 학생들에게 앞으로 무엇을 해야 하는지 세세한 부분까지 보여줄 수 있어야 합니다. 예를 들어 에세이 내용이 유기적으로 연결되지 않는다고 말하고 거기서 끝나버린다면, 그건 학생들에게 별 도움이 되지 않습니다. 학생을 좀더 면밀히 살펴보고 나서 계획은 좋았는데 철저히 실천하지 못했다는 것을 지적할 수 있어야 합니다. 학생의 글에서 문법이나 어휘만 들여다보면, 자신감과 확신을 가지고 주장하는 능력 같은 중요한 요소를 놓치게 됩니다."

데니스 교장이 몇 마디 덧붙였다. "이런 평가 규정의 문제점은 바로 교사가 개별 평가 항목을 확인하는 데만 사로잡히게 된다는 것입니다. 그래서 전체적인 그림을 놓치게 되는 겁니다. 어떤 학교는 평가 규정 항목이 무려 8백 가지나 되었습니다. 그런 식으로 평가를 하면 학생은 학습에 흥미를 잃게 됩니다. 정해진 규정이 있다 해도 누군가는 여전히 매우 주관적인 결정을 해야 합니다. 이를테면 이 에세이의 수준이 보통인지, 아주 뛰어난지 결정하는 것처럼 말입니다. 어느 정도 수준을 뛰어나다고 할 수 있는가 하는 기준은 학급, 학교, 지역별로 다를 수밖에 없습니다. 앞서 언급한 학교의 듣기 능력에 대한 평가 규정을 보면 이렇습니다."

1. 내용에 적합한 듣기 전략을 선택한다.
2. 정신을 집중해서 주의 깊게 듣는다.
3. 들리는 내용과 유형에 적절히 반응한다.
4. 중심 내용을 이해하는 데 별 실수가 없다.

"이것 말고도 무궁무진합니다. 평가 항목을 많이 만드는 것에 반대하는 것은 아닙니다만, 그 기준 모두를 모든 학생에게 적용하는 것이 최선의 방법은 아니라는 이야기를 하고 싶은 겁니다. 제가 정말 바라는 것은 교사들이 이런 규정을 마음속에 내재화하고, 다른 방식으로 평가함으로써 학생들이 규정에 따라 실제로 글을 쓸 수 있도록 돕는 것입니다. 이렇게 할 때 평가 규정이 정말로 유용하게 되는 것이죠."

메트스쿨이 주 정부에서 정한 평가 기준을 따르지 않고 자체적으로 합의한 평가 기준을 적용하는 것을 두고 학생들에게 지나치게 관대한 것 아니냐는 생각을 할 수도 있을 것이다. 하지만 10학년생 50명 가운데 26%나 되는 13명이 진급하지 못한 해도 있었다. 메트스쿨의 기준이 절대 만만치 않기 때문이다. 진급하지 못한 13명 가운데 12명이 여름학교에 참가해야 했다. 나머지 한 명은 장학금 지원을 받아 외국에서 공부하는 것으로 여름학교를 대신했다. 다음 학년이 시작되는 9월에 이 학생들을 위한 프리젠테이션이 다시 열렸고 13명 가운데 10명은 진급할 수 있었다. 나머지 학생들도 1월에는 오리엔테이션을 통과하여 진급할 수 있었다.

메트스쿨의 평가 기준이 불평등을 심화시킨다는 비난을 할 수도 있을 것이다. 교육사학자 다이안 래비치는 주 또는 국가 차원 기준의 필요성을 옹호하며 이렇게 말했다. "국가 수준의 기준 마련에 대한 대안은 기준이 전혀 없는 체제로 돌아가자는 것인데, 그렇게 되면 가진 자는 스스로 돌볼 수 있지만 가난한 이들은 뒤로 처지게 된다. …… 집이 가난한 아이는 아무것도 얻을 수 없고, 불평등은 증폭된다." 물론 이런 지적은 매우 중요하며, 불평등의 악순환을 타개하기 위해서는 반드시 모든 학생에게 적용할 수 있는 기준을 세워야 한다. 그러나 저소득층 출신 학생들이 훌륭한 성과를 거두고 있는 메트스쿨은 그 자체로 결함이 많은 주 또는 국가 기준에 따르기보다 자체 평가 기준을 마련함으로써 공교육 현장에서 교육 불평등에 투쟁하는 대안적 접근 방식을 제시하고 있다.

하지만 메트스쿨 학생 모두가 학교가 정한 기준에 부합하는 능력을 갖추고 있다거나 그런 기준을 원하는 것은 아니다. 메트스쿨에도 학습 의욕이 전혀 없거나 잦은 결석, 학교 운영 자체를 어렵게 만드는 문제를 일으키는 따위의 이유로 퇴학당하는 학생들이 있다. 하지만 메트스쿨은 될 수 있으면 끝까지 학업을 마칠 수 있도록 최선을 다해 학생들을 배려하고 있다. 데니스 교장은 이에 대해 이렇게 말했다. "메트스쿨은 학생들이 최고의 학습 성과를 거둘 수 있도록 최대한 다그치는 편입니다. 그게 책임 있는 교육자의 역할이라고 생각하니까요. 하지만 학생을 잃을 지경으로 압력을 가하는 것은 오히려 비생산적이라고 봅니다. 아이들한테 너무 휘둘리는 것 아니냐고 할지도 모르지만 현실을 직시해야죠. 우리가 원하는 것은 학생들이 학교를 무사히 마치는 것입니다."

엘리엇 교장 역시 이렇게 말했다. "재학 기간 동안 학습 성과가 그렇게 두드러지지 않은 학생들도 있습니다. 저는 그 사정을 잘 압니다. 왜냐하면 저도 학교 다닐 때 그다지 공부를 잘한 편은 아니었으니까요. 어쨌든 그렇다고 학교가 그 학생들에게서 완전히 손을 떼야 한다고는 생각하지 않습니다. 학생들에게 졸업장 받을 기회를 주지 않는다는 것은 그 학생들이 평생 동안 누릴 수 있는 기회를 대부분 박탈해버리는 것을 뜻합니다. 따라서 우리는 학생들이 무엇에든 열정적으로 성실히 매달리면 그 일을 계속하도록 격려합니다. 늘 학생들에게 좀더 도전의식을 가지라고 요구하지만, 그 때문에 학생들이 좌절감을 느낄 수도 있다고 생각되면 한 발 물러섭니다. 우리가 진정으로 바라는 것은 학생들이 저마다의 학습 목표를 모두 이루는 것인데, 몇몇 학생들은 목표를 이루는 데 시간이 많이 걸립니다. 하지만 그런 학생이라도 마냥 내버려두지 않고, 알아야 할 필요가 있는 것들을 배우게끔 도와줍니다."

아이들 하나하나를 배려한 '맞춤형 기준'을 적용할 때 생길 수 있는 또다른 위험은 자칫하면 학생의 잠재 능력을 발휘할 수 없게 만들 가능성이 있다는 것인데, 메트스쿨은 이 때문에 문제가 된 적은 없는 것 같다. 한 어드바이저는 이에 대해 이렇게 말했다. "학년 초에 딱 한 번 학생을 평가한 뒤에는 그 평가 결과에 따라서만 지도하는 학교들이 많습니다. 제가 담당하고 있는 래리라는 아이가 있는데, 중학교 다닐 때 시험을 한번 잘못 본 뒤로는 학교 선생님들이 자기를 할 줄 아는 것이 별로 없는 아이로 생각한다는 걸 느낄 수 있었다고 합니다. 메트스쿨은 정반대입니다. 우리도 물론 래리가 학습하는 데 약간의 문제가 있다는 것을 알고 있었지만, 어쨌든 계속 독려해서 배움에 대한 열정을 가질 수 있도록 했습니다. 어느 날 래리가 대학의 작문 강의를 듣고 싶다고 해서 한번 해보라고 했지요. 래리는 정말 열심히 공부했고 결국 B학점을 받았습니다. 정규 고등학교 수업도 제대로 못 따라갈 거라는 말만 들어왔던 래리에게는 정말로 놀라운 경험이었죠. 그 일을 통해 래리는 기회가 왔을 때 잘 이용하라는 중요한 교훈도 배웠습니다. 메트스쿨에는 희망과 성공과 끈기 있는 추구라는 훌륭한 문화가 있습니다. 일반 학교에서는 무언가 조금이라도 혁신적인 일을 하려면 엄청난 에너지가 필요합니다. 새로운 일을 추구하는 경우가 매우 드무니까요. 그러나 메트스쿨에서는 모두가 창조적으로 일하기 때문에 주도적이지 않은 학생은 결국 스스로가 게으름뱅이라는 것을 느끼게 되죠.”

메트스쿨이 가장 높이 평가하는 기준은 학생 스스로 만드는 기준이다. 한 어드바이저는 이렇게 말했다. “우리 목표는 모든 학생들이 평생 학습자이자 선량한 시민이 되는 것입니다. 어른들은 자신이 스스로에 대한 기준을 세웁니다. 그렇기 때문에 곧 어른이 될 학생들에게 내면의 기준을 갖도록 하는 일은 무척이나 중요합니다. 재미있는 이야기가 있는데, 제가 맡고 있는 상급반 학생들이 얼마 전에 제게 자신들의 실력이 점점 나빠지는 것 같다고 했어요. 깜짝 놀라서 무슨 뜻이냐고 물었습니다. 글쓰기 능력 같은 것이 나빠졌다는 뜻인가 해서요. 그랬더니 그건 예전보다 훨씬 나아졌다고 하더라구요. 그래서 지금 하고 있는 프로젝트가 잘 안 되느냐고 물었어요. 그랬더니 그것도 아니라고 했습니다. 예전에는 프로젝트를 할 때 기분이 좋았는데 지금은 그렇지 않다는 거예요. 그러면 예전에 했던 프로젝트 포트폴리오를 다시 살펴보라고 했더니 프로젝트를 해내는 수준은 점차 나아지고 있는 게 분명하다고 하더군요. 그러니까 달라진 것은 스스로에 대한 기준이었어요. 신입생 시절에는 ‘와! 내가 프로젝트를 끝내다니, 난 정말 대단해, 만세다!’라고 했었는데 이제는 달라진 거죠. ‘시간을 좀더 잘 활용했더라면, 바라던 대로 할 수 있었을 텐데’ 하고, 어떻게 하면 좀더 잘할 수 있는지를 생각하게 되니까요. 실력이 나빠진 게 아니라 스스로에 대한 기준이 훨씬 높아졌다는 얘기죠.”

메트스쿨을 만들어가는 사람들 8

메트스쿨과 미국에서 가장 성공적인 사회 프로그램에는 공통점이 많다. '성공적인 프로그램은 임무 수행을 엄격하게 요구하되 자유로운 수행 방식을 허용하는 조직문화를 창출할 수 있어야 한다. 성공적인 프로그램의 책임자는 완벽한 프로그램 모델을 따르겠다는 환상 따위는 품고 있지 않으며 변화하는 요구에 발맞추고, 일선에서 뛰는 사람들의 의견을 수렴하며 그 사람들의 성공담과 실패담에서 교훈을 얻고, 목표를 이루기 위해 참신하고 훌륭한 방법을 배워나간다.'

메트스쿨의 모습이 단적으로 드러나 있는 말이다. 메트스쿨은 엄격한 요구를 하지만, 융통성이나 사용 가능한 자원의 폭은 무한정하다. 일 년 동안 아르헨티나에 유학을 가겠다? 창문을 스테인드글라스로 장식해서 학교를 새로 꾸며보겠다? 자신이 치료 받던 마약재활센터에서 인턴쉽을 해보겠다? 대학 강의를 들어보겠다? 물론 좋다. 다섯 가지 학습 목표를 이룰 수 있는 효과적인 학습이라면 무엇이든 좋다.

메트스쿨 구성원들이 맡고 있는 역할도 매우 융통성 있다. 모든 것이 엄격한 심사와 재구상의 대상이다. 학부모는 자녀의 학습계획과 평가에 참여한다. 사무직원도 멘토와 개인 교사로 활동한다. 학생이 다른 학생을 가르치기도 하고 학교 밖에서는 어른과 함께 활동한다. 지역사회 구성원은 종종 학교를 방문하여 자신의 지식을 나눠준다.

메트스쿨의 교사 채용 전단에는 "당신은 용감하고 대담하며, 열정과 창의력이 있습니까?"라는 문구가 있다. 메트스쿨은 능력이 있는 사람을 원하기도 하지만, 쉽게 찾아보기 어려운 자질, 다시 말해 메트스쿨 스타일로 가르치는 데 적합한 사람을 원한다고 강조한다. 가장 중요한 점은 스스로 열심히 배우고자 하는 자세와 학생 개개인의 학습을 위해 열정과 끈기를 갖고, 창의적으로 일하고자 하는 의지를 지녀야 한다는 것이다.

꽤 도전적인 이런 모집 요강을 보고도 많은 지원자가 몰려들었다. 해마다 봄이 되면 메트스쿨은 교사 채용 공고를 내는데, 최소 30대 1의 경쟁률을 보인다. 메트스쿨에서 일하게 되면 개인 시간을 가질 여유가 있는지 궁금해하는 지원자도 종종 있는데, 물론 개인 시간을 즐길 수 있다. 잠자는 시간만 빼고 몽땅 일하는 데 시간을 투자하는 사람도 있지만, 대부분 적절히 시간을 분배하여 일과 사생활의 균형을 맞춘다. 메트스쿨이 채용한 신입 및 경력 교사 연령은 22세부터 48세까지 폭이 넓은데, 자녀가 딸린 교사가 많다. (배우자 없이 홀로 아이를 키우는 교사도 두 명 있다.)

메트스쿨 교사의 76%는 백인, 12%는 라틴계, 6%는 흑인, 나머지 6%는 아시아계이다. 메트스쿨이 적극적으로 소수인종 교사를 채용하는데도 학생과 교사의 인종 구성비 차이가 엄청난 것을 보면, 전국적으로는 얼마나 될지 짐작할 수 있다. 로드아일랜드 주의 경우 소수인종 교사는 4%인 반면 소수인종 학생은 25%이다. 메트스쿨의 경우 소수인종 교사 비율이 24%인데, 로드아일랜드 주의 다른 어떤 학군보다도 소수인종 교사가 많다. 하지만 데니스 교장은 아직 만족할 만한 수준이 아니라고 말했다. "수치상으로는 괜찮아 보이지만, 아직 멀었습니다." 메트스쿨은 다양한 교사를 많이 영입하는 데 힘을 쏟고 있다.

한 어드바이저는 이렇게 말했다. "고등학교나 대학에서 배운 것보다 메트스쿨에서 배운 것이 훨씬 많아요. 이런 사실을 깨닫고 나니 메트스쿨이 정말 제대로 가르치고 있구나 하는 생각이 들더군요. 수업 내용이 정말로 재밌고 생활과 밀접하게 연관되어 있기 때문에 제 전공인 과학 분야에 대해서도 엄청나게 많은 것을 배울 수 있었죠. 제가 가르쳤던 어떤 학생은 새총에 푹 빠져 있었는데, 그 학생을 지도하면서 저도 새총의 작동 원리에 숨겨져 있는 물리와 수학 원칙을 알게 됐습니다. 또 입체 음향 장치에 관한 공부를 하고 있는 학생이 있는데, 저도 덩달아 전기에 대해 배우고 있죠. 이곳에서 학생을 가르치는 일은 정말 신나고 재미납니다."

전문성을 요구하는 직업은 무엇이든 마찬가지겠지만, 메트스쿨에서 어드바이저로 성공하려면 끊임없이 발전해나가야 한다. 새로 부임한 어드바이저는 누구든지 부족한 점이 있을 수밖에 없고 여러 가지 문제도 일으키는데, 메트스쿨이라는 새로운 세계에 뛰어들었기 때문에 기존의 교사 연수 프로그램이 등한시했던 능력을 빨리 키워야 한다. 메트스쿨 어드바이저는 모든 영역에 전문가가 될 필요는 없지만, 여러 분야의 지식을 두루 갖추고 있는 사람이 되고자 하는 의욕이 있어야 한다. 학생이 어떤 분야를 학습하든지 도와줄 수 있어야 하고, 때에 따라서는 전문가와 상의해야 하기 때문이다.

한 어드바이저는 이렇게 말했다. "메트스쿨 어드바이저는 능력만 있다면 무슨 일이든지 할 수 있는 자유가 있습니다." 하지만 모든 학생이 성공할 수 있도록 어떤 일도 감내하고 도와야 한다는 의무가 자유에 뒤따른다. 윗사람의 말이라면 모조리 거부하거나 욕을 해대고, 멍하니 허공만 보거나 아예 학교에 나오지 않고, 프로젝트에 대해 아무런 생각도 않거나 끊임없이 잔소리를 해야 겨우 움직이는 학생을 돌봐야 하며 너무 복잡한 프로젝트 계획을 세운 학생을 돕기 위해 끝까지 포기하지 말아야 한다. 실제로 메트스쿨 어드바이저들은 이런 도전에 즐겁게 맞서고 있다.

메트스쿨은 어드바이저가 이렇게 많은 요구를 감당할 수 있도록 파격적으로 어드바이저의 자기계발을 돕는다. 또 매주 세 번 어드바이저 모임이 열리고 한 차례 회보가 나오며, 한 달에 하루씩 휴가가 있고, 매달 독서 모임이 열린다. 컨설턴트들이 메트스쿨을 방문하여 조언을 해주기도 한다. 그리고 여름에는 2주 동안 앞으로의 계획을 구상할 시간을 가진다.

1년차 어드바이저는 일주일간 오리엔테이션을 받는다. 신참과 고참 어드바이저 한 명씩 짝을 지어주는 멘토링 시스템도 운영하며, 두 교장 선생이 매주 혹은 일주일에도 몇 번씩 어드바이저와 개별 상담을 한다. 다른 로드아일랜드 주의 학교에서는 교사 지원 활동에 예산의 2%만 지출하는 반면, 메트스쿨은 무려 12%나 지출한다. 그 자금 가운데 일부는 기부금으로, 메트스쿨이 공립학교 예산에서 지원받는 것과는 다른 것이다.

데니스 교장은 이렇게 말했다. "훌륭한 교사 양성이라는 목표는 메트스쿨의 일부입니다. 실제로 우리는 훌륭한 교사를 양성하기 위해 애쓰고 있습니다. 한번은 여름 계획 주간 동안에 내가 새로운 아이디어를 제안하고, 교사 몇 사람씩 조를 짜서 그 아이디어에 대해 토론을 하도록 했죠. 그런데 한 고참 교사가 '너무 형편없는 아이디어 아닌가요'라고 말하더군요. 그래서 나는 그 교사가 속해 있던 조의 사람들과 그 아이디어에 대해 진지하게 이야기를 나눴습니다. 다른 교사들이 교장의 의견에 공공연하게 이의를 제기하는 모습을 보고 퍽 놀라는 신참 교사도 있었죠. 하지만 그 신참 교사도 메트스쿨에서는 자신의 생각을 표현하거나 반대 의견을 개진하는 일이 매우 자유롭게 진행된다는 사실을 곧 알게 됐습니다. 학교가 제대로 운영되려면 모든 교직원이 좋은 의견을 계속해서 내놓을 수 있는 분위기가 조성되어야 합니다."

이에 못지않게 중요한 사실은 윗사람들도 이런 자유로운 분위기에 거부감이 없어야 한다는 것이다. 한 어드바이저의 얘기를 들어보자. "메트스쿨을 좋아하는 이유 가운데 하나가 제가 존중받고 있다는 것입니다. 엘리엇, 데니스 두 교장 선생님 모두 저를 무시한 적이 한 번도 없었어요. 그리고 짐짓 겸손한 척하며 뭔가를 생색내듯 말씀하신 적도 없었고요. 저뿐만 아니라 다른 교사나 학생 어느 누구에게도 그런 식으로 행동하셨다는 얘기는 못 들어봤어요. 이런 직업 환경은 정말로 드물어요. 제 나이가 쉰이니 이것만큼은 장담할 수 있습니다. 이곳에서는 제 생각대로 학생을 가르치는 데 전혀 어려움이 없습니다. 이렇게 자기 목소리를 내면서 일할 수 있다는 것은 정말 중요한 문제입니다."

관심과 유쾌함

메트스쿨은 다른 곳에서는 드문 일도 일상적인 일로 만들었다. 일반 학교나 다른 공립 기관은 타성에 젖어 위험을 피하려 들지만 메트스쿨은 그렇지 않다. 데니스 교장은 이렇게 말했다. "문젯거리는 나의 친구다. 저는 무언가에 실망했을 때마다 이 말을 되새깁니다. 그리고 숨을 깊이 들이쉬며 학교 개혁이 쉬운 일이었다면 다른 일을 했을 것이라는 생각을 합니다. 나는 문제를 해결하는 능력이 있으니까 더 나은 방법을 찾아보자고 생각하면서요. 좋은 교장이 된다는 것은 활기차게 학교를 돌아다니면서 해결책을 찾고 다른 사람에게 모범을 보여준다는 것이죠. 사람들이 저의 그런 자세를 배우려 하는 걸 여러 번 보았습니다. 교사뿐만 아니라 학생도 마찬가지였죠. 이런 과정을 좀더 넓은 관점으로 확장시키면 누군가와 오랜 시간을 함께 보내며 그 사람이 문제를 해결해나가는 모습을 자주 보는 것, 다시 말해 현명한 스승을 만나는 것이 되겠죠. 사람들은 이런 식으로 무언가 바꿔나가는 일이 가능하다는 사실을 배우게 될 겁니다."

메트스쿨은 처음부터 끊임없이 위험을 무릅썼고, 어려운 문제를 해결해나갔다. 데니스 교장과 엘리엇 교장은 달팽이처럼 느린 일반 학교의 개혁 방식을 거부했다. 10개년 개혁 계획을 진행하고 있을 때는 이미 학생들이 저만큼 멀리 나가 있을 것이라는 걸 알고 있기 때문이었다. 또한 많은 사람들이 촉각을 곤두세우고 지켜보고 있을 때 부지런히 개혁하지 않으면 메트스쿨에 열린 기회의 창이 완전히 닫혀버릴지도 모른다는 사실을 인식하고 있었기 때문이었다.

메트스쿨이 아직 구상 단계에 있을 때부터 데니스와 엘리엇, 그리고 빅픽쳐 컴퍼니 직원들은 주 정부와 지역 관청, 기업, 교육계, 지역사회단체와 협력 관계를 맺어두었다. 그 결과 숨 돌릴 여유도 찾고 열성 학부모들도 만나게 된 메트스쿨은 과감한 혁신을 꾀할 수 있었다. 메트스쿨을 강력하게 반대하는 이들에게는 시간을 두고 지켜보자고 간곡하게 당부해두었는데, 첫 졸업생 전원이 대학에 진학하는 결실을 맺은 것이다. 이렇게 확실한 성공 가능성을 보여주자 주 정부도 메트스쿨 같은 학교 모델이 앞으로 충분히 고려해볼 만한 가치가 있다며 재정 지원을 계속하겠다는 약속을 해주었다.

메트스쿨은 이런 결과에 만족하지 않고 스스로를 철저히 점검하고 재정비한다. 메트스쿨은 어떤 대안이 검증될 때까지 실행을 연기하는 태도에는 부정적이다. 교육계에서는 그런 대안을 검증하는 경우가 거의 없기 때문이다. 따라서 메트스쿨 교직원들은 수시로 계획안을 수정한다. 데니스 교장은 이렇게 말했다. "진정한 학교 발전을 위해서는 평가와 변화를 수용하는 문화가 조성되어야 합니다. 일단 시도한 뒤에 그 경험을 바탕으로 조금씩 변화를 주거나 아니면 완전히 폐기할 줄도 알아야 합니다. 전혀 유용하지 않는데도 보편적이라는 이유 때문에 따라야 하는 진부한 방법을 택하는 것은 피해야 합니다."

메트스쿨의 평가 대상에는 사람도 포함된다. 데니스 교장과 엘리엇 교장은 모든 교직원에 대해 평가서를 쓰고, 교직원들에게도 자신들을 평가해달라고 부탁하는데 이런 풍경은 다른 학교에서는 찾아보기 힘들다. 대부분 긍정적인 평가를 하지만 때로는 날카로운 지적이 담긴 정직한 평가를 하기도 해서 진정한 쌍방향 의사소통이 제대로 이루어지고 있다는 증거가 되기도 한다. 이런 평가서들을 살펴보면 메트스쿨이 따뜻하고 협력하는 분위기를 조성하는 데 중점을 두고 있는 것을 알 수 있다.

엘리엇 교장은 이렇게 말했다. "어느 학교에서든 돈독한 유대관계를 쌓는 일이 중요하겠지만, 소규모 맞춤식 교육을 하는 학교에서는 더더욱 그렇습니다. 교사들이 교실에서 혼자만의 일을 하는 것이 아니거든요. 함께 모여 하는 작업이 많은 만큼 서로 어울려서 이해하고 배려해야 합니다. 교사가 학생을 따뜻하게 대하고 존중하는 모범을 보여주려면, 교사 역시 그런 환경에서 일할 수 있도록 해줘야 합니다."

메트스쿨의 화목한 분위기는 모두가 같은 목표를 이루는 과정에서 부수적으로 생긴 문화이기도 하지만, 공동체 구축을 위해 부단히 애쓴 노력의 결과이기도 하다. 한 달에 한 번씩 있는 교직원 모임 때는 주로 학교에 관한 이야기들이 오가지만, 다른 재미있는 일도 많이 있다. 한번은 데니스와 엘리엇이 안마사를 불러 모두 안마를 받게 한 적도 있다. 그리고 한 사람씩 다른 동료들에게 그동안 고마웠던 일에 대해 감사의 말을 전하는 시간을 가졌다. 데니스 교장은 그 행사에 대해 이렇게 말했다. "우리는 감사할 줄 모르는 사회에 살고 있어요. 서로를 너무도 당연하게만 받아들이는 경향이 있습니다. 한 명씩 모두 감사의 말을 전하는 데 20분밖에 걸리지 않았지만 커다란 감동을 느낀 시간이었습니다."

메트스쿨에서 연구를 시작한 지 얼마 지나지 않았을 때의 일이다. 내 우편함에 교직원 명단이 꽂혀 있었는데, 한쪽에 그 명단에 있는 사람 모두에게 감사의 글을 쓰라는 문구가 적혀 있었다. 교직원 모두가 감사의 글을 쓰면, 그 글들은 한곳에 모아졌다가 "당신의 동료가 전하는 감사의 인사입니다"라는 문구로 시작되는 인쇄물이 되어 다시 모두에게로 되돌아갔다. 그 글들을 읽고 나서 나도 메트스쿨의 구성원으로 환영받고 있다는 느낌을 받았는데, 공동체를 꾸리려는 노력이 이런 것이구나 하는 것을 알게 되었다. 정식 교직원도 아닌 외부 연구원인 나까지도 포용해주는 모습은 감동적이었다.

겨울방학이 되기 직전, 감사의 글을 받았던 바로 그 주에 데니스 교장이 교직원 사무실에 남긴 메모를 보았다. 수염이 덥수룩한 산타클로스 얼굴이 그려져 있었는데, 그 옆에 이런 글이 적혀 있었다. "메트스쿨에서 일할 수 있다니, 나는 정말 운이 좋습니다. 매일 한 번씩 함께 일하는 동료의 얼굴과 그 안의 잠재력을 둘러보세요. 학생들이 훌륭한 사람으로 자라도록 돕는 방법은 무궁무진합니다. 이토록 재미나고 값진 인생을 살게 해준 여러분에게 감사드립니다. 여러분 모두를 사랑합니다. 데니스."

데니스 교장은 로버트 프라이드와 함께 쓴 글에서 이 모든 것을 '관심'과 '유쾌함'이라는 두 단어로 요약했다.

'관심'. 학교가 잘되려면 무엇보다 중요한 것이 바로 구성원들 사이의 관계이다. 아무리 구호를 외치거나 손쉬운 방법을 쓴다 해도 모든 것의 근간이 되는 이런 가치를 구현할 수는 없다. "사람이 먼저, 일은 나중"이라는 말은 교실이나 위원회 어디서나 해당된다.

'유쾌함'. 학교 개혁의 철학을 명확히 밝히고, 그 목표에 몰두하여 적극적으로 개혁을 추진하는 일이 중요하다는 사실은 두말할 필요도 없다. 그러나 누군가가 나서서 피자도 사와야 하고, 생일 파티에 쓸 풍선도 가지고 와야 하며, 맛있는 과자와 유쾌한 농담으로 분위기를 살리기도 해야 한다. 일의 결과로 평가하지 않고 본연의 모습 그대로를 평가하는 분위기가 조성되어 있고, 서로를 친절하고 다정하게 대하며 수용하는 곳에서는 유쾌함이 절로 묻어난다.

화목한 분위기와 더불어 메트스쿨의 또 다른 특징은 학교로서, 그리고 하나의 운동으로서 탁월한 성과를 보여주고야 말겠다는 꺾이지 않는 의지다. 1999년에 "데니스, 허리케인 반열에 오르다"라는 제목의 기사가 신문에 실린 적이 있었다. 그해 여름에 네 번째로 닥친 열대성 폭풍 데니스가 해터라스 곶을 강타하자, 메트스쿨의 데니스 교장과 특징이 비슷하다며 실린 기사였다. 데니스가 넓은 지역을 휩쓸고, 또 예측하기도 쉽지 않다고 말이다. 이런 특징들은 고등학교 교장보다는 기업의 CEO가 갖출 법한 자질인데, 데니스 교장과 엘리엇 교장은 학교도 성공하려면 여러 가지 전략을 활용할 필요가 있다고 주장한다.

메트스쿨과 빅픽쳐 컴퍼니는 기금 모집과 홍보에 상당한 시간을 투자하는 동시에 기존의 틀에서 벗어난 학교가 받아들여질 수 있도록 노력했다. 그리고 전략적으로 로드아일랜드 주를 비롯한 전국의 기관, 개인과 제휴관계를 맺어왔다. 메트스쿨의 학습 모델을 널리 알리고 퍼뜨리기 위해 로드아일랜드 주의 K-8 차터스쿨, 고등학교 교장을 대상으로 하는 전국 규모의 연수 프로그램 같은 행사도 개최했다. 최근에는 빌게이츠재단에서 3백 4십만 달러(약 40억 원)의 후원금을 받아 전국에 12개의 빅픽쳐 스쿨을 열게 되었다.

메트스쿨과 빅픽쳐 컴퍼니는 마치 벤처기업처럼 모험을 감행하여 일단 부딪쳐보는 방식을 택했다. 그래서 실패할 것이 분명한 일에도 위험을 무릅쓰고 뛰어들 수 있었고, 남들이 가지 않은 길을 개척해나갈 수도 있었다. 그들이 무모해서 또는 전율을 느껴보고 싶어서 그런 전략을 폈던 것은 아니다. 전력을 다해 앞으로 나아가야만 길을 가로막는 장애물을 통과할 수 있고, 스스로의 임무가 그만큼 시급하다고 믿었기 때문이다.

메트스쿨 학생들이 훌륭한 성과를 거뒀기 때문에 좀더 장기적인 관점에서 체계적으로 개혁을 실행할 수 있는 정치적 입지를 확보할 수 있었다. 그렇지만 메트스쿨 구성원들은 뜻하지 않은 기회가 찾아오면 언제라도 변화를 시도할 수 있기를 바란다. 한 교직원은 이런 자세를 '뜻밖의 기회를 찾아내는 능력'이라고 표현했다. 언제든지 스스로 찾아낸 기회를 최대한으로 활용할 수 있도록 학교를 유연하게 조직하려는 것이다.

기업 논리를 메트스쿨에 적용하는 것은 당연히 한계가 있다. 메트스쿨이 추구하는 것은 돈이 아닐 뿐더러, 학교의 CEO가 제일 큰 몫을 챙기려고 하지도 않는다. 사실 데니스 교장과 엘리엇 교장은 자비를 털어 프로젝트 비용을 댄 적도 있었고, 학생들이 필요로 하는 것을 살 때 여러 번 도와주기도 했다. 엘리엇 교장이 교정을 거닐다가 직접 청소를 하는 모습도 봤는데, 교장 지위에 걸맞지 않는 행동이 아닐까 걱정하는 기색은 전혀 보이지 않았다. 엘리엇 교장은 학생들을 차로 데려다주면서 대화를 나누는 것이 무엇보다 즐겁다고 한다. 데니스 교장은 제자들이 어른으로 변해가는 모습을 보며 '가슴 저 깊은 곳에서 감격을 느낀다'고 했는데, 북받쳐 오르는 감정에 목이 메이면서도 말을 그치지 않았다.

데니스 교장과 엘리엇 교장은 '아이들을 구제하는 사업'을 한다고 말하곤 한다. 참된 진실이 아니라면 허울 좋은 소리거나 아주 감상적인 소리로 들릴 법한 말이다. 그러나 2년 동안 두 사람을 옆에서 지켜보니 학교 개혁이라는 게임에서 과감한 패를 던질 수 있었던 것이 위신이나 권력 때문은 아니었다는 것을 알게 되었다. 두 사람 모두 도전을 좋아하는 성격이었지만, 무엇보다도 학생들을 돕는 일을 가장 큰 보람으로 삼았기 때문에 가능한 일이었다.

메트스쿨은 과연 효과적인 교육을 하고 있는가 9

데니스 교장은 이렇게 말했다. "메트스쿨은 학생들이 앞으로 살아가는 데 필요한 것을 가르치고 있습니다. 몇 년이 지나면 메트스쿨의 교육이 대학에서 공부하는 데도 큰 도움이 된다는 게 입증될 겁니다. 메트스쿨 학생들이 대학에서 생활하는 모습을 보고 싶어 못 견딜 지경이에요. 어디선가 읽었는데, 저소득층 유색인종 학생이 고등학교를 졸업하고 나서 5년 안에 대학을 졸업하는 확률이 7%라고 하더군요. 7%라니! 터무니없이 낮은 수치지만, 분명 그렇게 나와 있어요. 메트스쿨은 더 나은 성과를 거둘 겁니다. 훨씬 더 잘했으면 하는 게 바람이긴 하지요."

이상적인 평가 기준 | 메트스쿨의 효율성에 대한 자료를 검토하기 전에, 전문 평가자들이 '황금 기준'이라고 부르는 완벽한 평가 방식을 상상해보자. 대부분 표준화된 시험 성적으로 학교를 평가하지만, 메트스쿨은 표준화된 시험으로는 중요한 성과를 제대로 측정할 수 없다고 본다. 따라서 황금 기준 평가의 첫 단계는 메트스쿨이 진정으로 중요하게 여기는 것이 무엇인지 분명히 하는 것이다. 예를 들어 프로젝트를 진행하는 데 필요한 정보 활용 능력 같은 것 말이다. 이에 대해서는 7장에 자세히 나와 있다.

평가자는 그 다음에 이런 항목들을 측정하는 방법을 모색해야 한다. 새로운 평가 방식이 개발되고 있지만, 그 비용이 만만치 않고 기술적으로도 많은 어려움이 따른다. 정보 활용 능력 같은 항목을 측정하는 일이 얼마나 힘들지 한번 생각해보라. 8학년 학생의 정보 활용 능력 수준은 어느 정도여야 하는가? 12학년 학생의 수준은 어느 정도여야 하는가? 졸업을 위한 최소한의 수준은 어느 정도여야 하는가? 이런 능력은 얼마나 자주 측정해야 하는가? 교육계에서는 대답하기 힘든 이런 질문들이 쏟아지기 때문에 B나 88% 같은 단순하면서도 피상적인 성적을 선호하는 것이다.

메트스쿨의 학습 목표를 평가할 최고의 방법을 개발했다면, 이제 추첨을 해야 한다. 메트스쿨에 지원한 학생들의 이름이 적힌 쪽지를 모자에 넣고, 2백 명을 무작위로 추첨한다. 먼저 뽑은 백 명은 메트스쿨에 다니고, 나중에 뽑은 백 명은 일반 고등학교에 다니게 한다. 그런 뒤에, 황금 기준을 적용하여 10년 또는 20년에 걸쳐 두 그룹을 여러 번 평가한다. 메트스쿨이 가장 중요하게 생각하는 성과인 지적 호기심을 평생의 습관으로 만드는 것과 적극적인 시민 활동, 개인의 삶과 직업에서의 성공 같은 것은 금방 드러나는 것이 아니기 때문에 오랫동안 평가할 수밖에 없다. 추첨으로 학교를 배정하기 때문에 예전에 다녔던 학교가 두 그룹의 차이의 원인이라는 가설의 가능성을 최대화하게 된다.

지금까지는 모두 결과를 평가한 것이었다. 이에 더해 과정도 평가해야 한다. 이는 학교가 실제로 매일 어떻게 돌아가는지 이해하고 설명하는 작업이다. 1년이나 2년간 연구원을 파견하여 메트스쿨 구석구석을 관찰하게 한 다음 메트스쿨과 비슷한 원칙을 바탕으로 한 학교를 만들고 싶어하는 이에게 상세한 자료를 제공해주는 것이다. 이런 자료가 없다면, 비록 성공했다고는 해도 실제로 메트스쿨이 어떻게 성공을 거두었는지 알 길이 없기 때문에 아무도 메트스쿨을 본뜬 학교를 세울 수 없게 된다.

현실세계의 기준 | 자신이 키우는 소가 무게가 많이 나가기를 바라는 목장 주인은 소의 무게를 재는 일보다는 먹이를 주는 데 더 많은 시간을 쓴다. 학교도 마찬가지다. 학교는 애초에 연구 프

로젝트의 대상이 아니라 교육의 장이기 때문에 자료 수집이 최우선 과제가 되어서는 안 된다. 교육과 관련된 연구 가운데 무작위 추출 실험을 실시한 경우는 1% 미만이다. 그 이유는 황금 기준을 적용한 연구에는 어마어마한 가격표가 붙기 때문이다. 실제로 메트스쿨은 자금만 허락된다면 1백만 달러(약 12억 원)를 들여 10년 동안 광범위한 평가를 하려고 계획하고 있다.

그러나 황금 기준으로 평가하는 것은 불가능에 가깝다. 하지만 리즈벳 스코르와 다니엘 얀케로비치는 2000년에 발표한 논문에서 새로운 형태의 평가가 필요하다고 주장했다. 그들은 전통적인 황금 기준이 본래 의학 분야에서 '약물 복용 대비 위약偽藥 효과' 연구를 위해 고안된 것으로, 이런 방법을 택할 경우 사회 프로그램의 본질적인 부분을 많이 놓치게 된다고 주장했다. "사회 프로그램을 성공적으로 수행하려면 여러 구성 요소에 끊임없이 수정을 가하고 지역 상황에 따라 적절한 변형도 허용하는 것 같은 이런저런 문제들에 신경을 많이 써야 한다. '한 명은 제대로 된 약을 복용하고, 다른 사람은 위약을 복용'하는 방식은 이런 프로그램에는 적절하지 않기 때문에 평가자는 황금 기준을 적용한 평가가 누군가 한번 시도해본 일화에 불과하다거나 혹은 '카리스마가 넘치는 지도자'의 역작이라며 거부하기 일쑤다. …… 논의의 여지가 있을 수 없는 완벽한 과학적 증거를 고집하다보니 오히려 효과적인 방법을 찾는 데 방해만 되었고, 사회 프로그램이 옳은 방향으로 향하고 있다는 사실을 입증해줄 증거를 갈망하던 이들의 불만만 사게 되었다. 아이러니하게도 가장 '과학적'이라 믿었던 방법이 실제로는 사려 깊은 평가를 저해하고 말았다."

간단히 말해 메트스쿨이 초기에 이룬 성과의 효율성을 평가하려고 황금 기준을 적용한 연구를 할 필요는 없다는 것이다. 이에 대한 증거는 수 없이 많은데, 앞으로 그 증거들을 살펴볼 것이다. 개괄적으로 살피다보면 필시 간과하게 되는 복잡한 문제도 있을 것이다. 그러나 앞에서 그런 복잡한 문제를 충분히 다뤘고, 앞으로 볼 개괄적인 내용을 정확하게 이해하는 데 필요한 중요한 배경 지식은 이미 언급했다. 메트스쿨의 효율성과 1회 졸업생에 대해 더 많이 알고 싶다면 곧 출판될 아드리아 스타인버그의 책을 참조하면 된다.

누구를 대상으로 무엇을 평가하는가?　｜　메트스쿨의 학생 구성은 백인 41%, 라틴계 38%, 흑인 18%, 아시아계 3%이다. 48%의 학생이 저소득가정 출신에게 제공되는 무료 점심 급식 혜택을 받고 있거나 아주 저렴하게 제공되는 급식을 먹는다. 75%의 학생이 프로비던스 시에 살고 있고, 나머지는 로드아일랜드 주에 있는 16개의 다른 도시나 마을에서 통학한다. 학사 학위를 받은 부모는 1/4에 불과한데, 그중에는 석사나 박사 학위 소지자와 중산층, 화이트칼라 직업을 갖고 있는 부모도 있다.

메트스쿨과 학생 구성이 비슷한 고등학교를 비교해보면 메트스쿨의 효율성을 좀더 쉽게 이해할 수 있겠지만, 안타깝게도 그런 학교는 어디에도 없다. 매우 다양한 계층의 학생과 학부모들이 메트스쿨에 관심을 가지고 있기 때문에 메트스쿨의 학생 구성은 프로비던스 시에 있는 다른 공립 고등학교의 학생 구성과는 사뭇 다르다. 소득이나 부모의 교육 수준으로 보면, 메트스쿨은 일류 마그넷 스쿨(훌륭한 설비와 폭넓은 교육과정을 특징으로 하며 인종이나 기존의 통학 구역에 구애받지 않고 다닐 수 있는 학교-옮긴이)과 일반 고등학교의 가운데에 있다. 사실 후자에 더 가깝기는 하다.

메트스쿨의 학생 구성을 독특하게 만드는 특성은 여럿인데, 사실 그런 특성 때문에 학생들이 거둔 성과가 좋은 것인지 오히려 반대인지는 확실치 않다. 예를 들어 메트스쿨 1회 입학생은 기존의 성과도 전혀 없고, 주의회의 최종 인가도 받지 못했으며 아직 학교 건물조차 제대로 없는 학교에 다니겠다고 지원한 학생들이었다. 이렇게 불확실한 학교와 운명을 같이하겠다고 한 학생이나 그 가족들을 어떻게 생각해야 할까? 메트스쿨에 대한 확신이 있었던 것일까, 아니면 그만큼 절박했던 것일까? 제대로 된 정보를 들은 것일까, 정보 같은 것은 아무래도 상관없었던 것일까? 일반 학교에서 배우는 것보다 어려운 무언가에 도전해보고 싶었던 것일까, 아니면 전에 다니던 학교에서 제멋대로 굴다가 쫓겨났던 것일까? 게다가 메트스쿨에 지원하려면 학부모도 노력을 기울여야 한다. (부모 가운데 어느 한쪽이나 또는 후원자가 지원서를 작성하고 면접을 한 뒤에 매 학기에 열리는 공개 프리젠테이션과 학습계획 회의에 참가하겠다는 동의서에 서명해야 한다.) 학부모들이 동의했다면 과연 충분히 열정적이고 의욕적이어서 동의한 것일까, 아니면 메트스쿨이 문제아 자녀를 받아줄 마지막 희망이라고 생각해서 동의한 것일까?

메트스쿨이 가능성이 뛰어난 학생만 선발하고 그렇지 않은 학생은 받아들이지 않은 것이 아닐까 하는 의문이 생길 수 있다. 그러나 내가 알아본 바로는 그와 정반대이다. 우선 메트스쿨은 프로비던스 시에서 가장 소득이 낮은 계층이 거주하는 곳에서 학생을 모집했다. 다음으로 메트스쿨은 처음 몇 년 동안 지원자를 모두 입학시키다시피 했는데, 이는 지원자 수가 입학 정원을 넘지 않았기 때문이었다. 셋째, 메트스쿨에 9학년으로 입학한 학생들의 학력 수준은 평균 6학년 정도의 수준이었다. 넷째, 메트스쿨에 입학하기 전에 한 달 이상 학교에 출석하지 않은 학생이 절반 가량이었고, 두 달 이상 출석하지 않은 학생이 10%나 되었다. 그 정도로 결석을 하고도 우수한 학생은 찾아보기 힘들다. 마지막으로, 메트스쿨 학생 대부분이 갖가지 고생을 겪어야 하는 집안에서 자랐다.

여기서 우리가 '진정한' 메트스쿨 모델을 평가하고 있는가 하는 문제가 생긴다. 메트스쿨은 매년 신입생을 받아들이고, 새 건물로 옮겨갔으며, 학생도 추가로 받고 있고, 본관은 아직도 공사를 하고 있다. 새롭고 특별한 학교가 미치는 영향은 무엇인가? 일단 메트스쿨을 모델로 한 학교가 여러 곳으로 확산되면, 특별한 느낌이 사라질 수도 있고 그에 따라 학생들이 거둔 성과의 질이 낮아질지도 모른다. 그러나 반대로 메트스쿨 모델의 확산을 통해 여러 가지 이유로 학생의 성과가 향상될 수도 있다. 예를 들어 굉장한 부담이었던 교과과정 개발을 여러 학교에서 같이 진행하는 만큼 교사가 업무에서 풀려나 학생들과 함께하는 시간이 늘어날 것이다. 이런 문제들을 모두 고려해야 하기 때문에 메트스쿨의 성과를 해석하는 일이 복잡해지는 것이다.

결석, 규율, 중퇴와 전학 그리고 대학 입학 ｜ 출석률은 학교에 대한 학생의 관심과 참여도를 보여주는 중요한 척도이다. 메트스쿨은 학생의 흥미를 강조하는 만큼, 결석률이 7%밖에 되지 않는다는 사실을 자랑스러워한다. 이는 다른 프로비던스 고등학교 여덟 곳의 결석률 20%의 1/3 수준이다. (주 평균은 8%이다.) 더욱 놀라운 사실은 메트스쿨에서 정학을 당한 학생 비율은 1.4%인데, 이는 프로비던스의 다른 고등학교 정학률 25.4%의 1/18 수준이다.(주 평균은 28.9%이다.) 이렇게 정학률이 낮은 것은 학교 규모가 작고 맞춤식 교육을 하기 때문이다. 학교가 학생에 대해 잘 알고, 학생이 지역사회와도 연계가 되어 있는 경우 문제 발생 건수는 훨씬 줄어든다. 그리고 맞춤식 교육을 하는 학교는 문제가 생겼을 때 학생을 쫓아내기보다는 그 문제를 해결하려 애쓴다.

중퇴율과 전학률 또한 학교의 효율성을 보여주는 중요한 지표가 된다. 처음 4년 동안 메트스쿨에 등록했던 241명 가운데 중퇴한 학생은 19명이다. 중퇴율 8%는 다른 프로비던스 고등학교 여덟 곳의 평균 27%의 1/3에도 미치는 않는 수준이다. 중퇴한 학생도 대부분 마약이나 범죄, 건강, 가정 문제 같은 심각한 문제 때문에 그만둔 경우이다. 학부모가 아이를 방치하거나 학대한다든지, 아이가 우울증을 앓아 침대 밖으로 나오려들지 않거나 또는 마약을 팔거나 목숨을 걸고 싸움을 한 그런 경우였다. 메트스쿨에서 말렸는데도 학교를 떠난 학생도 있지만, 몇몇은 다른 사람에게 해가 되는 행동이나 학업을 소홀히 하고 결석이 잦은 태도를 고쳐보려는 메트스쿨의 노력이 허사로 돌아갔기 때문에 그만둘 것을 권한 경우이다.

한 어드바이저는 이렇게 말했다. "중퇴생들은 대부분 해보고 싶었던 프로젝트를 찾아 놓고도, 스스로 마음을 먹고 달려들지 않는 공통점을 갖고 있었습니다. 제가 가르쳤던 학생이 중퇴를 한 경우가 몇 있는데, 모두 마음속에 깊은 상처를 가지고 있었습니다. 상처의 징후는 저마다 다른 모습으로 나타났지만, 그 학생들은 모두 아무것도 하지 않은 채 떠났습니다. 스스로 노력하고자 하는 학생일 경우에만 메트스쿨에서 성공을 거둘 수 있습니다. 메트스쿨이 전격적인 지원을 해주지만, 학생도 부분적으로나마 노력해야 합니다."

중퇴생 19명 말고도, 11%에 해당하는 26명의 학생이 다른 고등학교로 전학을 갔다. (전학 갔던 학생이 몇 명 더 있었지만 다시 돌아왔다.) 프로비던스에 있는 다른 고등학교의 전학률은 주 정부의 데이터베이스에 나와 있지 않았다. 메트스쿨에 다니던 학생이 전학하는 이유는 대략 여섯 가지 정도이다. 첫째, 이사를 가기 때문이다. 둘째, 먼 곳에 살기 때문이다. 프로비던스 시외에 살면서 통학하는 학생은 그렇지 않은 학생에 비해 전학률이 두 배나 높았다. 셋째, 중퇴하는 학생과 마찬가지 이유, 다시 말해 가정, 법률, 건강, 정신 건강, 마약 같은 문제 때문에 전학했다. 넷째, 다른 학교에서는 일반적이지만 메트스쿨에서는 부족할 수밖에 없는 체계적인 수업이나 재미있는 스포츠 프로그램 같은 것을 갈망하기 때문에 전학했다. (메트스쿨 교직원과 대화를 나누던 테드 사이저는 이런 상태를 고향을 그리워하는 향수병에 빗대어 '학교 향수'라고 표현했다.) 다섯째, 몇몇 학생은 메트스쿨의 친밀한 분위기를 싫어했고, 규모가 큰 학교에서 보장되던 익명성을 누리고 싶어했기 때문에 전학했다. 마지막으로, 몇몇 학부모는 자신의 자녀가 잘못된 것을 배우거나 필요한 만큼 배우지 못하는 건 아닌지, 또는 대학 입학에 필요한 자격 요건을 갖추지 못하는 건 아닌지 염려해서 자녀를 전학시켰다.

학부모 대부분이 대학 입학을 가장 중요하게 여기기 때문에 2000년 1월 10일자 『프로비던스 저널』 1면에 "비주류 고등학교 1회 졸업생 전원 대학 입학"이라는 제목의 기사가 실린 것은 아주 즐거운 일이었다. 메트스쿨 졸업반 학생 46명이 받은 입학 허가서는 총 90통인데, 브라운, 리드, 노스이스턴, 워체스터 폴리테크, 로드아일랜드대학, 로드아일랜드 커뮤니티 칼리지 외에도 버몬트, 아리조나를 포함한 20개 대학에서 입학 허가서를 보내왔다. 졸업생 대부분이 바로 대학 생활을 시작했고, 다섯 명은 여행이나 일을 하겠다고 입학을 미뤘으며, 한 명은 해군에 입대했다. 학생들이 받은 장학금은 40만 달러(약 5억 8천만 원)나 되었다. 특히 메트스쿨이 자랑스럽게 여기는 사실은 졸업생 가운데 절반 이상이 집안에서 처음으로 대학에 갔다는 점이다.

시험 성적 | 인간의 모든 문제에는 매우 그럴듯하지만 틀린 답이 있게 마련이라는 H. L. 멘켄의 말의 대표적인 예가 오늘날 우리가 치르는 표준화된 시험이다. 주 교육부와 대학에서 필수 요건으로 삼지만 않는다면, 메트스쿨은 이런 시험을 치르지 않을 것이다. 7장에서 이미 다뤘던 여러 함정 가운데 특히 심각한 문제점은 단순 점수로만 환산된 시험 결과 뒤에는 복잡하고 중요한 허점이 숨어 있다는 사실이다. 데니스 교장이 교직원에게 남긴 메모에 이런 문제의 실례가 잘 드러나 있다.

"메트스쿨의 시험 성적을 어떻게 보느냐 하는 것은 재미있는 퍼즐과도 같습니다. 굉장히 다양한 방법이 가능하기 때문이죠. 몇 가지 예를 봅시다. 메트스쿨의 PSAT 점수는 로드아일랜드 주 평균이나 전국 평균보다 10점이나 낮아요. 좋은 성적이 아니죠. 하지만 여러분도 알다시피 메트스쿨은 전교생이 시험을 치렀고, 전국 단위에서는 대개 대학 진학을 준비하는 52%의 학생만이 시험을 봅니다. 이런 사실을 고려하면 점수의 의미가 완전히 달라지죠. 그리고 전국 규모의 PSAT 표본에서는 흑인과 라틴계 학생의 비율이 12%이지만, 메트스쿨은 56%나 됩니다. 백인 이외의 인종이나 소수민족 출신 학생이 뛰어난 점수를 받는 경우도 있지만, 통계상 백인 학생의 평균 성적이 더 높다는 사실은 잘 알려져 있습니다. 따라서 10점밖에 뒤지지 않았다면 잘한 겁니다."

"로드아일랜드 주 시험을 또 다른 예로 들어보죠. 프로비던스 학생의 46%가 기준에 도달한 반면, 메트스쿨은 18%에 머물렀죠. 그러면 우리는 평균에 미치지 못합니다. 하지만 시 전체로 보면 점수 편차가 굉장히 큽니다. 대학 진학을 준비하는 마그넷 스쿨의 경우 71%가 기준에 부합했지만, 다른 일반 고등학교는 13%에 불과했어요. 따라서 18%면 메트스쿨은 잘한 거예요. 이런 정보는 균형 잡힌 시각에서 바라봐야 제대로 살펴볼 수 있습니다."

주에서 주관하는 시험은 10학년 봄에 치르는데, 일반 학교에서 8년도 넘게 공부를 한 아이들이 채 2년도 안 되는 기간 동안 메트스쿨에서 공부를 하고 시험을 치른다. 더군다나 로드아일랜드 주는 최근에 새로운 시험 방식을 채택했기 때문에 시간에 따른 발전 정도를 측정하기가 힘들게 되었다. 메트스쿨 학생 대부분이 예전 방식의 시험을 치다가 메트스쿨에 와서는 새로운 유형의 시험을 쳤기 때문에 두 시험의 점수를 일률적으로 비교할 방법이 없다.

시간 경과에 따른 학생의 발전 정도를 측정할 수 있는 점수는 메트스쿨 개교 첫해에 봤던 시험 점수밖에 없다. 메트스쿨은 학교를 널리 알리려는 목적으로 전교생을 대상으로 9학년 초와 말에 대도시 학생 대상 평가 Metropolitan Achievement Test를 실시했다. 학년 초에 비해 학년 말 수학 성적은 6.5학년 수준에서 8.4학년 수준으로 1.9학년만큼 올랐고, 전국 백분율 순위는 40%에서 18%로 22%나 높아졌다. 독해 점수도 6.8학년에서 8.2학년으로 1.4학년 수준만큼이나 올랐고, 전국 백분율 순위는 38%에서 29%로 9%나 높아졌다. 메트스쿨에서 1년간 공부하는 동안 한 학년 수준 이상의 성과를 얻었으며, 학년 평균 수준을 따라잡기 시작한 것이다. 이렇게 좋은 결과가 나왔는데도 메트스쿨은 표준화된 시험이 별로 현명한 방법이 아니라고 여겨 일 년 뒤에 시행을 그만두었다.

학습 목표 | 메트스쿨의 학습 목표에 비추어 학생의 발전 정도를 측정하는 것은 적절한 결과 측정법이 개발되기 전까지 매우 힘든 작업이 될 것이다. 하지만 그렇다고 해서 학습 목표를 포기해야 한다는 말은 아니다. 아인슈타인이 경고했듯이 중요하지만 셀 수 없는 것도 있고, 셀 수는

있지만 중요하지 않은 것도 있다. 메트스쿨은 수량화하는 방법에 기대지 않는 대신 각 학생의 학습계획팀에 그 학생이 매 학기, 매년 충분히 발전했는지 평가하는 것을 맡기기로 했다.

2백 명이나 되는 학생들의 성과를 몇 문장으로 요약해서 보여주는 일은 황당할 정도로 대담한 작업 같지만, 이번 장에서 꼭 다뤄야 할 내용이라고 생각한다. 내가 찾아낸 최고의 방법은 학생들이 거둔 상대적인 성공도에 따라 학습 목표를 세 가지로 분류하는 것이었다. 가장 큰 성공을 거둔 학습 목표부터 순서대로 나열하면 이렇다. (1) 소통 능력·사회적 사고력·자기관리 능력, (2) 경험적 사고력, (3) 수리적 사고력.

이 세 단계로 구분한 것을 구체적으로 다루기에 앞서 알아둘 사항이 두 가지 있다. 첫째, 세 단계 구분은 평균에 근거한 것으로, 굉장히 다양한 분포를 보인 학생들의 성적을 단순히 1, 2, 3으로 나누어 모호하게 구분한 것임을 밝힌다. 예를 들어 수리적 사고력은 가장 성취도가 낮은 것으로 구분되었지만, 기대치를 이뤘거나 그 이상의 결과를 거둔 학생도 많았다. 둘째, 다른 학교와 메트스쿨을 비교한 것이 아니라 메트스쿨 안에서 비교해 얻은 결과라는 점이다. 따라서 메트스쿨 기준으로는 형편없었던 학생도 일반적인 기준으로 봐서는 성공적이었다고 할 수도 있고, 그 반대의 경우도 가능하다. 더군다나 앞에서 살펴본 중퇴율 통계를 고려해보면, 메트스쿨에서 수준 미달이라는 평가를 받은 학생이라 해도 일반 학교에 다녔더라면 아예 학교를 그만뒀을 것이다.

데니스 교장은 가장 낮은 점수를 받은 3단계 수리적 사고력에 대해 이렇게 말했다. "메트스쿨 교사들이 독해나 작문, 사고력, 사회문제 같은 분야에서는 학생들의 개인적인 성장에 많은 도움을 주고 있지만, 교사들 대부분이 수학과 과학 분야는 그다지 편하게 느끼지 않는 것이 사실입니다. 외부에 진보적인 수학자가 굉장히 많기는 하지만, 학생을 가르칠 만한 좋은 교재를 개발할 인재는 찾지 못했습니다. 자체적으로 노력은 많이 했지만 큰 성공은 거두지 못했죠. 처음에 메트스쿨에 왔을 때처럼 수학을 어려워하지 않고, 기초적인 수학 원리를 응용하여 비교적 단순한 현실세계의 문제를 해결할 정도의 실력을 갖춘 학생은 많아졌습니다. 하지만 수리적 사고 과정을 깊이 이해하고, 복잡한 문제에도 적용할 정도의 실력을 갖춘 학생은 얼마 되지 않습니다. '수학을 무엇에 비유하면 좋을까?' 하는 질문을 계속해서 던지지 않을 수 없습니다. 아이들은 중학교에서 배웠던 수학이 실생활에 어떻게 활용되는지 도저히 알 수 없었기 때문에 수학에서 손을 떼고 싶어했죠. 그런데도 기초 기하라는 멋진 이름으로 불리니 수학이 근사해 보였을 뿐입니다."

"왜 수학 부문이 부진할까 염려할 필요는 없습니다. 어려워서 그런 거니까요. 수학과 인턴쉽을 연계시키는 것이 장기적인 목표지만, 솔직히 지금까지 두 가지를 연계시키는 데 성공한 학생은 많지 않았습니다. 그렇다면 인턴쉽과 수학을 연계시키는 작업을 계속하는 동시에 모든 학생에게 전통 방식의 교과과정으로 수학을 가르쳐야 할까요? 첫해에 대학 입학을 준비해보니 여전히 SAT 점수는 필요 이상으로 큰 비중을 차지하더군요. 그래서 SAT 점수를 올리기 위해 수많은 개념을 학생들의 머릿속에 집어넣어야 할지 아니면 학생들에게 평생 동안 도움이 될 것이라고 생각하는 몇 가지 중요한 개념만 깊이 이해시킬 것인지 심각하게 고민하고 있습니다. 인정하기 싫지만, 현실이 이렇다면 좀더 직접적인 방식으로 수학을 가르쳐야 한다는 결정을 내려야 할 시점인 것 같습니다. 그렇게 하는 것이 현재로서는 최선입니다. 하지만 기존의 방식을 대체할 수 있는 가장 적절한 접근 방식에 대한 연구도 게을리 하지 않을 것입니다."

중간 점수를 받은 2단계 경험적 사고력은 수리적 사고력보다는 성공을 거두었지만, 여전히 메트스쿨이 다루기 힘들어하는 부분이다. 데니스 교장은 이렇게 말했다. "학생들이 과학적으로 생각하게 하고, 중요한 문제를 풀 때 경험에서 우러난 논리를 적용하게 하려고 애를 썼습니다. 하지만 아직 기대 수준에는 이르지 못했죠. 메트스쿨 학생들은 다른 일반 학교 학생들이 생물이나 화학 시간에 배우는 것보다 더 많은 것을 배우고 있을까? 이 질문에는 확실히 그렇다고 답할 수 있습니다. 왜냐하면 일반 학교에 다니는 아이들은 대부분 과학 시간에 배우는 내용을 이해하지 못합니다. 배우면 바로 잊어버리죠. 그리고 일반 학교에서는 지나치게 단순화한 사실을 가르치다보니 사실상 잘못된 내용을 가르치는 경우도 많다고 하는 대학 교수도 있더군요."

이렇게 얘기한 어드바이저도 있었다. "굉장히 복잡하고 현실에서도 인정받을 만한 수준의 프로젝트를 진행한 학생도 몇몇 있습니다. 그러나 현재 우리 앞에 놓인 걸림돌은 경험적 사고력을 본격적으로 다루는 분위기가 아직 자리잡지 않았고, 이제야 자료를 준비하기 시작했다는 사실입니다. 어드바이저들은 좋은 자료를 만드는 노력을 많이 해야 합니다. 학생이 관심을 갖고 있는 분야에 대해 경험적 사고력과 수리적 사고력을 동원해서 수치로 표현하는 조사를 실시할 때도 있습니다. 이때 문제는 학생들이 수집한 자료를 제대로 이해하지 못한다는 것이죠. 그렇기 때문에 가설 수립과 샘플 추출, 자료 수집, 분석, 결론 유도 같은 주요 개념을 깨우치도록 도와주는 조사 기준을 만들어야 합니다. 그리고 어드바이저들이 준비한 자료가 조사뿐만 아니라 다른 프로젝트에도 이용되도록 해야겠죠."

"과학 분야의 배경 지식이 부족한 교사가 많은 것은 사실이지만 더 큰 문제는 다른 데 있습니다. 진짜 문제는 교사들이 경험적 사고력을 너무 편협하게 생각한다는 점입니다. 교사들은 경험적 사고력을 전통적인 고등학교 과학 과목, 그러니까 생물, 화학, 물리, 지구과학 같은 과목으로만 이해하는데, 실제로 메트스쿨에서 말하는 경험적 사고력은 훨씬 광범위한 것이죠. 조사하고 결론을 끌어내는 논리적 방법을 학생들이 터득할 수 있기만 하다면 섬유 디자인에서부터 사회의 불평등까지 어떤 문제든지 다룰 수 있어요. 이렇듯 다양한 영역을 포함할 수 있는 교과과정을 끊임없이 개발해야 합니다. 극복해야 할 어려움이 많다고 해서 연구 결과로 보나 경험상으로 보나 효과적이지 못했던 종래의 방법을 다시 채택해서는 안 됩니다."

메트스쿨은 1단계의 소통 능력, 사회적 사고력, 자기관리 능력 부문에서 대단한 성공을 거뒀다고 생각한다. 많은 학생들이 읽기와 쓰기, 말하기, 듣기, 이해 부문에서 큰 발전을 보였다. 일반적인 언론 외에 다른 도구를 이용하여 스스로의 의견을 낼 수 있게 되었다. 참을성과 책임감, 협동, 정보 활용 능력과 자기관리 능력도 많이 향상되었다. 또한 지켜보는 사람이 없어도 혼자서 배우고자 하는 욕구가 생겼다. 메트스쿨에 들어오기 전부터 이러한 면에 두각을 보였던 아이들도 일반 고등학교 수준을 넘어선 학습 기회를 가질 수 있었다.

가족과 지역사회의 참여 | 메트스쿨에서는 문제가 생겼을 때뿐만 아니라 등교 첫날부터 학부모의 참여를 적극 장려한다. 학부모들은 보호자로서 동행하거나 쿠키를 구우러 오는 일 외에도 자녀의 교과과정을 계획하고 발달 정도를 평가하는 데 함께 참여하기 위해 학교를 방문한다. 최근에 열렸던 가족 프리젠테이션 밤에는 학부모 40명이 참여하여 프리젠테이션 준비를 도와주고, 아이와 함께 진로와 취미에 대해 토론을 벌였다.

그 행사의 결과로 모두 10개의 인턴쉽이 결정되었다. 학부모들은 또한 메트스쿨 자치위원회 위원이기도 하다. 학부모들은 새로 전학 온 학생의 학부모에게 동료가 되어줌으로써 낯선 학교 환경에 적응하도록 도와준다. 또 초청 연사가 되어 졸업식장에서 연설도 하고, 교장과 함께 졸업장에 서명을 해주기도 한다.

로드아일랜드 주의 1999~2000년도 조사를 보면, 메트스쿨 학부모와 로드아일랜드 주의 다른 학교 학부모는 극명한 대조를 이루고 있다. "빵을 판매하는 것 이상의 참여를"이라는 구호를 내걸고 학부모들의 참여를 권유했는데도 성과가 좋았던 학교는 거의 없었다. 교과과정, 예산, 학교 개선 같은 위원회 활동에 학부모의 참여도가 높다고 응답한 학부모가 주 전체는 32%였던 반면, 메트스쿨은 78%에 이르렀다. 메트스쿨도 학부모 참여에 걸림돌이 되는 교통과 일정 선택의 문제를 해결하려고 계속 애를 쓰고 있다. 그런 와중에도 100%에 가까운 학부모 참여율을 보임으로써 전면적인 개혁이라 할 만한 본보기가 되었다.

1999, 2000년도 로드아일랜드 주 조사에 대한 학부모 응답

조사 항목(단위: 동의율 %)	메트스쿨	로드아일랜드 주
나는 학교에서 환영받는다	95	49
학교는 학부모를 동반자로 인식한다	98	35
학생과 학부모에게 가장 훌륭한 학교다	87	27
교사들이 내 자녀에게 신경을 쓴다	95	42
학부모 조직의 활동이 활발하다	87	34
자녀 담당 교사와 딱 한 번 전화 통화했다	95	43
자녀 담당 교사와 여러 번 전화 통화했다	64	6

빅픽쳐 컴퍼니에서 가족 및 지역사회 관리를 맡고 있는 엘레인 워커 카브랄은 이렇게 말했다. "우리가 남다르게 성공을 거둔 부분은 라틴계 학부모의 참여 유도였습니다. 이 일이 가능했던 것은 초반에 라틴계 가족 두세 팀과 긴밀하게 협조했기 때문입니다. 시간이 지나면서 그 사람들은 학교 일에 더욱 열심히 참여했고, 다른 라틴계 가족들이 참여할 수 있도록 학교를 도와주었죠. 이웃과 친척들을 메트스쿨로 보내 다른 수많은 가족들도 메트스쿨에 대해 알게 되었고, 방문하고 싶어합니다."

지역사회의 참여에 관해서라면 메트스쿨보다 더 활발한 활동을 펼치는 학교는 드물다. 실제로 인턴쉽에 중점을 두다보니 학교와 지역사회의 경계가 모호해졌다. 엘리엇 교장은 "지역사회가 곧 우리의 교정이다"라는 말을 종종 한다. 메트스쿨이 개교하고 나서 처음 4년 동안 멘토로 활약한 사람이 4백 명이 넘는다. 산업계와 비영리단체에서 일하는 사람들이 메트스쿨의 운영위원으로 활동하고 있고, 또 다른 사람들을 아침 미팅에 초청하거나 하는 방식으로 지역사회와 빈번히 교류했다. 뿐만 아니라 메트스쿨도 봉사를 통한 학습 프로젝트와 인턴쉽 프로젝트를 통해, 또는 메트스쿨의 개혁을 연구하고자 하는 방문객을 수시로 맞이함으로써 지역사회에 봉사한다. 메트스쿨의 공공시설이 완공되면 지역 주민을 위한 센터와 소규모 지역 사업을 위한 공간으로도 활용될 것이다.

새로운 결과 | 어떤 전문가가 효율성을 연구하면서 명상센터의 생산성을 평가한다고 생각해보자. "당신은 왜 이런 구불구불한 길에서 산책을 합니까? 왜 일일이 풀을 뽑지요? 보도 위를 걷거나 제초제를 쓰면 훨씬 쉽게 빨리 할 수 있지 않나요?" 그 전문가가 이제껏 사용해온 잣대는 이 경우에는 아무런 의미가 없다. 메트스쿨의 경우도 비슷한 딜레마에 마

주친다.

메트스쿨이 이룩한 굵직한 성과 가운데는 미묘하고, 급진적이며 측정하기 힘든 것들도 있다. 그 가운데 가장 중심이 되는 내용은 학교가 학생 하나하나의 교육을 위한 투쟁에 헌신적이라는 사실이다. 골치 아픈 학생은 내보내려는 학교가 굉장히 많은데, 이런 실태는 미쉘 화인의 책에 명확하게 나와 있다. 미쉘은 눈에 띄지 않지만 공공연하게 진행되는 관행 가운데 가능하면 큰 소리를 내지 않고 아이를 내보내려는 학교의 관행에 대해 이렇게 지적했다. "하루에도 예닐곱 명이나 되는 학생이 교무실로 가서 학교를 그만두게 해달라고 한다. '무슨 소리야? 지금 네가 무슨 일을 하고 있는지 알기나 하는 거야?'라고 말해주는 사람은 아무도 없다. 흥분한 목소리도 들리지 않고, 열을 올리는 사람도 없이 내심 기뻐하는 게 아닐까 싶을 정도로 사무적인 문서 교환만 이뤄질 뿐이다. …… 겉으로 보면 학교를 떠나는 아이들은 쫓겨나는 것이 아니다. '자발적으로' 떠날 뿐이고, 그래서는 안 된다고 만류하는 사람도 없다."

하지만 메트스쿨에서는 절대로 이런 일이 일어나지 않는다. 학교를 그만두고 싶어하는 학생이 생기면 메트스쿨은 학생을 붙잡기 위해 캠페인을 벌인다. 교직원은 근본적인 문제점을 밝히고 대안을 마련하여 사태를 해결하려 하며, 고등학교를 중퇴할 경우 직업을 구하기가 매우 힘들다는 사실을 학생에게 주지시키고, 학부모에게도 강경한 입장을 표시하도록 촉구하며, 인턴쉽을 지도했던 멘토와 동료 학생들의 도움을 구하며 심지어는 학생의 집에까지 찾아가 연좌 농성을 하기도 한다. 학생 한 명 한 명이 개별적인 존재로 평가받고, 학생들도 그 사실을 알고 있다. 학생들은 학교라는 관료 체제의 일부에 지나지 않는 존재가 아니다. 중요한 사실은 메트스쿨이 단순히 학생을 붙잡아두려는 것이 아니라 잠재 가능성을 십

분 발휘할 수 있도록 도와주려 한다는 점이다. 실제로 학교가 학생에게 거는 기대가 낮으면, 학생은 그만큼만 성장할 뿐 기대 이상의 성장을 거두기 힘들다. 대부분의 학교에서 이런 현상이 나타나는데 특히 사회적, 경제적으로 불리한 위치에 놓인 학생에게서 많이 나타난다. 그러나 메트스쿨에서는 어떤 환경의 학생이든 모두 높은 목표를 달성할 수 있도록 격려해준다.

또한 메트스쿨에서는 저소득층 가정의 자녀가 대학교육을 받은 중산층의 세계—아이가 세상을 살아가면서 무언가를 선택해야 될 때 많은 영향을 끼치게 될 낯선 세계—가 어떤 것인지 경험해보도록 도와준다. 우리 아버지는 가난한 사람을 위한 임대주택 단지에서 홀어머니와 함께 생활 보호 대상자 연금을 받으며 살았다. 하지만 공부를 잘했던 아버지는 공부를 열심히만 하면 하버드대학에 진학할 수 있을 것이라고 굳게 믿고 있었다. 아버지는 어른들의 도움을 전혀 받지 않고 하버드대학에 지원서를 냈다. 아버지는 대학에 떨어졌다는 소식을 듣고는 크게 낙담했다. 도대체 왜 하버드대학에서 받아주지 않았는지 전혀 알 수 없었는데, 분명히 입학할 것이라고 믿고 있었던 아버지는 다른 학교에는 지원도 하지 않은 상태였다. 여름이 되자 아버지는 보스턴대학에 지원하여 합격했다. 처음 등교하던 날, 아버지는 대학도 고등학교와 마찬가지인 줄 알고 아침 8시에 학교에 가서 몇 시간 동안 담임 선생님이 들어와 하루 일과를 지시하기를 기다렸다. 그러다 어떤 행정 직원이 와서 대학에는 그런 담임 선생님이 없다고 했을 때 아버지는 너무나 당황스러웠다고 한다. (5년 후에 아버지는 이학사와 경영관리학 석사학위를 땄다.)

메트스쿨은 학생들이 이런 낭패를 당하지 않도록 최선을 다한다. 학생들이 전문 직업 환경을 접하거나 도움을 줄 수 있는 여러 명의 멘토들과 관계를 맺도록 하며, 각종 회의에 참석하게 하거나 대학 강의를 들을 수 있게 한다. 이런 방법을 통해 학생들이 여러 가지 활용 가능한 자원 가운데서 자신의 몫을 찾도록 가르친다. 메트스쿨은 또 중산층 가정의 자녀라면 으레 누리는 갖가지 기회를 저소득층 가정의 자녀는 누리게 못하게 가로막았던 장벽을 조금씩 헐어나간다. 이런 노력 덕분에 불량배였던 세트야가 공동모금 단체인 유나이티드 웨이의 부회장 직책을 얻을 수 있었다. 또한 저소득층을 위한 임대주택 프로젝트의 도움을 받아야 했던 타미카도 아이비리그에 입학하게 됐다.

메트스쿨은 또한 신념을 갖고 한결같은 의지로 일을 추진했으며 다양한 학습 활동을 지지해주는 두터운 후원자층을 구축했기 때문에도 성공했다는 평가를 받을 것이다. 메트스쿨이 주도한 대부분의 개혁 활동은 교육부와 카네기 재단, 전국 중등학교장연합회 같은 전국 규모의 저명한 단체의 지원을 받았다. 그런 지원을 받고 있다 해도 메트스쿨은 자체적으로 개혁 아이디어를 실행하려고 분투하는 몇 안 되는 학교 가운데 하나이다.

메트스쿨은 그 존재 자체만으로도 학교 개혁의 논의틀을 바꿀 수 있다. 장기적으로 보면 가장 큰 영향력을 미칠 수도 있을 것이다. '진정한 학교의 연합'이 1천 여 회원 학교 외에 다른 학교에까지 개혁을 전파하는 촉매 역할을 했듯이 메트스쿨의 성공을 발판으로 새롭게 시작하는 작은 학교와 맞춤식 학습, 인턴쉽, 공개 프리젠테이션, 학습계획팀, 졸업반 프로젝트를 비롯한 여러 방식이 널리 전파되기를 빅픽쳐 컴퍼니도 바라고 있다. 이미 로드아일랜드 주뿐만 아니라 다른 주에서도 메트스쿨 덕분에 많은 학교들이 훨씬 쉽게 개혁의 길에 들어설 수 있게 되었다. 또 다음 장에서 자세히 설명하겠지만, 전국의 교육자들이 빅픽쳐 컴퍼니와 협력해 신설 또는 기존 학교에 메트스쿨의 특성을 적용시키려 하고 있다.

 일반적인 기준으로 보면 대학 진학률 100%라는 성과는 메트스쿨이 무언가 제대로 하고 있다는 확실한 증거이다. 현재 대학 진학을 앞둔 메트스쿨 학생들 대부분이 일반 고등학교에 다녔더라면 중퇴하고 말았거나 열여덟 살 정도에서 정식 학교교육은 그쳤을 것이라는 데는 의심의 여지가 없다. 많은 학생들이 스스로 그렇게 말한다. 일반 학교에서 졸업을 했다 하더라도 타미카나 세자르, 그 밖에 다른 학생들이 이곳에서처럼 탁월한 성과를 이루었을 것이라고 생각하기는 힘들다.

하지만 메트스쿨은 모두를 위한 학교도 아니며, 모든 학생이 이곳에서 성공하는 것도 아니다. 모든 학생이 고전적인 표준 교과과정을 이수해야 한다고 믿는 전통주의자라면 절대 메트스쿨에 만족하지 않을 것이다. 반대로 모든 학생의 학습은 스스로 결정해야 한다고 믿는 진보주의자도 메트스쿨에 만족하지 않을 것이다.

한편 어떤 학교에 다니더라도 좋은 성과를 거둘 수 있는 학생도 있다. 과연 이런 학생들이 충분히 검증되지 않은 학교에 다니는 위험을 감수하면서까지 입학할 정도로 메트스쿨은 충분한 혜택을 제공하는가? 하지만 반대 논리로 따져서, 어디를 가든 성공할 수 있는 능력을 지닌 학생이 상당한 결점이 드러난 일반 고등학교에 다니는 위험을 감수해야 하는 이유는 과연 무엇일까? 이런 문제에 대한 판단은 결국 개인의 가치관에 달려 있다. 따라서 궁극적으로는 다양한 모델의 공공 학교를 제공해주고 학부모가 자녀에게 맞는 모델을 직접 선택하라고 하는 것이 마땅한 해결책일 것이다.

메트스쿨과 빅픽쳐 컴퍼니에서 일하는 교사나 교직원 가운데 고등학생 연령의 자녀를 둔 사람은 모두 네 명이다. 그 가운데 엘리엇 워셔 교장을 포함해 세 사람이 메트스쿨에 자녀를 보냈다는 사실은 주목할 만하다.

이는 대도시 중심부의 학교에서는 찾아보기 힘든 일이며, 메트스쿨의 가치를 확실히 입증해주는 일이기도 하다. 이 사람들은 대학 교육을 받은 중산층이기 때문에 자녀들을 프로비던스 시내의 마그넷 스쿨이나 주에서 손꼽히는 교외의 공립학교에 보낼 수도 있었다.

물론 메트스쿨에도 분명 문제점이 있다. 인턴쉽에 실패하거나 학교를 그만두는 학생도 있고, 구성원들의 충돌도 있으며 학습 목표를 더욱 분명히 해야 하는 것 같은 문제들이 있다. 메트스쿨의 원칙을 철저히 구현해내려면 몇 년에 걸쳐 정력적으로 움직여야만 할 것이다. 그러나 메트스쿨이 원하는 것은 유토피아가 아니다. 사람들은 종종 혁신적인 학교에 대해 얘기할 때 이미 결함이 많이 드러난 기존 모델과 비교하지 않고, 아직까지 존재한 적이 없는 이상적인 학교와 비교하는 경우가 많다. 학교가 개혁에 착수하기도 전에 반드시 개혁에 성공할 것이라는 것을 보증해달라는 사람은 지나치게 순진하거나 아니면 개혁을 방해하려는 것일 뿐이다. 다양한 출신의 학생을 대상으로 한 메트스쿨이 비슷한 구성의 학생들을 가르치는 다른 학교보다 훌륭한 성과를 거두었다는 증거는 이미 많이 나왔다. 교육자와 학부모, 연구자, 정책 입안가들이 메트스쿨의 접근 방식에 상당한 관심을 가지고 있는데, 메트스쿨은 분명히 장기간에 걸쳐 시도해볼 만한 가치가 있는 모델이다.

생존과 확장에 따르는 과제 10

어려움을 극복한 학교에 대한 이야기는 아주 많다. 교사와 교장이 지치지 않고 일하며 첨단의 전략을 동원한 결과, 실패의 나락으로 떨어져가던 학교를 되살렸다며 이들을 칭찬하는 기사가 지역 신문에 실리기도 한다. 다른 학교들도 동참하여 그런 성공 전략을 각자의 학교에서 활용해보려고 열심이다. 하지만 새롭게 도전하는 학교들이 곧잘 실패하고, 성공했다고 칭송받던 학교도 곧 평범한 학교로 전락하고 마는 경우 또한 자주 목격하게 된다.

메트스쿨 창립자들은 이런 일을 반복하지 않겠다고 굳은 결심을 했다. 그들은 처음부터 메트스쿨이 시범학교나 교육개혁을 위한 실험실 역할을 하게 함으로써 다른 학교도 메트스쿨 모델을 따르게 할 생각을 갖고 있었다. 이 장에서는 이런 임무를 실행하는 동안 겪었던 엄청난 시련에 대해 이야기할 것이다. 현재 메트스쿨이 어디로 향하고 있는지를 설명하기 위해 지금까지 메트스쿨이 걸어온 길을 간단히 소개하고자 한다.

좋은 일은 한 번 찾아올 뿐이다 | 인재와 기회가 이처럼 놀라울 정도로 한자리에 모여 있지 않았더라면 메트스쿨은 구상 단계에서 더 이상 앞으로 나가기 힘들었을 것이다. 데니스 교장과 엘리엇 교장은 1993년까지 뉴햄프셔 주에서 일했는데, 로드아일랜드 주에 든든한 동지 두 명을 두고 있었다. 그중 한 명인 테드 사이저 교수는 브라운대학 아넨버그 학교개혁연구소 소장으로 일하면서 공교육 사상 최대 규모의 기부금(5억 달러, 약 6천억 원)을 모았다. 십 년 전 사이저는 '진정한 학교의 연합'을 설립하였고, 데니스가 그곳에서 초대 교장을 맡아 큰 성공을 거둔 인연이 있었다. 또 다른 동지는 로드아일랜드 최

대 규모의 기업인 CVS 제약을 비롯한 여러 기업체를 거느린 스탠리 골드스타인 회장이다. 골드스타인은 데니스와 엘리엇이 뉴햄프셔에서 일하고 있었을 때, 두 사람의 프로젝트에 자금을 지원했는데, 나중에 이 프로젝트는 포드재단과 하버드대학에서 주는 영예로운 주 정부 개혁상을 받기도 했다.

사이저는 1994년에 데니스와 엘리엇을 아넨버그연구소로 영입하면서, 로드아일랜드 주에서 학생의 관심사를 바탕으로 하는 실험적인 교육 모델을 운영해보기로 했다. (이 생각이 나중에 빅픽쳐 컴퍼니로 발전했다.) 이미 변화를 도와줄 세 가지 여건이 준비된 상태였다. 우선 로드아일랜드의 어느 시민단체에서 전면적인 교육개혁을 부르짖는 유명한 보고서를 발표했고, 개혁 성향의 피터 맥월터스가 로드아일랜드 주 교육국장으로 일하게 되었던 것이다. 또한 로드아일랜드 주는 새로운 직업기술 고등학교를 세우기 위해 주 의회에서 채권 발행안을 통과시킨 상황이었다. 이미 찰스 모호코브스키라는 컨설턴트가 학교의 밑그림을 그려 놓은 상태였는데, 당시 로드아일랜드 주나 전국에서 흔히 보는 직업학교에서 하는 것 이상으로 지식 교육과 직업 교육을 긴밀하게 통합하려는 구상이었다.

데니스와 엘리엇은 맥월터스, 모호코브스키를 포함해 로드아일랜드 주의 교육계, 정치계 주요 인사와 관계를 맺어갔다. 1995년 여름에는 새로운 학교의 운영권을 따내기 위한 로비 활동을 벌여 성공을 거두었다. 그 뒤 일 년간 정신없이 계획하고, 연합체를 만들고, 활발한 홍보 활동을 하고, 학생과 교직원을 모집하여 1996년 9월에 대도시 지역 기술직업센터를 열게 되었다.

엘리엇 교장은 이렇게 말했다. "메트스쿨처럼 개혁적인 공립 기관을 세우기 위해서는 아주 많은 사람에게서 지원을 받아야 합니다. 데니스와 제가 비교적 시골인 뉴햄프셔에서 여러 인종이 섞여 북적거리며 사는 프로비던스 시로 옮겨온 지 얼마 지나지 않은 때였어요. 각계 각층의 수많은 사람들이 개인적인 명성이나 직업적인 명성에 흠이 날 위험을 감수하면서까지 우리의 목표를 이루는 데 힘써주지 않았더라면, 우리의 야심찬 구상이 여기까지 올 수는 없었을 겁니다. 알몬드 주지사와 직원들이 나서서 도와주었고, 폴 크로울리나 찰리 월튼, 그 밖의 주 의회 관계자들이 우리 생각에 회의적이었던 사람들을 설득하여 많은 도움을 주었습니다. 리젠트위원회의 프레드 리피트와 메리 해리슨도 마찬가지로 많이 도와주었습니다. 특히 맥월터스 교육국장은 주 의회와 리젠트위원회를 설득하여 종래의 학교와 비슷한 점이라고는 전혀 없는 메트스쿨의 프로그램이나 예산, 공간 구상에 대한 동의를 이끌어내는 데 큰 역할을 했습니다. 맥월터스는 첫 졸업생을 성공적으로 배출할 때까지 4년 동안 끊임없이 지원해주었습니다."

"당시 메트스쿨 학교위원회 의장을 맡아주기로 했던 스탠리 골드스타인이 없었더라면 이런 성공을 거두기는 힘들었을 겁니다. 골드스타인은 평생을 로드아일랜드 주에서 보낸 사람인데다가 이 지역에서 그를 모르는 사람이 없었고, CVS는 로드아일랜드에서 가장 큰 축에 드는 회사였으니까요. 데니스가 전국에서 명성을 떨치고는 있었지만, 스탠리가 이곳에서 가지고 있는 명성 덕분에 우리가 필요로 하던 정치적 영향력을 얻을 수 있었습니다. 우리와 함께 일한 엘레인 워커와 케이스 올리베이라는 프로비던스에서 자랐고, 현지 지역사회 개발기구에서 활발하게 일한 사람들이었습니다. 두 명 모두 라틴계와 흑인 사회와 두터운 친분이 있었기 때문에 지역사회와 폭넓은 연대를 구축하는 데 많은 도움을 얻어 학교를 더욱 성공적으로 운영할 수 있게 되었습니다."

"이렇게 많은 요소들이 이미 구축되어 있었다는 사실이 놀라울 뿐입니다. 스탠리와 피터, 테드, 아넨버그, '진정한 학교의 연합' 모두가 로드아일랜드에 있었고, 채권 발행안은 이미 통과된 상태였으며 찰리 모흐코브스키가 구상한 학교도 우리의 목표와 놀랄 정도로 닮아 있었죠. 하나하나 힘들지 않은 일이 없었지만 이미 준비된 조건들이 이렇게 많지 않았더라면 우리의 개혁은 훨씬 어려웠을 것입니다."

확장에 따른 도전과 과제 | 좋은 일이 한꺼번에 두 가지나 일어나기를 바라는 것은 무리다. 우리가 사는 세상이 이상적인 모델이라면 최고로 효율적인 사회 프로그램이 나왔을 때 많은 이들이 똑같이 만들려고 애쓸 것이다. 정보를 제대로 알고 있는 소비자는 최상의 상품을 선택하기 마련이니까. 하지만 현실에서는 강력한 기득권층이 비효율적인 프로그램을 포기하지 않으려고 하며, 본보기가 될 만한 모델을 소외시킨다. 아무리 성과가 좋다 하더라도 개혁 성향의 학교는 시간이 지날수록 점점 더 높은 장벽에 부딪치게 된다.

데니스 교장은 이렇게 말했다. "메트스쿨과 똑같은 학교를 여럿 만들 생각은 전혀 없습니다. 메트스쿨 학습 원칙을 다른 환경에서도 실행 가능하도록 하는 게 우리 목표입니다. 하지만 중요한 것은 메트스쿨 모델을 똑같이 만들어내기가 매우 힘들다는 사실입니다. 기존 주류 체제에서 완전히 벗어나 있으니까요. 메트스쿨 모델이 자리를 잡으려면 먼저 지금의 교육체제에 엄청난 변화가 필요하다는 사실을 깨닫는 사람이 많아져야 합니다. 하지만 그렇게 생각하는 사람은 거의 없죠. 대부분의 전문가들이 예견하는 방향으로 세상이 변한다면 메트스쿨 모델도 널리 퍼져나갈 겁니다. 하지만 세상이 계속해서 표준화를 추구하고 좁은 시각으로만 바라보려 한다면 우리는 주변에 머물다 끝나는 수밖에 없겠죠."

빅픽처 컴퍼니가 추구하는 학교가 번창하려면 많은 변화가 함께 따라야 한다. 데니스 교장은 이렇게 말했다. "주에서 요구하는 사항 몇 가지를 면제받을 수 없었다면 메트스쿨의 교육 방식은 실현 불가능했을 겁니다. 학교에 일정 시간 이상 앉아 있어야 한다는 요구 사항을 지키려면 인턴쉽이 불가능하고, 기존 교과과정의 필수 과목을 가르치려면 맞춤식 프로젝트 자체를 없애야 합니다. 교사들의 노동조합 가입 문제도 있었습니다. 메트스쿨 교사들은 노동조합 두 군데를 살펴본 뒤에 어디에도 가입하지 않기로 결정했습니다. 만약 교사들이 노조에 가입을 했더라면, 업무 일정이나 고용과 관련해서 특별 계약 조항도 만들 수 없었을 테고 지금 같은 체제를 갖출 수 없었을 겁니다. 일반적인 고용 계약에 따르면 해마다 20일씩 연간 기획 시간이나 교사 개발을 위한 시간을 두는 건 불가능합니다. 교사에게 추가로 돈을 지급한다 해도 계약에 묶여 실시할 수 없는 거죠. 그리고 교사들은 회의나 여러 가지 행사 때문에 일주일에 하루씩 밤에 시간을 내야 합니다. 물론 이런 활동이 교사의 개인 시간을 침해하지만, 아침 8시부터 오후 3시까지만 일한다면 학생 가족의 참여는 아예 기대도 못하게 됩니다. 노조의 여러 가지 계약대로라면 메트스쿨은 마음대로 교사 채용도 할 수 없습니다. 직원 채용이 자유롭지 못한 기업을 상상이나 할 수 있나요. 믿기 어려운 일이죠."

"문제는 지방정부의 통제입니다. 우리에게는 필요한 교사를 채용할 자유가 필요합니다. 지역 행정관이 기분 내키는 대로 교장을 전근 보내지 않겠다는 확답도 받아야 합니다. 일선 학교에 힘을 더 많이 실어줘야 하고, 지역 교육청에서 통제하려고 하면 어떤 경우라도 토론을 거치도록 해야 합니다. 교육관청에 너무 많은 힘이 실리게 되면 안 됩니다."

불필요한 외부 제약이 너무 많아지면 혁신적인 학교도 잠재 능력을 충분히 발휘하지 못하게 된다. 처음의 뜻을 제대로 펼치지 못하게 되고, 결국 진정한 평가도 받지 못하게 된다. 또 혁신적인 학교의 숫자가 늘어나면서 장애물도 많아졌다. 리즈벳 스코르가 1997년에 발표한 논문을 보면, 수상 경력이 있는 뉴욕의 교장 열 명 모두가 한결같이 규정을 티 나지 않게 피해나간 덕분에 성공을 거둘 수 있었다고 고백했다. 규정을 살짝 피해가는 학교가 몇 안 된다면 괜찮겠지만, 그런 학교들이 많아짐에 따라 이목이 집중되기 때문에 결국은 당국에서도 규정의 허점을 메운다. 이렇게 되면 체제 자체를 변화시켜야만 그 이상의 학교 혁신을 이룰 수 있는데, 이것이 바로 빅픽쳐 컴퍼니의 최우선 목표이다.

메트스쿨이 기존 체제를 변화시키기 위해 부단히 노력한 부분 가운데 하나가 대학 입학 담당자들의 인식을 바꾼 것이다. 대학의 수문장인 이들은 지원자 서열을 매길 때 대개 (성적, 학점, 학급 석차 같은) 메트스쿨이 제출할 수 없는 숫자나 (SAT 점수 같은) 메트스쿨이 별로 좋은 평가를 받지 못한 숫자를 잣대로 삼았다. 메트스쿨은 학생의 포트폴리오와 교사의 세세한 평가서가 학생의 성과나 가능성을 제대로 평가할 수 있는 더 정확한 잣대라고 믿지만, 대학 당국은 많은 시간을 들여 복잡한 자료를 검토하려고 하지도 않고, 대부분 그럴 여력도 없다.

따라서 메트스쿨은 노련한 진학 전문 상담가를 고용하여 수십 곳의 대학을 찾아가 메트스쿨의 학습 방식에 대해 설명하게 했다. 메트스쿨은 몇몇 대학을 설득하여 그 대학에 지원한 메트스쿨 학생들을 면접하게 했다. 왜냐하면 대부분의 학생들이 단순히 서류로 훑어볼 때보다는 직접 만났을 때 훨씬 강한 인상을 남기기 때문이었다. 메트스쿨은 각 학생의 대학 입학 지원서마다 메트스쿨에 대한 상세한 자료를 첨부했고, 입학 담당자가 그 자료들을 검토할 시간이 부족할 경우를 대비해 성적증명서도 같이 넣었다. 물론 그 학생을 자세히 평가한 교사 평가서도 같이 제출했다.

성적증명서는 시험 점수와 대학에서 수강한 과목, 좋은 성과를 거뒀던 프로젝트에 대한 내용이 절반을 차지하고, 나머지 절반은 메트스쿨의 학습 목표와 학생이 그것을 이루기 위해 기울인 노력이 어떤 것인지 자세하게 표로 작성되어 있다. 학생들은 학습 목표 하나하나에 대해 다음과 같은 평가를 받았다. (1) 기대 이상으로 매우 뛰어남, (2) 기대 이상, (3) 기대 부응, (4) 노력 필요. 메트스쿨 어드바이저들은 이런 식의 평가를 하고 싶지 않았지만 성적이나 성적에 상응하는 증거를 제시하지 않으면 아예 지원할 수 없게 하는 대학이 많기 때문에 도리가 없었다.

메트스쿨 졸업생이 모두 대학에 합격했다는 사실은 메트스쿨의 노력이 이른바 학교의 성공 척도에 어느 정도 부합했다는 사실을 증명해준다. 하지만 아직도 장애물이 많이 남아 있다. 엄격하게 SAT 제한선을 정해 놓았거나 (영어 4년 이수 같은) 필수 과목 이수 규정을 정해 놓은 대학들이 있기 때문이다. 지원자가 대학에서 학문을 할 수 있는 능력을 가지고 있다는 것을 다른 방식으로 증명할 자료가 충분하다 해도 이런 규정에 따라야만 한다. 데니스 교장은 대학의 입학처장들에게서 실험학교 출신 학생을 제대로 평가해주고 싶지만, 대학 규정을 바꾸기 전에는 그러기 어렵다는 이야기를 들었다고 한다. 메트스쿨은 이런 장애물이 점차 사라지기를 바라며, 학생과 학교 모델 홍보에 더 많은 노력을 기울이고 있다.

메트스쿨 모델을 성공적으로 전파하기 위해서는 새로운 책임체계가 필요하다. 주 단위의 시험은 대부분 메트스쿨의 학습을 평가하는 데 적당하지 않기 때문이다. 메트스쿨은 합의를 바탕으로 한 평가체계를 추구하지만, 메트스쿨이 자리를 잡기 전까지는 표준 방식을 따르라는 요구가 빗발칠 것이다. 이런 난국을 타개할 수 있는 것은 일부 학군에서 이미 개발을 시작한 대안적 책임체계이다. 뉴욕의 작은 학교 몇 군데에서는 학부모와 교사, 대학교수, 지역사회 구성원, 자매학교로 구성된 심의위원회를 만들었다. 이 위원회는 기존 학교에 비판적인 교육관계자나 학교와 직접적인 관련은 없지만 학교 개혁에 관심이 많은 일반 대중을 포함한 다양한 위원들로 구성되어 있다. 이 위원들은 학교가 바른 방향으로 나아가고 있는지, 또 책임을 다하고 있는지 검토하는 역할을 하고 있다.

학교의 확장과 관련해 또 다른 중요한 문제는 학교가 얼마나 빠른 속도로 변화해야 하는가이다. 개혁가들은 대부분 급격한 변화는 정치적으로 실행 불가능하다고 주장한다. 그러나 테드 사이저는 이렇게 반박했다. "작은 변화는 변화가 아니다. 점진적인 개혁은 단기적으로는 쉬울지 모르지만 최종 목표를 이루는 데는 도움이 되지 않는다. 학교를 구성하는 요소들은 사회 전반에 걸쳐 영향을 미치게 마련이므로, 시너지 효과를 얻지 못하면 결국 좌절로 끝을 맺고 만다. '진정한 학교의 연합'의 예를 보더라도 점진적 방식을 채택했던 학교는 전면적인 변화를 시도한 학교보다 더 많은 어려움을 겪고 있다."

빅픽쳐 컴퍼니가 추구하는 개혁을 부분적으로 시도하면 어떤 문제가 생길지 쉽게 상상해볼 수 있다. 학생들은 자신의 관심사에 몰두할 수 없을 뿐만 아니라 또한 기존의 교과과정을 따라야 하는 부담도 져야 한다. 교사들도 심도 깊은 맞춤형 프로젝트를 돕는 데 더해 매일 다섯 시간씩 일반교과를 가르쳐야 하기 때문에 무리가 따를 수밖에 없다.

반면에 너무 급하게 개혁을 추진하는 데 따르는 위험도 있다. 메트스쿨의 애초 계획은 4년 동안 여섯 곳의 소규모 학교를 여는 것이었으나, 공사

지연으로 두 학교만 문을 열게 되었다. 데니스 교장은 이에 대해 이렇게 말했다. "계획대로 빨리 개교하지 않은 것이 천만다행이죠. 두 학교만으로도 이렇게 힘든데, 그보다 규모가 더 커졌을 거라는 생각을 하면 끔찍합니다. 이 정도 속도가 딱 적당해요."

학교를 시작하는 것도 힘들었지만, 교과과정을 만들고 건물을 설계하며, 메트스쿨이 믿을 만한 학교라는 인상을 남기기 위해 분투하거나 홍보하는 일도 힘들었다. 만약 메트스쿨 같은 학교가 몇 군데 더 있었더라면, 부담이 좀더 가벼워졌을 것이다. 그렇기 때문에 메트스쿨 모델을 효과적으로 실행하려면 지금보다 규모가 더 작은 학교를 몇 군데 세우고 개교 첫날부터 완벽하게 운영하는 방법도 있다. 규모가 큰 학교는 2장에서 이야기한 것처럼 학교 안에 여러 학교를 두는 모델을 채택하면 된다.

그러나 대개는 함정이 있다는 걸 알면서도 점진적 변화를 추구한다. 데니스 교장은 최근 이런 말을 했다. "예전에는 조금씩 변화를 시도해보겠다는 학교와는 말도 하기 싫었습니다. 그런 식으로 접근해서는 진정한 변화를 이끌어낼 수 없다고 생각하거든요. 하지만 이제는 '전면적인 변화를 꾀할 수 없다면, 우선 몇 가지만이라도 시도해보는 게 어떻겠습니까? 하고 말할 겁니다. 제가 가장 중요하게 여기는 것은 학생들이 관심 분야가 같은 어른들과 함께 실제로 일을 한다는 사실입니다. 빅픽쳐 컴퍼니의 역할은 현실적인 제약을 안고 있는 학교가 이런 개혁 작업을 어떻게 해나가야 하는지 도와주는 것이겠죠. 전국의 고등학교 졸업반 학생을 대상으로 프로그램을 시행해보는 것도 좋은 방법일 겁니다. 졸업반 학생들은 다들 어떤 일을 하면 좋을지 고민하고 있으니까요. 일단 졸업반 학생부터 시작해서 전체 학생으로 범위를 넓히는 게 좋을 겁니다."

재정 문제도 빼놓을 수 없다. 과연 메트스쿨은 다른 학교에 비해 더 많은 비용을 들이고 있는가? 아니면 그 반대인가? 메트스쿨 학생은 프로비던스의 다른 일반 고등학교 학생이 받는 지원과 비슷한 수준의 지원을 받지만, 몇 가지 사항을 고려해야 한다. 우선 메트스쿨은 처음 몇 년 동안 그 뒤의 기간에 비해 비용이 상당히 많이 들었다. 둘째, 인턴쉽 현장에서 제공받는 자원들을 어떻게 돈으로 환산해야 할까? 이런 자원들은 과연 메트스쿨의 순수한 자산이 되는 것인가, 아니면 메트스쿨 학생들이 인턴쉽 현장에서 받은 만큼 돌려주는, 학교와 인턴쉽 현장의 거래인가? 셋째, 공립학교는 모두 후원금 수입이 있고, 또 공식 예산에는 드러나지 않는 이런저런 수입이 있다. 그런데 메트스쿨은 졸업률이 굉장히 높은 편이어서 학생들이 나중에 공공복지 기금을 쓰게 될 확률이 현저하게 줄어들기 때문에 공공기금을 상당히 절약하는 셈이다. 이런 의미 있는 절약을 한 것에 대해 지원을 하지 않는 것을 보면, 정부의 예산 편성이 얼마나 근시안적인지 알 수 있다.

데니스 교장은 재정 문제에 대해 이렇게 말했다. "자금을 얼마나 가지고 있었든 우리는 그 돈으로 메트스쿨을 시작했을 겁니다. 자금이 절반밖에 없었다면, 몇 가지 계획은 실행할 수 없었겠지만 그렇다 해도 기본 방침은 변함이 없었을 겁니다. 우리는 앞으로도 다른 학교가 받는 만큼 지원금을 요청할 것이고, 기회가 닿을 때마다 후원금을 모을 겁니다. 지금은 일반 직업학교 수준의 지원을 받기 때문에 약간은 여유가 있습니다. 하지만 언젠가는 여유 자금을 다 써버려 사정이 좋지 않은 때가 오겠죠. 사실 학교를 새로 세워 운영하는 처음 몇 년 동안은 여유 자금이 꼭 필요합니다. 특히 인턴쉽을 진행하려면 그렇습니다. 엘레인 해크니를 고용해 여러 기업체와 관계를 맺어나간 3년 동안 인적자원 투자위원회의 후원을 받지 않았다면 정말 힘들었겠죠. 엘레인은 병원이나 기업체와의 연락, 메트스쿨을 홍보하는 오리엔테이션 개최, 프로젝트 기획 자료 작성, 우리와 관계를 맺고 있는 기업체의 데이터베이스 구축, 평가 양식 개발, 멘토를 위한 행사 준비 같은 많은 일을 해줬어요."

학교를 개혁하는 데 가장 큰 장애물은 학교에 만연한 불평등과 실패를 보고도 그냥 참아 넘기려는 미국인의 정신 상태일 것이다. 알피 콘은 『우리 아이만 잘 된다면Only for My Kid』에서 자기 아이에게 이익이 된다면 아무리 불평등한 체제라도 존속시키려 애쓰는 부모가 태반이라고 주장했다. 이 부류의 부모들은 주로 중산층 백인인데, 대개 지역사회에서 큰 목소리를 내는 사람들이다. 이 사람들은 자기 자녀를 의기양양하게 만들어주는 현재의 평가체계와 자기 아이들이 불공평할 정도로 혜택을 많이 누리는 '재능 있고 능력 있는' 학생을 위한 프로그램들이 바뀌지 않기를 바란다. 이전 세대가 노골적으로 인종차별을 했다면, 이 사람들은 '성적이 좋지 않은' 학생의 무관심이나 비행을 들먹이며 불평등한 교육 구조를 외면하는 스스로의 행동을 정당화한다. 그러나 그 사람들이 말하는 성적이 좋지 않은 학생의 무관심과 비행은 '성적 좋은' 학생이 누리는 특수한 지위와 과도한 혜택 때문에 점점 더 깊어지고 있는지도 모른다.

알피 콘이 인용한 연구 결과에 따르면, 부모들은 자기 아이가 변함없이 혜택을 누린다 해도 다른 아이들을 위한 조건이 개선되는 것을 강력하게 반대했다. 알피 콘은 '배움을 위해서가 아니라 남보다 앞서게 하기 위해' 아이를 학교에 보내는 부모들이 상당히 많은데, 이들은 이미 상당한 몫을 누리고 있다 해도 자신에게 위협이 될 수도 있는 개혁은 무조건 반대한다고 주장했다. 콘이 인용한 또 다른 연구 결과를 보면 부모들은 평등한 교육을 지지한다고 말하지만, 사실은 자신의 아이가 누리는 혜택에 방해가 되지 않는 수준 안에서만 지지한다고 한다.

불평등을 묵과하려는 태도는 학부모뿐만 아니라 학교와 지역 전체에 퍼져 있다. 부유한 가정에서는 자녀를 사립학교에 보내거나 재정이 넉넉한 교외의 학교에 보낸다. 하지만 그런 학교들 말고는 대부분이 자원도 부족하고 결과도 형편없다. 그런데 이런 위기 상황이 충분히 부각되지 않는 이유는 성적이 저조한 학교나 학군에서 불충분하나마 집중적으로 구제 노력을 펼치기 때문이다. 최근 시카고 시는 하위 20%의 학교에 집중적으로 지원을 하고, 그런 뒤에도 개선의 기미가 보이지 않으면 학교를 폐쇄하겠다고 했다. 론 볼크는 전교생 85% 이상의 읽기 실력이 초등학교 수준 이하인 학교를 집중 지원 대상으로 선정한 것에 대해 문제를 제기했다. 물론 이런 학교에는 지원을 해줘야 마땅하지만, 왜 꼭 85%를 기준으로 해야 했나? 읽기 실력이 초등학교 수준 이하인 학생이 50%거나 30%면 지원을 하지 않아도 될 만큼 문제가 심각하지 않다는 것일까?

물론 재정이 넉넉한 학군에서는 당장 지원을 해줄 정도로 저조한 성적이긴 하다. 문제는 기준선을 85%에서 50%로 낮추면 시카고에 있는 학교의 3/5이 지원 대상이 된다는 점이다. 그래서 시에서는 문제가 있다는 걸 알면서도 1/5 정도만 지원 대상이 되는 85%를 기준으로 삼은 것인데, 그 결과 나머지 학교는 그럭저럭 괜찮은 편이라는 잘못된 생각을 심어주게 되었다. 이런 착각 때문에 시카고 교육 당국은 (그리고 수많은 학교들이) 스스로에게 손가락질을 하지 않아도 되었다. 사실 교육청에서는 이런 자책을 상당히 꺼려한다. 볼크는 시카고의 거의 모든 학교가 실패한 것이나 다름없기 때문에 근본적인 잘못은 성공에 필요한 자원을 제공해주지 않은 더 높은 차원의 시스템에 있다고 주장했다.

그러나 이는 교육계만의 문제가 아니다. 학교는 우리 사회가 부르짖는 정의와 민주주의라는 목표를 저해하는 수많은 기관 가운데 하나일 뿐이다. 미쉘 화인은 이렇게 말했다. "학교를 근간으로 한 개혁은 일련의 경제, 사회 분야의 개혁과 맞물려 계속되어야 한다. 학교 개혁은 직업 프로그램, 육아, 피임과 낙태에 대한 지원, 균형 잡힌 주택 개발, 건강 복지 프로그램 따위의 개혁뿐만 아니라 궁극적으로 우리 사회의 자원과 권력을 재분배하는 개혁과도 연결된다. 사회 변화를 유도할 유일한 장소이자 다음 세대의 희망으로 학교를 지목함으로써 경제적 사회적 불평등에 쏠리는 관심과 자원, 비판과 분노를 학교로 돌려야 한다." 그런 점에서 보면 메트스쿨과 빅픽쳐 컴퍼니는 교육 분야에서 사회 정의를 위해 노력하고 있는 셈이다.

확장을 위한 역량 구축

빅픽쳐 컴퍼니가 구상한 학교 모델을 시작해보겠다고 나서는 학군이 많이 늘어나고, 학부모와 지역사회 구성원들이 그 결정을 지지하며, 정부와 노조, 대학이 필요한 절차를 조정해주었다고 상상해보자. 그래도 여전히 중대한 장애물이 몇 가지 남아 있다. 우선 어떤 사람이 학교에서 일할 것인가? 기존의 교사 양성 교육은 빅픽쳐 컴퍼니 모델에 적합하지 않다. (굳이 따지자면 일반 학교 모델에도 적합하지 않기는 마찬가지다.) 현재 많은 대학과 주에서 교사 양성 프로그램을 향상시키기 위해 힘쓰고 있다.

나는 요즘 로드아일랜드 주에 있는 한 대학에서 교사 자격증을 얻기 위해 준비하고 있다. 학부에서 4년이나 미적분 수업을 듣고 MIT에서 전자공학 학위를 받았는데, 이 대학에서는 수학 교사 자격증을 따려면 대수와 기하 과목을 다시 수강해야 한다고 했다. 또한 학부에서 영어를 부전공으로 했고, 이 책 말고도 다른 책을 이미 몇 권 출판했는데도 영어 교사 자격증을 받을 자격이 되지 않는다. 프로비던스에 사는 학생 78%가, 그리고 전국적으로 37%의 학생이 아프리카나 아시아, 라틴아메리카, 인디언 출신인데도 영문학 필수 과목 가운데 아프리카나 아시아, 라틴아메리카, 미국 원주민 문학은 들어가 있지 않다. 그리고 대학에서 3년간 강의를 한 경력이 있는데도 교생 실습 기간은 줄어들지 않았다.

이 대학은 또한 교육 이론과 실제에 관한 과목을 여섯 개나 필수 과목으로 정해 놓았다. 첫 번째 충돌은 심리학 입문 수업을 면제받으려다 일어났다. 나는 심리학 박사학위도 있고, 수년간 심리 연구자이자 치료 전문가로 일했기 때문에 심리학 입문 수업은 당연히 면제받을 수 있을 것이라고 생각했는데 어리석은 생각이었다.

학과장은 이렇게 물었다. "청소년기 발달에 관한 XYZ이론을 알고 있습니까?"

"전혀 들어보지 못했는데요"

"그러면 PDQ이론은 들어봤나요?"

"아뇨."

"음, 심리학 과목은 꽤 많이 들으셨군요."

"네. 서른 과목 들었습니다."

"흠…."

학과장은 뭔가 잘못된 것을 놓치기라도 했다는 듯이 내 성적증명서를 뒤적거렸다. 그리고는 한껏 아는 체를 하면서 심리치료사 자격증명서와 연구 내용에 대해 질문을 던졌다. 나를 못마땅한 듯 쳐다보던 학과장은 몇 차례 헛기침을 하더니 면제 허가 서류에 서명을 해주었다.

심리학 입문 과목을 하나 면제받았다고는 해도 다섯 과목이나 수업을 들어야 했다. 그 수업들은 이제껏 받은 수업 가운데서 가장 쓸모없고 비실용적인 것이었다. 그 특별했던 수업의 자료는 족히 30년은 된 것이었고, 교수는 언제 학기가 시작되는지도 몰라 첫 주 수업을 빼먹었다. 반대 의견을 내놓으면 더 이상 입도 뻥긋 못하게 하는 강사도 있었다. 다른 과목은 자료라는 것이 전혀 없었고, 나머지 두 과목은 한 학기 동안의 과제 분량이 채 50쪽도 안 되었다. 그나마 얼마 안 되는 과제도 도서관에 가거나 인터넷 검색을 해야 할 필요가 없는 것이었다. 다섯 과목을 통틀어 실제로 교실에서 아이들을 가르치기 위해 들어둘 만한 수업은 두 번밖에 없었다. 새 천년을 맞이하여 새로워질 학교에 대비해야 한다며, 고대 이집트에서 가장 중요하게 여겼던 교육 문제에 대해 강의하고 시험까지 쳤던 교수도 있었다.

충분히 교육을 받지 못한 경우가 종종 있기는 해도, 대부분의 교사들은 교육을 위해 헌신하겠다는 다짐을 하고 교실에 들어가 정열과 창의성을 발휘한다. 메트스쿨은 이런 자질을 가진 사람을 찾고 있고, 실제로 뛰어난 교사들을 만났다. 그렇지만 앞으로 학교를 확장하려면 새로운 교사 교육 프로그램이 필요할 것이다. 더 나아가 가장 이상적인 것은 기존 규정이 요구하는 것과는 다르지만 필요한 능력을 갖춘 지원자가 있을 경우에 그들에게도 교사 자격증을 수여하는 쪽으로 규정이 바뀌는 것이다.

윌리스 홀리는 메트스쿨과 공통점이 많은 어떤 고등학교에 대해 이렇게 말했다. "그런 학교는 교사에게 굉장히 많은 요구를 한다. 예를 들면 학생과 동료들에게 헌신하기를 바라고, 교과를 통합적으로 가르칠 능력을 요구하며 새로운 것을 배우고 받아들이는 능력, 다른 사람들에게서 배우고자 하는 의지를 요구한다. 교사가 누리는 혜택이 실질적으로 늘지 않는다면 이렇게 훌륭한 가치와 자질을 갖춘 사람을 구하기 어려울 것이다. 그 혜택이란 다른 직업에 종사하는 사람이 교사라는 직업에 관심을 갖고 실제로 교사가 되려는 노력을 하게끔 유인할 정도의 급여와 근무 환경을 말하며, 또 우리 삶의 질을 유지하는 데 꼭 필요한 교육이라는 일을 전담하는 교사에게 사회가 부여하는 지위도 포함된다."

교사 연수와 관련된 많은 것들이 교장 연수에도 적용된다. 이런 사실을 잘 아는 빅픽쳐 컴퍼니는 혁신적인 맞춤식 교육을 추구하는 교장을 위해 교장 연수 네트워크 프로그램을 시작했다. 이 프로그램 또한 메트스쿨 교육 방식과 겹치는 부분이 많다. 멘토 역할을 맡은 교장이 같은 학교에 근무하는 예비 교장에게 집중적인 지도를 해준다. 두 사람은 함께 학교 운영을 어떻게 할 것인지 구상하는데, 예비 교장은 이때 예산 준비와 위기 관리 같은 업무를 익히게 된다. 이런 프로젝트는 결과가 직접 현실로 나타나기 때문에 예비 교장은 한 단계 높은 수준의 목표를 이루려는 욕심을 갖게 된다. 예비 교장은 일 년에 두 차례 공개 프리젠테이션을 열어 발전 정도를 보여주고, 그 과정을 마치면 교장 자격증을 받는다.

메트스쿨 교사 세 명이 교장 연수 프로그램을 수료했다. 그 세 사람은 지난 2000~2001학년도부터 두 곳의 메트스쿨에서 교장이 되었다. 데니스와 엘리엇이 여전히 전체적인 감독을 하고 있지만, 일상적인 교장 업무에서는 한 발짝 물러난 상태다. 두 사람은 요즘 새로운 메트스쿨을 여는 빅픽쳐 컴퍼니 프로젝트에 더 많은 시간을 할애하고 있다. 교장 연수 네트워크의 예비 졸업생이 새로 열 메트스쿨의 교장이 될 것이다. 빅픽쳐 컴퍼니는 드윗 월러스-리더스다이제스트 재단에서 기부한 130만 달러로 뉴잉글랜드 지역에 새로운 교장 연수 네트워크 부지를 마련하여 전국적으로 확산시킬 기초를 닦고 있다. 2005년까지 교장 자격을 취득하는 사람은 2백 명 가까이 될 것으로 보인다.

사람들은 메트스쿨처럼 새로운 분야를 개척하는 사회 프로그램이 성공을 거두려면 데니스와 엘리엇처럼 카리스마 있는 인물이 앞장서야 한다고 말한다. 그러나 스코르는 프로그램 활성화에 성공한 경우를 연구해본 결과, 이런 생각을 입증할 만한 증거가 없다고 밝혔다. 물론 경이적인 능력을 가진 사람들이 있어야만 어마어마한 시스템의 장벽을 극복할 수 있는 경우도 있다. 특히 처음 시도하는 분야에서는 더욱 그러하다. 그러나 시스템이라는 괴물을 쓰러뜨린 경험이 축적되면서, 그런 기술도 배워서 터득할 수 있다는 것을 알게 되었다. 프로그램의 목표가 사람들의 열정을 충분히 북돋울 수 있는 것이라면 용기와 재능, 기술을 갖춘 사람이 몰려든다는 사실은 수많은 사례를 통해 이미 입증되었다.

스코르는 또 이렇게 말했다. "상을 받은 경력이 있는 공공 프로그램의 리더들에게 공통적으로 볼 수 있는 능력들은 선천적인 것뿐만 아니라 배워 익힐 수 있는 것들도 많이 있다."

교장 연수 네트워크에서는 이런 능력을 많이 가르친다. '위험을 감수하고 기꺼이 실험해보려는 자세, 어두운 길도 더듬어서 찾아가는 운영 자세, 애매모호한 내용도 참고 받아들이는 자세, 일선에서 뛰는 노동자와 정치인, 대중의 신뢰를 받는 능력, 가시적인 결과를 원하는 성급한 요구에 대처할 줄 아는 자세, 동료들과의 협동, 일선에서 일하는 사람들에게 재량권을 부여하는 아량' 같은 것이 교육 내용에 포함된다.

학교 확장에 따르는 또 다른 걸림돌은 점점 늘어나는 학생에게 인턴쉽을 마련해주기가 쉽지 않다는 점이다. 로드아일랜드 주에는 고등학생 한 명당 성인 노동자 수가 열세 명이나 되지만, 실제 멘토 역할을 기꺼이 맡아줄 의사가 있고 능력도 갖춘 사람이 얼마나 되는지는 아직 밝혀지지 않았다. 멘토에 대한 수요가 늘어 멘토 구하기가 더욱 어려워질까, 아니면 멘토 역할을 맡는 일이 체계화되고 활성화되어 멘토 구하기가 더욱 쉬워질까? 멘토에 참여하는 조직은 자선단체에 기부할 때처럼 세제 혜택을 받게 되는가? 인턴쉽 현장이 듬성듬성 멀리 떨어져 있는 시골에서는 인턴쉽을 어떻게 운영해야 하는가 하는 문제가 놓여 있다.

빅픽쳐 컴퍼니에 개혁을 도와달라고 한 학교와 학군이 많았는데, 이들은 대부분 저소득층 거주 지역에 있었다. 반면 데니스 교장과 엘리엇 교장은 명문대학 입학을 목표로 하는 학생이 다니는 교외의 중산층 학교도 메트스쿨 모델을 적용하여 성공을 거둘 수 있다고 믿는다. 두 사람은 대학에서 메트스쿨 학생의 프로젝트가 얼마나 복잡하고 정교한지 알게 되면 감동을 받을 것이고, 학생이 흥미를 느껴 깊이 있는 공부를 했던 과목에 대해 시험을 보면 분명 높은 점수가 나올 것이라고 믿는다. 중산층 지역에서 진보 개혁의 또 다른 모델인 '진정한 학교의 연합'을 본떠 큰 성과를 거뒀던 전례가 있기 때문에 빅픽쳐 컴퍼니도 중산층 지역에서 성공을 거두기를 바라고 있다.

빅픽쳐 컴퍼니는 자신들의 원칙을 받아들이는 학교를 지원할 계획을 갖고 있다. 빅픽쳐 컴퍼니의 원칙이 성공적으로 확산되려면 다리 역할을 해줄 기관이 필요하다. 빅픽쳐 컴퍼니는 이미 프로비던스에 있는 메트스쿨과 K-8 차터스쿨의 중간자 역할을 하고 있다. 또한 빌게이츠재단의 지원을 받아 열두 곳에 새로 학교를 세울 준비를 하고 있다.

결론 | 세이무어 사라손 예일대학 명예교수는 학교 시스템 개혁을 가차없이 비판하며 현실론을 내세우는 사람이다. 수십 권이나 되는 그의 저서를 보면 『방향을 잘못 잡은 심리학Psychology Misdirected』, 『예견된 학교 개혁 실패The Predictable Failure of School

Reform』 같은 심상치 않은 책들이 있다. 사라손 교수는 내 원고를 훑어본 뒤에 밑바닥부터 새로 만들든 기존의 학교를 변형하든 혁신적인 학교를 세우는 데는 걸림돌이 수없이 많다는 사실을 꼭 강조하라고 당부했다. 또한 메트스쿨은 학생의 성과에 대한 기대치를 낮추었기 때문에 성공할 수 있었다고 매도하는 사람이 분명히 나타날 것이라는 경고도 했다. 그러면서 그런 비난이 '불공평하며 어처구니없는 것'이라고 힘주어 말했다.

사라손 교수는 1998년에 차터스쿨에 관해 쓴 책에서 한 장에 걸쳐 메트스쿨에 대해 언급했다. (메트스쿨과 차터스쿨은 비슷한 점이 많지만 엄격히 말하자면 다르다.) 사라손 교수의 결론은 이랬다. "메트스쿨은 정말로 혁신적인 학교이며 이제껏 내가 봐왔던 여느 학교와는 다르다. 그 이유는 학교가 이루고자 하는 목표가 무엇인지, 중요한 문제점은 무엇인지, 그런 문제점을 극복하는 방법과 문제의 핵심을 흐지부지하게 만드는 방법이 어떻게 다른지, 학교를 후원해주는 조직과 지지자를 발굴하는 일이 얼마나 중요한지, 학부모의 진정한 참여가 어느 정도로 핵심적인 역할을 하는지, 그리고 마지막으로 숨막히는 전통에 얽매이지 않는 만큼 학교의 가치와 목표에 대해 얼마나 끊임없이 촉각을 곤두세워야 하는지를 학교 설립자들이 명확하게 인식하고 있기 때문이다."

빅픽쳐 컴퍼니가 모델 확장을 위해 신경 써야 할 사항이라고 제시한 것이 바로 앞에 열거된 성공 요소들이다. 빅픽쳐 컴퍼니도 진보적인 학교를 만들기 위해 애쓴 사람보다 그런 학교에 대해 분개하고 반대한 사람이 더 많다는 사실을 알고 있다. 메트스쿨 모델이 본보기가 될 만하며, 충분히 설득력이 있다고 생각하는 구경꾼들은 많았다. 그러나 빅픽쳐 컴퍼니가 다른 글에서 이미 지적했듯이 '본보기 자체만으로는 설득할 수 없다.' 빅픽쳐 컴퍼니는 가만히 앉아서 추종자가 줄을 서주기를 바라는 대신에 메트스쿨의 성공을 널리 알리고 메트스쿨이 계속 발전할 수 있도록 후원했으며, 학교 네트워크를 지원할 역량을 구축하면서 전국적인 규모로 비슷한 생각을 가진 개인이나 기관과 제휴를 맺었다. 빌게이츠재단의 후원으로 앞으로 5년간 열두 곳에 새로 학교를 세운다는 계획에 박차를 가하게 되었다. 그러나 메트스쿨과 그 뒤를 따른 학교가 얼마나 널리 퍼지고, 어떤 영향을 사회에 미칠지는 훨씬 많은 세월이 지나야 알게 될 것이다.

둥지를 떠나며 11

GRADU

에밀리 선생님께

4년 전 제 아들은 학교를 중퇴할 마음을 먹고 있었죠. 스스로 낙오자라고 생각하고 더 이상 무언가 배워보겠다는 마음을 접어버린 상태였어요. 그러던 참에 메트스쿨에 대해 알게 되었고, 희망을 품기 시작했습니다. 그리고 4년이 지난 지금 제 아이는 정말로 훌륭하고 원만한 인격체로 자라났습니다. 때때로 힘든 일도 있었지만, 에밀리 선생님이 한결같이 지켜준 덕분입니다. 아이가 스스로 생각하고 배우며, 성공할 수 있도록 여러 방법을 같이 모색해주셨죠. 이제 로버트는 혼자서도 새로운 지식을 탐구하려 하고, 스스로에게 거는 기대도 높아졌습니다. 에밀리 선생님과 메트스쿨이 아니었다면 우리 아이는 어쩌다 그렇게 됐는지 아무도 모르는 그런 불량 청소년이 되고 말았을 거예요. 오랜 시간에 걸쳐 풍요롭고 안전하며, 성장하고 참여할 수 있는 환경을 만들어주신 것에 대해 에밀리 선생님과 다른 훌륭한 선생님들 모두에게 진심으로 감사드립니다.

사랑과 고마움을 담아 리자 포스터

선생님께

선생님, 졸업한 지 두 달이 흐른 지금 저는 메트스쿨에서 4년간 무엇을 했는지 차근차근 정리해보고 있어요. 메트스쿨 덕분에 저는 전형적인 도시 빈민가 청소년이 되지 않고, 세상을 크게 바라보는 안목을 키우는 좋은 경험을 했어요. 그리고 계속해서 배우고자 하는 열정을 키우게 되었고, 세계의 이런저런 모습을 둘러보고 변화를 꾀하게 되었죠. 제게는 이제 저를 분발하게 만드는 무언가가 생겼어요. 열심히 노력만 한다면 나도 무엇이든 할 수 있다는 사실을 깨닫고 나니, 진짜로 능력도 생기고 자유로워진 느낌이에요. 때로는 이런 감정이 북받쳐 오르기도 해요.

몇 주 전에 학교 친구와 함께 메트스쿨에 대해 진지하게 얘기를 나눴어요. 그러다가 메트스쿨에 대한 애정과 영감에 휩싸여 밖으로 달려나가서는 있는 힘껏 소리쳤어요. "나는 삶을 사랑한다"라고요. 정말 감격적인 순간이었어요. 언제나 제 마음속에는 메트스쿨이 있을 거예요. 대학에 가서도 그리고 나중에 메트스쿨에서 학생들을 가르치게 되더라도 항상 메트스쿨이 저를 인도해줄 거라고 믿어요. 혹시 모르잖아요. 불가능한 일은 없는 법이니까요. 메트스쿨에 있는 모든 분들의 도움 없이는 여기까지 올 수 없었을 거예요. 어느 것 하나 감사하지 않을 일이 없네요. 다 선생님 덕분이에요. 사랑해요, 선생님.

타미카

메트스쿨에서는 떠날 때도 예외 없이 한 번에 한 명씩 떠난다. 졸업 파티와 바닷가 여행 말고도 졸업생마다 개별적으로 환송회를 열어준다. 최종 프리젠테이션이라고 불리는 이 행사는 졸업반 프로젝트 평가와 졸업생 연설, 어드바이저 연설, 졸업장 수여 순서로 이루어진다.

다른 학교에서는 대부분 성적이 가장 좋은 학생에게 졸업 연설을 하도록 한다. 그러나 메트스쿨은 나머지 학생 전부를 제치고 한 학생만 돋보이게 하는 대신에 학생 한 명 한 명의 성과를 칭찬해준다. '작별 인사를 하다'라는 라틴어 valedicere의 의미 그대로 메트스쿨의 졸업생은 모두 마지막 주에 고별 연설을 한다. 20~30명의 학생과 교직원, 학부모, 초청 인사 앞에서 자신이 세웠던 계획과 그 동안의 발전상, 그리고 지도해준 여러 사람들에 대한 이야기를 하며 메트스쿨에서 보낸 4년을 돌아보는 시간을 갖는다. 학생들의 고별 연설이 끝나면 어드바이저가 나와서 좀더 상세하게 그 학생에 대해 얘기한다.

"솔라나는 메트스쿨에 9학년으로 처음 왔을 때부터 자신감과 책임감이 있었고, 남을 돌볼 줄 아는 굉장히 명랑하고 영리한 아이였습니다. 4

년 내내 솔라나는 변함없는 모습을 보여줬는데, 하나 달라진 것은 솔라나
도 자신의 그런 모습을 잘 알게 되었다는 사실이에요. 진로나 대학 진학
문제 때문에 솔라나와 다투곤 했는데, 원인은 항상 제가 솔라나가 생각하
는 것보다 높은 목표를 제시했기 때문이었어요. 하지만 이제는 솔라나 스
스로도 높은 목표를 갖게 되었습니다. 그런 변화가 아름다울 뿐입니다.”

　“솔라나는 물리치료와 에이즈, 시詩, 환경보호나 그 밖의 수많은 주제
에 대한 프로젝트를 진행하여 뛰어난 결과를 보여주었고, 졸업반이 되어
서도 마찬가지로 열심히 했습니다. 솔라나의 공식 졸업 프로젝트는 여학
생 수학 모임에서 하기로 되어 있었는데, 그것 말고도 대학에서 강의도
듣고 아동 병원에서 인턴쉽도 했으며 학교 연감 출판도 아주 열심히 도왔
고, 여러 차례 수정한 끝에 아주 훌륭한 자서전도 써냈습니다. 또 대학 입
학 준비도 성실하게 한 덕분에 템플, 노스이스턴, 로드아일랜드 대학, 그
리고 다른 여러 대학에도 합격했습니다. 솔라나는 집안에서 처음으로 고
등학교를 졸업하고 대학에 들어가게 되었습니다. 저는 솔라나가 앞으로
도 성공하리라고 확신합니다.”

　“솔라나는 공부도 잘하는 학생이었지만, 제가 정말로 솔라나를 좋아할
수밖에 없었던 것은 솔라나의 인간적인 면모 때문이었습니다. 솔라나는
저를 포함해 우리 어드바이저 구성원 모두가 자신과 같은 훌륭한 능력을
갖출 수 있도록 도와주었어요. 제가 끼니를 거르고 일하고 있으면 어서
나가 식사를 하고 오라고 쫓아내기도 했습니다. 그리고 제가 아프면 꽃과
음식을 사들고 집에 찾아오기도 했어요. 또 제게 스페인어를 가르쳐주기
도 했죠. 하지만 나의 친구이자 동생이며, 학생이자 때로는 우리 딸아이
같았던 솔라나의 모습을 가장 그리워할 겁니다. 특히 제가 힘들어하는 날
이면 솔라나는 한결같은 모습으로 저를 지켜주었습니다. 이렇게 자랑스

럽게 자라준 솔라나, 네가 해준 모든 일에 대해 진심으로 고맙다는 말을
하고 싶구나. 너와 함께한 시간을 그리워할 거다."

어드바이저는 학생마다 다른 축사를 하지만 메트스쿨 교사로서 굉장
한 긍지를 느끼고 있고, 지난 4년간 부모가 된 것처럼 학생과 함께 여행
을 해온 것 같다는 이야기를 빠뜨리지 않는다. 공립학교에서는 학생 한
사람 한 사람에 대해 이렇게 잘 알고, 깊이 사랑해주는 일이 매우 드물다.
학생들의 졸업 연설을 들어보면, 이런 느낌은 교사뿐만 아니라 학생도 함
께 느끼는 감정이라는 걸 알 수 있다. 쑥스러워하는 학생도 있고, 열변을
토하는 학생도 있지만, 모두가 머리와 가슴에서 우러나온 것을 전하고 있
었다. 시에 대한 열정을 얘기하던 세자르는 다음과 같은 시로 연설을 마
무리했다.

나는 이곳에 왔다
제멋대로 싸움질하며
무언가 죽이고야 말겠다는
앞날의 계획을 품고.
그러나 나는 변했다.
나는 생각을 다시 정리했다.
죽이고 싶지 않아.
하지만 평범하고 싶지도 않아
변하고 싶어.

내게도 무언가 있음을 깨닫고,
적대적인 태도를 버리고,

마음을 열기 시작했다.

그러고 나서야 깨달았다

모두가 나를 존중하고 있음을

여동생과 남동생들, 우리 식구 모두가

무엇을 해야 할까?

예전으로 돌아갈 수 없었다.

좋은 본보기가 되어야 했다.

그리고 쭉 노력했다.

나는 멋진 사람이 될 거야

풍족한 삶을 살고, 돈도 벌면서,

나의 풍요로움을 나누면서.

한순간 이런 생각도 했었다

너의 목숨을 앗아버리고 싶다고

하지만 학교는 나에게 감동을 주었고,

지나온 길을 돌아보도록 해주었다.

메트스쿨이 없었다면 나는 어떻게 됐을까?

지금 무엇을 하고 있을까?

아마도 돈을 벌고 아이를 돌보며

여전히 그 일을 하고 있겠지

누군가의 목숨을 노리는 일까지도.

하지만 이곳에서 알게 되었다.

스스로를 믿는 나

거리에서 보낸 시간과 메트스쿨에서 보낸 시간

그리고 누구보다도 나를 이끌어주고

성공한 인생의 모범을 보여준

나의 어드바이저 할 덕분에

여기까지 오게 됐다.

사랑합니다, 선생님

당신은 두려워하지 않는 법을 가르쳐주었고

위대한 지도자가 어떤 사람인지 알려주었습니다.

지금 제 모습을

선생님이 자랑스러워했으면 좋겠네요.

하지만 이제 우리 각자의 길을 가야 한다.

앞으로 나아가면서

우리는 절대 잊지 않을 테다

우리가 메트스쿨에서 왔음을.

졸업 연설을 했던 그 주 주말에 담쟁이덩굴로 뒤덮인 브라운대학의 강당은 메트스쿨의 첫 졸업식을 준비하는 마지막 손길로 분주했다. 세자르는 가족들을 자리로 안내하고, 친구들과 함께 감청색 가운의 물결에 합류했다. 함께 고생하며 지내온 몇 년의 세월이 이렇게 소중한 순간으로 결집됐음을 만끽하는 꿈에 부푼 수백 명의 목소리로 강당은 가득했다. 위풍당당 행진곡이 울려 퍼지는 순간, 행진곡의 멜로디와 함께 앞으로 뻗어나갈 미래를 그리는 졸업생들은 기쁨의 눈물을 흘리며 기립 박수를 쳤다.

"자, 출발!"

메트스쿨의 공동 창립자인 우리는 첫 졸업식을 보며 뛸 듯이 기뻐했다. 우리는 메트스쿨과 메트스쿨이 보여준 학교 개혁의 가능성이 진실한 이정표 역할을 했다는 것을 알게 되었다. 학생 개개인의 관심사에서 출발하는 맞춤식 교육이 정말 가능하다는 사실도 알게 되었다. 명문대학을 비롯하여 전국의 여러 대학에서 메트스쿨 학생들의 성과와 가능성을 인정했고, 일반 학교 고등학생이 제출하는 것과는 다른 성적증명서를 제출했는데 입학을 허가해주었다. 이를 통해 열정적인 교사와 맞춤식 학습, 학교와 학교 밖 세상이 긴밀하게 협조하면 아이들 스스로도 몰랐던 자신감과 배움에 대한 욕구를 일깨워줄 수 있다는 사실이 입증된 것이다.

첫 졸업생이 거둔 성과도 물론 인상적이었지만, 그 뒤로 계속해서 성공을 거두는 우리 아이들의 모습은 한층 더 인상적이다. 전국 통계를 보면 집안에서 처음으로 대학에 입학한 소수인종 신입생-메트스쿨 졸업생 대부분이 이 그룹에 속한다-은 대학 생활에 실패할 확률이 굉장히 높다. 하지만 우리 아이들은 그렇지 않았다. 이제 대학 2학년이 되는 메트스쿨 졸업생 가운데 중퇴하거나 휴학한 학생은 거의 없다. 그리고 첫 졸업생에 이어 2회 졸업생들도 높은 대학 진학률을 보여주었다.

그렇다면 미국 교육이 안고 있는 모든 병폐에 대한 해답이 바로 메트스쿨이라는 말인가? 물론 그렇지는 않다. 하지만 메트스쿨이 어느 정도 그 해답을 구체화시킨 것은 사실이다. 학생 개개인을 잘 아는 사람에게서 소규모 맞춤식 교육을 받고, 개인의 관심사에 근거한 학습을 통해 현실세계의 문제점을 해결하게 하는 방법 같은 것이 바로 메트스쿨에서 나왔다.

개인주의를 찬양하며 세워진 나라에서 아직도 모든 아이들이 생각하는 방식이나 배우는 방식, 그리고 학습 동기 부여 방식이 똑같다는 듯이 주장하고 있으니 정말로 우스울 뿐이다. 우리는 그렇게 교육 받아왔기 때문에 그런 방식 말고는 다른 도리가 없는 것처럼 받아들이고 있다. 이들에게는 '한 번에 한 아이씩'이란 교육 개념 자체가 불가능하거나 마냥 이상적인 것으로 들릴 것이다. 하지만 엘리엇 레빈이 확실하게 보여준 것처럼 메트스쿨에서는 '한 번에 한 아이씩' 교육하는 방법을 찾아냈다.

이 책은 메트스쿨에서 인생이 바뀐 학생들의 이야기를 들려주고 있다. 우리는 메트스쿨 학생들이 변화를 일으키는 모습을 보고 희열을 느끼지만, 한편으로는 다른 수많은 학생들이 전통적인 교육을 받으며 자신의 잠재 능력을 충분히 발휘하지 못할 것이라는 생각 때문에 매우 걱정스럽다. 다행히도 우리는 빌게이츠재단의 도움을 받아 메트스쿨 모델을 따를 학교를 새로 세우기 시작했다. 그러나 교육계를 지배하고 있는 세력들은 여전히 시험과 표준화에 묻혀 개인의 개성이 무시되는 '큰 학교'를 선호한다. 이런 방식으로는 제대로 교육을 할 수 없으며, 더 이상 아이들이 시대착오적인 교육을 받으며 자라도록 내버려둘 수 없다. 우리는 우리와 같은 교육 목표를 지니고 있고 좋은 교육을 펼치기 위해 애쓰는 사람들을 곳곳에서 만날 수 있었다. 학부모, 교사, 교장, 정책 입안가, 기업가…. 우리는 이 책이 그들이 교육 이상을 실천하는 데 도움이 되길 바란다.

이 책을 읽고 나서 우리와 같은 생각을 하게 되었다면, 당신이 속한 학교나 지역사회에 변화를 일으킬 만한 일을 시작해보기 바란다. 진정한 학교 개혁은 단순히 학교를 변화시키는 것을 넘어 학교 안팎의 모든 생각과 행동을 변화시키는 작업이다. 이런 작업을 하기 위해서는 많은 사람의 힘이 필요하고, 우리는 이제 막 시작했을 뿐이다. 메트스쿨에서 항상 외치는 것처럼 이렇게 말하고 싶다. "자, 출발!"

데니스 릿키 · 엘리엇 워셔

우리가
메트스쿨과 빅픽쳐 컴퍼니에
주목하는 까닭

_ 조한혜정
(연세대 사회학과 교수, 서울시대안교육센터장)

이 글은 2002년 5월에 서울시대안교육센터가 주최한 심포지엄
'작은 학교 큰 그림'에서 발표한 내용의 일부를 정리한 것입니다.

현재 한국의 교육문제는 일제시대 이후 역사적 과정의 모순과 시대적 전환기에 일어난 혼란이 중첩된 상황에서 나타난 현상이기 때문에 그렇게 쉽게 해결할 수 있는 사안이 아니다. 국가 차원에서 제대로 된 정책을 입안하고 실행해야 하지만, 무엇보다 시급한 것은 새로운 학습 모델을 만들어내는 일이다. 이는 시민사회의 창의력과 자발적 헌신 없이는 불가능한 일인데, 진취적 시민, 곧 교육에 관심을 가진 학부모, 교사, 학생 모두가 힘을 모아 획기적인 대안학습의 장을 마련해내야 하겠다.

'또 하나의 문화 교육모임', '교육개혁시민연대' 같은 단체에 참여하면서 지금은 정책 논의를 넘어 시민 당사자들이 실질적인 대안공간을 마련해내야 하는 시기임을 절감하여 1999년에 연세대학교 '청년문화센터'를 거점으로 본격적인 대안 모색 작업에 들어갔다. 안으로는 새로운 시대의 학습에 관심을 가진 전문가와 활동가들이 모여 내부 역량을 기르면서 자원을 확보하고, 밖으로는 세계 주민들이 만들어낸 실험의 성과들을 살펴보기 시작했다. 외국에서 열리는 학회에 갈 일이 생기면 학회가 끝나자마자 새로운 대안교육의 싹을 틔우는 곳들을 찾아다녔다.

왜 메트스쿨과 빅픽쳐 컴퍼니에 가고 싶었나?

그 어떤 곳보다도 내 구미를 당긴 곳은 '메트스쿨'와 '빅픽쳐 컴퍼니'였다. 메트스쿨은 스스로를 특수한 학생을 위한 대안학교가 아니라 '보통' 학생을 위한 '공립실험학교'라고 말한다. 이 학교는 '대도시 지역 기술직업센터The Metropolitan Regional Technical and Career Center'라는 긴 이름을 가진 작은 학교인데, 교재 발간과 여론 조성, 교장자격 연수 같은 일을 하는 교육연구센터 격인 빅픽쳐 컴퍼니와 밀접한 연관을 가지고 운영되고 있다. 달리 말해 메트스쿨은 '큰 그림'을 가진 체제 속에서 만들어지는 '작은 학교'인 셈이다. 빅픽쳐 컴퍼니가 생긴 것은 1995년, 새로운 학교에 대한 기획을 해서 메트스쿨을 만든 것은 1996년이다.

메트스쿨은 20세기 초반에 설립된 영국의 서머힐 학교와는 달리 하나의 새로운 교육 비전을 제공하는 대안공간으로서의 의미를 넘어, 그 새로운 비전을 본격적으로 복제 재생산하려는 구도 속에서 만들어진 것이라는 점을 알게 되었는데, 당시에 나는 '경험의 정보화'를 주요 과업으로 내건 '하자센터'의 복제 재생산 문제를 고민하고 있던 터라, 그리고 이와는 별도로 서울지역 도시형 대안학교의 운영 지원 및 연구를 위해 설립된 '서울시대안교육센터'의 역할에 대해 고민하고 있던 터라 이곳이 범상치 않은 곳이라는 생각을 하게 되었다.

하지만 솔직히 말해서 메트스쿨과 빅픽쳐 컴퍼니의 관계, 그리고 메트스쿨 체제를 복제 재생산하려는 구도를 처음 접하고는 이런 생각을 했다. '미국이라 할 수 없구나. 신자유주의 물결이 교육계까지 파고들었구나. 그래서 또 하나의 프랜차이즈가 교육을 소재로 진행되고 있구나.' 그러면서도 스스로에게 이런 말도 했다. '어쩌면 지금은 그 방법밖에 없을지도 모른다. 21세기의 학교가 어떠해야 하는지에 대해서는 이제 그간의 대안학교 실험을 통해서 알 만한 것은 다 알았다. 지금 필요한 것은 그것들을 복제 가능한 시스템으로 만드는 일이다. 프랜차이즈를 한다고 다 신자유주의라고 몰아붙일 필요는 없을 것이다. 대안학교에 대한 비판은 늘 '그 작은 규모로 언제 교육제도를 바꿀 수 있겠는가' 하는 말이 아니었던가. 이제 이처럼 복제 가능한 체계가 나오면 그런 식의 비판도 사그라들게 될 것이고, 어쩌면 단숨에 지금의 교육제도가 달라질 수도 있을 것이다.'

이러면서 나름대로 좋은 쪽으로 생각해보았지만, 한 가지 마음에 걸리는 것이 있었다. 그것은 메트스쿨이 지난 2000년에 첫 졸업생을 내면서 대대적으로 매스컴의 주목을 받았는데, 그 이슈가 바로 '전원 대학 합격' 이었다는 점이다. 기껏 자기 주도 학습을 할 수 있는 새로운 인간을 길러 놓은 목적이 고작 상급학교 진학이었단 말인가? 사실 교육제도 붕괴의 문제는 대학 차원에서도 마찬가지여서 대학도 이미 상당히 낙후된 시스템이라는 것을 교육자들은 잘 알고 있을 것이다. 물론 메트스쿨이 미국 내 저소득 계층과 소수집단 자녀들이 주로 다니는 학교이고, 그 아이들 상당수가 그 가정에서 최초로 대학에 간 경우라는 점에서 의미 있는 작업을 했다는 것을 부인할 생각은 없다. 그러나 이 21세기 패러다임 전환기에 '전원 대학 입학'이라는 식의 체제 편입은 좀 촌스럽지 않은가?

이런 의문을 가지고 나는 기회만 되면 메트스쿨을 방문하리라 생각하고 있었다. 그런데 마침 2002년 2월 미국 동부에서 열리는 학술대회에 가게 되어 그 전에 메트스쿨을 들러보자는 계획을 잡았다. 가기 전에 그곳에서 교사로 있는 한국계 3세 최영환 씨, 그리고 엘리엇 워셔 교장과 각각 이메일을 주고받았다. 하자작업장학교의 홈페이지를 알려주고, 나는 인류학자이며, 그곳을 참관하고 싶다고 하니까, 홈페이지에서 하자 소개 비디오 같은 자료를 봤는데 매우 인상적이어서 어서 만나고 싶다는 답이 왔다. 그리고 인류학자의 현장조사는 언제나 환영이라고 했다. 영환 씨는 혼자 온다면 자기 집에 묵어도 좋다고 해서, 워낙 호텔에 혼자 있는 것을 싫어하는 나는 그의 집에 묵기로 했다.

2002년 2월 26일, 뉴욕을 거쳐 로드아일랜드 주 프로비던스 시에 도착했다. 영환 씨가 마중을 나와 있었다. 한국계 3세 치고는 놀랍게도 한국말을 잘한다. 그는 뉴욕의 대안학교와 우리나라 광주의 한 중학교에서 가르치는 일을 했었고, 노동운동과 교육운동, 소수집단의 권리에 대해 관심이 많은 시민활동가이기도 하다. 한두 시간도 지나지 않아 나는 그가 하고 싶은 일을 하면서 돈을 벌고, 저녁에 시간이 나면 시민운동에 참여하고, 필요하면 스스로를 업그레이드하기 위해 자기 주도적으로 학습하면서 열심히 좋은 세상을 만들어가고 있는 청년이라는 것을 알 수 있었다.

2월 27일(수): 도심 속의 작은 학교

교사들은 8시, 학생들은 9시까지 학교에 나온다. 2002년 현재 메트스쿨엔 캠퍼스가 두 개 있는데 영환 씨가 다니는 학교는 가장 먼저 생긴 쉐퍼드shepard's 캠퍼스이다. 이 캠퍼스는 도심부에, 예전에는 백화점이었던 건물에 있다. 건물 4층 일부를 쓰고 있는, 마당도 없는 학교. 학생들은 9학년부터 12학년까지 4년 동안 다닌다. 4층으로 올라가 복도를 따라가니 교장실 겸 사무실이 나온다. 입구에 게시판이 있고, 어느 선생님이 감기로 오늘 늦는다는 이런저런 소식이 적혀 있다. 아주 환한 공간이다. 그 옆에 'Young-Whan's Advisory영환이 지도하는 방'이라는 팻말이 눈에 들어온다.

영환 씨의 교실

영환 씨 교실의 크기는 내 연구실의 두어 배 정도로, 열 명 정도 들어갈 만한 공간이다. 실제로 한 반에 학생이 14~16명 정도이다. 한 학년에 두 반 4학년제이니 전부 8학급이어서 학생은 모두 120명, 교사는 8명보다 조금 많거나 한다. 담임 역할을 하는 교사를 '어드바이저advisor', 그러니까 '길잡이 교사' 내지 '조언자'라고 부르는데, 개별 교과 담당 교사는 따로 없다. 담임들이 자기 방 아이들에게 필요한 과목을 가르치거나 옆방

최영환 씨가 자신의 어드바이저리 학생들을 가르치고 있다

아이들을 가르치기도 하고, 아이들이 대학에 가서 수업을 듣기도 한다. 영환 씨는 담임이 해야 할 일 외에 일주일에 두 시간씩 수학을 자기 반 아이들에게 가르친다. 나머지는 철저하게 개별 학습자 중심의 학습을 한다. 화요일과 목요일은 인턴쉽을 나가는데 백 군데 남짓한 인턴쉽 현장과 연결이 되어 있다고 한다. 학생들은 졸업 전까지 인턴쉽을 세 차례 의무적으로 해야 한다.

영환 씨 교실은 잘 정돈된 도서실이자 작업실처럼 꾸며져 있다. 열 명 정도가 편하게 앉을 수 있는 세미나용 탁자를 중심으로 컴퓨터 공간, 칠판과 게시 공간, 파일 캐비넷과 파일 상자가 있다. 한구석에 담임이 쓰는 작은 책상과 소파가 있기도 하다. 다양한 인종의 아이들이 서서히 모여들기 시작했다. 계급과 인종이 아주 밀접하게 물려 있는 미국에서는 다양한 인종이 섞이는 것 자체로 대단한 학습 효과를 내게 된다. 백인 30%, 흑인 30%, 라틴계 30%, 아시아계는 한두 명 정도라 한다. 교사는 백인계가 50%이다. 아이들은 담임 방에 들어오자마자 컴퓨터나 세미나용 탁자 앞에 앉았는데, 몇 명은 소파에 앉아서 놀거나 파일 정리를 했다. 영환 씨는 방에 들어서자마자 칠판에 그날 일과를 적었다.

8시~9시: 준비

9시: '나를 일깨워줘Pick-Me-Up' 아침 미팅

9시 30분~10시: 상담

10시~12시: 자기 주도 학습(학습계획서 쓰기 돕기)

12시~12시 30분: 점심

12시 30분~1시: 침묵 시간Silent Hour

1시~2시 30분: 자기 주도 학습

2시 30분~ : 자문, 상담

4시~5시: 신규 담임 채용 인터뷰

칠판에는 아이들의 이름이 적힌 종이들이 여럿 붙어 있다. 그 이름들은 수시로 어디에다 붙이게 되어 있는 것으로, 청소나 정리 당번, 주요 프로젝트의 마감 시한을 잊지 않게 하는 일에 쓰는 듯했다. "If you don't get it done, it's your butt on the line"(제때 제때 안 하면 불편한 것은 결국 네 자신이다)이라는 포스터가 걸려 있는 것을 보면 자기 주도 학습을 시키는 것은 여기서도 쉽지 않은 모양이다. 학생이 한 달 이상 빠지면 학부모는 매일 벌금 10달러를 내야 한다고 한다. "When you invite people to think, you are inviting revolution"(사람들로 하여금 생각을 하게 한다는 것은 바로 혁명을 하게 하는 것이다)이라는 포스터도 걸려 있다. 영환 씨의 사회 변혁 욕망을 드러내는 것일까?

중앙홀. 왼쪽에 서 있는 사람이 엘리엇 워셔 교장이다

아침 미팅과 아침 수업

9시가 되자 모두 1층의 식당 겸 강당에 모여들기 시작했다. 월·수·금요일에는 전체 모임으로 아침을 시작하고, 화·목요일에는 인턴쉽 학습을 나가기 때문에 전체 모임을 하지 않는다. 다 같이 모이는 집회 이름을 'Pick-Me-Up'이라고 부르는 것이 흥미롭다. '나를 일으켜줘', '나를 일깨워줘'라는 뜻. 내가 관여하는 하자센터 역시 이름 짓는 것부터 시작했다. 새로운 시대의 모델은 이름 짓는 작업부터 시작해야 하는 것이 아닐까.

모임 장소는 꽤 큰 공간인데 대개는 마이크를 쓰지 않는다. 오늘의 손님 소개부터 시작한다. 담임 채용 인터뷰를 하러 온 분과 나에 대한 소개다. 간단히 인사말을 시킨다. 그리고 그날 있을 여러 활동에 대한 안내가 이어졌다. 'Boys Club' 모임이 있다고 한 남학생이 꼭 참석하라고 광고를 한다. 대학 입학 여부가 결정되는 때라 누가 어느 대학에 입학하게 됐고, 어떤 장학금을 받았는지 알려주고 축하해준다. 마침 중국식 설 연휴가 끝나는 날이라며 브라운대학교 라이온 댄스팀이 와서 공연을 하고 잠시 그

293

댄스의 특징을 설명했다. 학생들은 질문 시간에 "옷은 직접 만드나?" "왜 상추를 마지막에 던지나?" 같은 질문을 수없이 던졌다. 30분 안에 상큼하게 끝내는 회의. 대개는 혼자서 작업을 하는데 적어도 이 자리에서는 학생들이 함께한다는 것을 확인할 수 있을 것이다. 단순한 정보 교류 이상의 의미가 있는 자리였다.

모임이 끝나자 제시라는 아이가 내게 와서는 한국에 대해, 그리고 내가 운영하는 학교에 대해 물어왔다. 낯선 어른을 경계하는 서울의 아이들이 생각났다. 아이들은 다양하기 마련이어서 단정적으로 일반화하는 것은 좋지 않지만 이곳 아이들은 어른들과 자연스럽게 어울릴 줄 안다. 어른들은 자신의 '자원'이며 또 그 자원을 기꺼이 나누어 가질 수 있다는 생각을 갖게 하는 분위기가 이 학교에 있음을 보여주는 것 같았다.

9시 30분부터 10시 15분까지는 영환 씨가 가르치는 수학 시간이다. 수학과 글쓰기 같은 과목은 기본적으로 SAT를 위해 필요한 과목이고 한데 모여 들어야 해서 교실에 모두를 모아놓고 선생님이 가르치는 '전통적인 방식'을 쓴다고 한다. 좀 늦게 들어오는 학생들이 서너 명. 오늘 수업은 원과 세모와 네모를 정의하는 것이다. 각자에게 종이를 주고 원, 세모, 네모를 만들어보라고 한다. 그리고 나서 어떤 조건이 필요한지 스스로 생각하게 했다. 학생들이 감을 잘 잡지 못하니까 "외계인이 와서 원이 뭐냐고 물으면 어떻게 설명해줄래?" 하는 식으로 물어 생각을 하게 만든다. 아이들은 아주 지루한 표정으로 앉아 있다가도 조금만 재미있을 것 같으면 금세 표정이 달라진다. 이 점은 한국이나 이곳이나 마찬가지다.

수학 수업이 끝나자 아이들은 각자 개별 수업시간표에 따라 흩어졌다. 대학생과 따로 글쓰기 공부를 하는 아이가 있었다. 여대생 하나가 일주일에 두 번, 한 시간 반씩 개별 지도를 하고 있다고 했다. 에어로빅을 하러

가는 아이도 있고, 곧 있을 공개 프리젠테이션 형식의 평가회 준비를 하
느라 파일을 정리하고 있는 학생도 있었다.

'자원' 봉사

점심식사를 하고 나서 영환 씨는 아이들에게 잠시 하자센터 소개 비디
오를 보여주고 하자센터 이야기를 해달라고 한다. 영환 씨처럼 자원을 확
실하게 활용할 줄 아는 사람은 좋은 교사일 것이 틀림없다. 나는 기꺼이
'자원' 봉사를 하기로 하고, 하자센터가 생긴 시대적 배경(IMF 관리체제,
학급붕괴 양상 같은)을 간단히 말해주고, 하자센터는 십대들이 스스로 하
고 싶어하는 문화 관련 작업을 할 수 있도록 돕는 곳이며, '하고 싶은 때
열심히 하자'라는 뜻을 가지고 있다고 했더니 아주 멋지다며 좋아한다.
하자센터는 메트스쿨과는 달리 탈학교 아이들을 위한 곳이라는 점에서
더욱 '급진적'인 데가 있지만 기본적인 철학은 같고, 외부 자원과 연결하
는 인턴쉽을 하고 싶어하는데 잘 안 되고 있으며, 반면에 하자센터 안에
웹, 영상, 디자인, 음악 작업장이 있어서 학생들이 안에서 활동을 많이 하
는 편이라는 말을 했다.

아이들은 영상을 보면서 하자센터의 작업장 시설을 너무 부러워했다.
"우리 학교보다 훨씬 좋잖아? 나는 한국 갈까봐…. 우리 학교는 정말 아
무것도 없어." 아이들은 이렇게 투덜거리면서 여러 가지 질문들을 해왔
다.(나중에 이 말을 들은 엘리엇 워셔 교장은 "일부러 아무것도 없게 했
다. 그래야 학교 밖으로 나가게 되니까"라고 말했다.) 이야기를 하는 동
안 하자센터 홈페이지에 들어가 보고 앞으로 서로 교류를 하면 좋겠다고
말했다.

교사 채용 인터뷰

학생들이 개별 학습을 하러 나가자 영환 씨는 교사 채용 인터뷰를 했다. 영환 씨는 채용위원회 위원장이다. 빅픽처 컴퍼니가 가을에 학교를 네 곳이나 열게 되어 교사가 많이 필요하기 때문에 경력 있는 어드바이저들이 수시로 채용 인터뷰를 하는데, 지원자는 이미 하루 내지 며칠씩 참관하거나 직접 프로그램을 진행하기도 했다고 한다. 인터뷰는 30분씩 어드바이저 네 명과 지원자 다섯 명이 테이블에 둘러앉아 토론하는 방식으로 진행되었다. '왜 메트스쿨을 택했나? 특히 마음이 가는 아이는 어떤 아이인가? 미운 아이가 있으면 어떻게 할 것인가? 팀으로 일한 경험이 있나? 십대에게 멘토가 되어준 경험이 있나?' 이런 질문들이 이어졌는데, 내가 본 지원자들은 경험이 꽤 많아서 아주 구체적인 사례를 들어가며 대답했다.

"문제아가 있으면 어떻게 하겠느냐?"는 질문에 그 아이와 차분히 대화하면서 원인을 찾아보겠다는 답을 한 지원자에게는 "메트스쿨은 자원이 많은 곳이다, 혼자 해결하려고 하기보다는 경계를 넓혀 있는 자원들을 한껏 활용할 수 있어야 한다"는 말을 해주기도 한다. 네트워크의 의미를 제대로 모르고 혼자 힘으로만 해결하려는 사람은 이곳에 적당하지 않다. 이야기를 듣는 동안 지역사회의 전문가들이 아이들의 멘토가 되도록 연결해주는 일을 하고 있는 '도시속 작은학교'가 생각났다. 아이들의 실제 삶까지 돌보면서 학습을 계속하도록 하는 데 독특한 문화와 노하우를 갖고 있는 도시속 작은학교가 메트스쿨에 대해 알게 되면 더욱 힘을 얻을 거라는 생각이 들었다.

누군가가 메트스쿨 교사가 되려면 자기 생각을 언제든 바꿀 수 있는 자세, 참을성, 적극성, 일관성 같은 자질을 갖춰야 한다고 말했다. 그래서 이곳 교사들은 매우 자율적이고 자기 일에 대한 자긍심도 대단하다. 흥미로운 것은 그런 자격이 있을 법한 지원자가 두 명 있었는데, 두 명 모두 이미 메트스쿨에서 자원봉사를 한 경험이 있다는 점이었다. 그런데 메트스쿨의 진취적 기획에 매료되어 찾아오는 교사들은 많지만, 실제로 '어드바이저'로서 담임 역할을 당장 맡을 준비가 된 사람은 아주 적다고 영환 씨는 걱정을 한다. 어딜 가나 준비된 사람이 없어 문제다.

인터뷰는 교사 채용을 위한 것이었지만 교사들이 새삼 서로를 발견하는 시간이기도 했고, 스스로 아이들에 대해 생각해보는 자리이기도 했다. 이곳은 대안학교답게 모든 일을 학습으로 삼는 체제를 갖추고 있었다.

곧 교장이 될 크리스와 나눈 이야기

크리스는 메트스쿨과 빅픽쳐 컴퍼니가 하는 일에 전적으로 만족하고 있는 '열혈 신도' 같이 느껴졌다. 그는 메트스쿨과 같은 학교들을 빅픽쳐 컴퍼니에서 '프랜차이즈'할 것이라는 식의 표현을 노골적으로 쓰고 있었다. 크리스는 메트스쿨이 빅픽쳐 컴퍼니의 실험실이자 캠프라고 말했다. 조만간 빅픽쳐 컴퍼니의 구상 아래 만들어진 학교들을 모두 웹으로 연결하는 새로운 체계가 만들어질 것이며, 이 작업은 이론과 실천이 잘 조화된 거대한 교육개혁운동이라고 했다. 지금 모든 것이 너무 빨리 확장되고 있어서 좀 힘들어하는 것 같다고 하자, 그것은 불가피한 '성장통growing pain'이라고 가볍게 넘어간다. 지금은 메트스쿨처럼 빅픽쳐 컴퍼니에서 직접 운영하는 곳도 있지만, 학교의 조건을 둘러본 뒤에 자매학교로 인정하고 간접적으로 운영하는 학교도 있는데, 시애틀이나 콜로라도 등지의 학교와 이미 그런 작업을 하고 있다고 했다.

자신은 교장이 되기 위해 지금 빅픽쳐 컴퍼니의 교장 연수를 받고 있다고 했다. 메트스쿨이 강조하는 멘토 시스템은 이전부터 미국교육에 있었던 것이고 자기들은 그것을 더 체계적으로 활용하는 것이라고 한다. 다른 것도 마찬가지지만 멘토 시스템도 실제 멘토 경험이 있는 사람들이 다른 사람들에게 좋은 경험이라고 권했기 때문에 확실하게 홍보가 되었다면서, 결국 제대로 일을 하는 것이 중요하다고 강조했다.

초기의 실험정신이 약화되는 문제를 자신도 염려하고 있는데, 주인의식을 가지고 개혁 작업이 물거품이 되지 않도록 끊임없이 혁신을 위한 동기를 부여해야 하며, 자기들도 그 점에 유의하고 있다고 했다. 자신은 교장이 되면 메트스쿨 시스템을 적용해가면서 10년 뒤에 또 다른 새로운 학교를 만들어볼 생각이라고 포부를 밝혔다. 메트스쿨의 장점은 이렇게 교사들이 뻗어나갈 길이 있다는 점일 것이다. 이곳에서 4년을 지내며 제대로 시스템을 익힌 뒤에 좀 싫증이 나거나 변화를 원하면 교장 연수를 받아 다른 학교 교장으로 가거나 빅픽쳐 컴퍼니에서 학습 매뉴얼이나 책 만드는 작업을 할 수 있는 것이다.

엘리엇 워셔에게 확인한 몇 가지

엘리엇 워셔를 만나자마자 궁금한 것을 물었다. "'프랜차이즈'라는 단어를 왜 쓰는가?" 이 질문에 대해 엘리엇은 사실 자신은 그 단어를 싫어하며, 빅픽쳐 컴퍼니는 기업이 아니라 비영리단체라는 것을 분명히 했다. 자신이 하는 일은 돈 있는 사람들을 위한 학교를 만드는 것이 아니라 대다수를 위한 교육개혁이며, 이 작업을 공립학교에서 시작했다는 사실에서도 그런 점을 엿볼 수 있을 것이라고 했다. 그래서 자기가 한 일들을 아무런 대가 없이 공유할 생각을 갖고 있었다.(이와는 대조적으로 미국의 한 작은 청소년 문화공간은 자기들의 이름을 쓰게 하면서 엄청난 돈을 요

빅픽쳐 컴퍼니에서 네크워크하고 있는 학교들 표시한 전국 지도를 가리키는 엘리엇 워셔 교장

구하는 곳도 있다.)

아이들을 대학에 보내는 것에 대해서는 물어보지 않았다. 사실 메트스쿨은 공립학교이고 따라서 그 맥락에서는 아이들을 대학에 보내는 것이 여전히 중요하지만, 메트스쿨이 정말로 중요하게 생각하는 것은 단순히 대학에 보내는 것이 아니라 제대로 학과를 찾아가고 제대로 대학 생활을 하는 것이라는 점을 이미 눈치챘기 때문이었다. 이미 자기 주도 학습 방식을 익힌 메트스쿨 졸업생들은 그런 면에서 대학 생활을 다른 일반 학교를 졸업한 아이들보다 더욱 풍성하게 잘하고 있었는데, 그 사실은 이런저런 자리에서 쉽게 확인할 수 있었다.

글로벌 네트워크에 관해 물었더니 본격적으로 글로벌 네트워크를 하고 있지는 않고 그간 메트스쿨과 관련한 실험과 그것을 매뉴얼로 만드는 일에 집중했다고 한다. 실제로 빅픽쳐 컴퍼니가 펴낸 매뉴얼을 보고 나는 그만 기가 죽고 말았다. 물론 6년차 실험이니 충분한 경험이 쌓였기 때문에 가능하기도 했겠지만, 솔직히 하자센터가 6년 뒤에 이런 일을 해낼 수 있겠느냐고 누군가 물어온다면 자신 있게 그렇다고 대답할 수 있을 것 같

메트스쿨 피스 캠퍼스

지 않았다. 미국 사람들이 잘하는 것이 실용적인 매뉴얼 만들기라고들 하지만, 이 연구소에서는 정말로 환상적인 매뉴얼들을 내놓고 있었다. 사실 우리로서는 이러한 매뉴얼 만드는 일을 대안교육센터에서 해야 한다. 이러한 매뉴얼 만들기 작업을 제대로 해내려면 실험학교를 하나 본격적으로 운영하고, 연구진도 더 붙어야 하는 것 아닌가 하는 생각이 들었다.

대학과의 연계에 대해서 물으니까 교수와 이야기가 되면 강의를 수강할 수 있는데, 학생들은 주로 로드아일랜드 주립대학 같은 데서 강의를 듣는다고 했다. 보스턴대학 같은 유명 사립대학은 학비가 비싸 지금은 한 학기에 한 강좌 정도 듣는 식이라고 한다. 미국이 아주 부유하고 개방적이었던 1970년대와 달리 대학 강의 수강을 제도화하는 것도 쉬운 일은 아닌 듯했고, 또 딱히 제도화를 할 필요 없이 멘토 차원에서 해결할 수도 있으니 그렇게 크게 신경을 쓰는 것 같지 않았다.

지금 빅픽쳐 컴퍼니에서 가장 신경을 쓰고 있는 것은 새 건물을 짓는 일이다. 쉐퍼드 캠퍼스와 피스 캠퍼스를 중심으로 아주 이상적인 캠퍼스를 짓고 있는데, 10월에 네 건물이 완공된다. 역시 로드아일랜드 주와 프로비던스 시에서 돈을 내서 짓는 건물이다.

교사 여덟 명에 120명 남짓한 학생으로 한 학교가 이뤄지는데, 학교마다 학급 교실 여덟 개, 공동 작업실(겸 식당) 두 개, 프로젝트 방 세 개, 그리고 사무실이 하나씩 있다. 벽은 움직일 수 있게 하여 강당으로 전환도 가능하다. 이런 학교를 한 캠퍼스에 묶어서 짓는 것이다. 네 학교가 같이 사용할 TV 스튜디오, 녹음실, 라디오 방송국, 극장, 체육관과 도서관, 카페와 작은 클리닉, 네 학교 학생이 먹을 음식을 준비하는 식당이 들어설 것이라고 한다. 체육관에서는 암벽 타기, 농구, 헬스 같은 것을 할 수 있는데, 졸업식 같은 행사도 그곳에서 할 예정이란다. 네 학교가 모여 있음으로써 비용을 절감할 수도 있고, 텔레비전 방송국 같은 것을 함께 운영할 수도 있게 되며, 그런 방면의 전문가를 초빙해서 지식을 함께 나눌 수도 있게 된다.

실제로 미국은 워낙에 넓기 때문에 미국 자체 네트워크로만으로도 충분할 것이다. 교장 교육 하나만으로도 아주 중요한 작업을 하는 것이다. 그래서인지 엘리엇 워셔는 나처럼 국경을 가로지르는 경계 넘기와 연대 작업에 그다지 강한 필요성을 갖고 있지 않았다. 미국에는 이미 70년대에 생긴 필라델피아의 파크웨이 프로그램Parkway Program을 비롯한 대안학교 연맹조직이 존재하고 있다. 영환 씨는 기존 대안학교 연맹의 일원으로 2001년 겨울에도 '고등학생 새 노동 학술 심포지엄'과 '진취적 행동을 위한 소녀들의 연맹' 모임에 학생들을 데리고 갔었고, 연륜이 깊은 대안학교 연대기구와 계속 연결을 하고 있다고 한다. 내 경험으로 보자면 지금은 오래된 조직보다는 전혀 새로운 형태의 연대 모임이 떠야 할 때이고, 그것은 아마도 빅픽쳐 컴퍼니가 주도하는 어떤 새로운 방식—인터넷 연결을 포함한—의 연대 활동 형태를 띨 것 같다.

자기관리에 엄격한 교사

영환 씨는 집으로 와서 알리 맥그로Ali Macgraw의 요가 비디오를 틀어놓고 운동을 했다. 오늘 하루 종일 너무 바빴다면서 피곤을 그런 식으로 풀었다. 자기관리가 아주 잘 되는 사람. 우리는 차를 마시면서 계속 이야기를 나눴다.

교사 채용에 관해선 메트스쿨에 맞는 자질을 가진 사람, 다시 말해 새로운 기획을 할 시대 인식이 분명하고 새로운 도전을 많이 해본 경력이 있는 사람을 뽑는다는 말을 했다. 선발된 사람에겐 계약할 때 4년 동안 있을 것을 요구한다. 메트스쿨에는 20년 경력의 교사도 있었지만 영환 씨처럼 3~4년 경력의 교사들이 많은 것 같았다.

영환 씨는 교사가 아이들의 적성을 찾게 해주고, 창조적, 열정적, 실험적인 사람이 되어야 한다는 것을 강조하고 나서 자신은 많은 것을 자유롭게 경험하게 하는 것을 좋아한다고 했다. 그리고 상급반에 가면 아이들을 챙기면서 생산자가 되게 해야 하는데, 그 일이 힘든데다가 또 자신에게는 재미없는 일이라고 했다. 또 2년을 함께 있다보니 아이들과 감정적으로 너무 가깝게 되어 생기는 문제도 많다면서 어드바이저가 4년을 함께하는 것보다는 2년만 함께하는 게 좋을 것 같아 학교에 건의할 생각이라 했다.

메트스쿨의 학습 원리는 하자센터와 너무나 비슷하다. 하자센터에서는 '스스로 업그레이드하자', '하고 싶은 일 하면서 하기 싫은 일도 하자', '쇼 하자' 같은 말로 표현하는 것들을 여기서는 'learning by doing', 'learning everyday life', 'graduate project', 'exhibition', 'senior institute'라는 말로 표현했고, 연륜이 깊은 만큼 이것들이 보다 체계화되어 있었다. 탈학교 아이들이 중심인 하자센터의 경우 '스스로 이름을 짓는 사람이 되자'는 것처럼 좀더 급진적인 구석이 있다.

하자센터에서는 흡연 문제가 심각해서 이에 대해 물어보니 자기 학급은 금연하는 분위기인데, 한 아이가 담배에 대해 연구를 하고 있고, 인턴십도 하고 있는데, 워낙 '난리를 치니까' 교실 분위기가 자연스럽게 담배를 안 피우는 쪽으로 가고 있다고 했다. 마약 문제에 대해서는 학교에서 아주 강력하게 대응하고 있다고 했다. 생활 관리는 이곳에서도 핵심 문제로, 시간 약속 지키게 하는 것, 등교 시간 지키게 하는 것은 어드바이저의 중요한 일 가운데 하나라고 한다.

'상급반senior institute'이 제도화되어 있는 것이 흥미를 끌었다. 그것은 실은 대안학교에서도 아이들의 수준 차이를 어떻게 제도화할 것인가 하는 문제와 연결된다. 이 문제는 사실 상급반 제도로 풀 수 있는데, 대안학교에서 그 제도를 구현하기란 쉽지 않은 것 같다. 하지만 상급반 제도는 '명예' 개념을 가질 수 있기 때문에 스스로 업그레이드의 동기를 부여할 수 있는 좋은 제도인 것 같다는 말을 하니까 영환 씨는 메트스쿨의 경우 상급반에 가는 것이 아직 '명예' 개념으로 인지되는 것 같지는 않다고 했다. 자신이 메트스쿨의 문제점이라고 보는 것이 바로 그런 것이기도 한데, 아이들이 너무 개별 작업 중심으로 활동을 하다보니 집단으로 하는 활동이 별로 없고, 또래와의 그룹 경험이 없다는 것이다. 아이들이 어른인 멘토와의 관계는 잘 풀어가는 편인데 비해 자기 또래와는 오히려 접촉이 적다는 말이었다.

그 밖에 메트스쿨이 개선해야 할 점을 말해보라고 하니까 학교가 너무 빨리 확장되고 있는 점을 꼽았다. 너무 빨리 확장하게 되는 바람에 제대로 기초를 다질 시간이 안 난다는 것이다. 사람들이 경험을 쌓아 제대로 일할 만해지면 바로 새 학교 교장으로 가거나 빅픽쳐 컴퍼니로 책 만드는 일을 하러 가버리고 만다는 것. 그래서 남아 있는 사람들이 힘들다고 했

조가 전교생을 대상으로 금연에 대한 설문조사를 하고 있다

다. 또한 확장을 위한 지원금을 받으려면 홍보를 해야 하기 때문에 학교를 찾아오는 이들을 안내도 해야 하고, 교사 충원을 위한 인터뷰도 해야 하는 따위의 잡일이 너무 많아져서 아이들에게 집중할 시간이 부족하다고 했다. 사실 학생들은 가족 문제부터 시작해서 아주 많은 고민을 안고 있는데, 상담이 제대로 되지 않고 있다는 점도 지적했다. 이는 서울에 있는 많은 대안학교들에서도 똑같이 논의되고 있는 문제인데, 기존의 상담제도가 낙후된 국민복지 모델에서 나온 것이어서 아이들에게 맞는 상담가를 찾아내기가 쉽지 않다는 것이 문제점이다.

창립자이자 초대 공동 교장이었던 엘리엇 워셔와 데니스 릿키는 '학교 복제 작업'에 몰두하고 있고—지금은 다른 분이 교장으로 있고, 이 두 사람은 빅픽쳐 컴퍼니의 일에만 전념하고 있다— '주인의식'도 약해져서 그것도 문제점이라고 했다. 한마디로 아이들과 교사가 주인의식을 갖고 초기의 실험적 에너지를 지속시키는 게 중요한 과제라는 것이다. 이는 설립기에서 안정기로 접어드는 모든 조직이 당면하게 되는 문제일 것이다.

나는 이렇게 똑똑하게 자기 집단의 문제점을 짚어낼 수 있는 사람들이 학교의 주인이라면 메트스쿨은 앞으로도 아주 잘 굴러갈 것이라는 생각을 하면서 잠자리에 들었다. 늦은 밤까지 영환 씨는 두꺼운 어드바이저 가이드advisor's guideline를 보고 있었다. '대학원생들보다 더 열심히 공부하는군' 하는 생각이 들었다. 이렇게 직접 일을 하면서 매뉴얼을 보기도 하니 정말 많이 배울 것이다. 학기가 끝나면 교사들은 자신들의 경험에 대한 의견을 적어 제출한다고 한다. 빅픽쳐 컴퍼니에서는 그런 자료들을 종합해서 다시 매뉴얼을 수정하는 모양이었다. 경험의 정보화가 확실하게 되는 시스템이다.

2월 28일(목): 또 다른 빡빡한 하루

아침 8시에 학교에 가니 벌써 J가 와 있었다. 공개 프리젠테이션 중간 점검을 하는 날이라 한다. 학부모와 어드바이저가 중간 점검을 한다고 했다. 자녀의 학습 진행 상황을 학부모에게 보여주고, 학생이 다른 사람들 앞에서 발표하는 훈련을 시키는 기회이다. 학부모들은 큰 행사에는 잘 참석하지 않지만 자기 아이와 직결된 사안일 때는 출석률이 아주 좋다고 한다. 우리나라에서는 너무 이타주의를 전제로 하고서 학부모들이 학교 행사에 참여해주기를 바란다는 생각이 들었다. 아이들의 구체적인 학습 진행 상황을 놓고 학부모들의 참여를 요구할 때 학부모와 학교의 연계가 제대로 이루어질 것이다. 모두가 시민운동을 하는 이들은 아니지만 적어도 자식 문제에 관한 한 부모들의 관심은 클 것이고, 또 관심을 갖도록 학교에서 일을 만들어가야 아이들의 문제도 해결될 수 있지 않을까?

Grabbing: 졸업이 어려울 듯한 학생 특별상담

오전에 'grabbing'이라는 특별상담이 있으니 참관하러 오라고 교장이 말해준다. 졸업반인데 졸업할 준비가 안 된 아이들을 다른 캠퍼스로 보내 그곳의 교사들과 상담하게 하는 제도인데 'grabbing', 그러니까 '붙잡아준다'는 뜻인 모양이다. '집단상담' 같은 끔찍한 단어를 쓰지 않고 피부에 와 닿는 표현들을 많이 쓰고 있는 것이 좋았다.

상담교사는 모두 네 명이었는데 피스 캠퍼스에서 온 교사도 한 명 있었다. 학생들은 이 네 교사에게 자기의 계획과 무엇이 문제인지를 이야기해야 한다. 이런 기회를 통해 이미 생겼을 수도 있는 아이에 대한 고정관념을 최소화하고, 다른 교사들의 다양한 조언을 듣게 하여 학생들이 다시 자기 길을 찾게 하려는 것이다.

제일 먼저 흑인 학생이 들어왔다. 교사들은 아이들을 달래듯 하지 않고 매우 일상적인 듯하면서도 상당히 단호한 목소리로 왜 계획한 것을 하지 않았는지 항목별로 조목조목 따진다. "내가 볼 때는 고등학교를 졸업하지 않는 것이 심각한 일인데, 너는 어떠냐?" "어떻게 도와주면 좋겠니?" "공부는 어디서 하냐? 조용하게 집중할 공간이 있냐?" "집에서 집중을 못하면 방과후 학교를 활용해봐라", "다른 학교 선생님이 할 일이 많은데도 월·수·금요일 중에서 하루 한 시간씩 한 달 동안 시간을 내주겠다고 하는데 그 도움을 받을 거냐?" 여러 가지 질문과 제안을 하고 받아들이면 결정하는 식으로 진행되었다.

두 번째는 흑인 여학생이었는데 계속 머리카락을 만지면서 "제가 못한 것이 뭔지 알아요. 자서전을 쓰긴 썼는데 가방을 남의 차에 두고 내려서 잃어버렸다"고 했다. 졸업 논문 파일도 함께 잃어버렸다고 했다. 어드바이저는 그 학생의 학습계획서를 검토한 뒤에 달력을 보고 "앞으로 2주 안

'grabbing' 특별상담을 하는 모습

에 잃었던 것을 찾을 것이냐 새로 쓸 것이냐?"고 물었다. 학생이 "가방을 모르는 사람의 차에 두고 내려 잃어버렸다"고 하자 가만히 있다가 "그러면 작업을 열심히 해야 하는데 아침 9시에서 오후 3시까지만이 아니라 아침 8시부터 밤 9시까지 학교에 있으면서 마쳐볼 테냐?"고 물었다. 학생은 그렇게 하겠다고 했다. 다시 어드바이저가 "파일과 자료 정리 시스템은 제대로 활용할 줄 아느냐?"고 다짐하듯 물으니까 학생은 그렇다고 했다. 그러자 어드바이저는 "그러면 매뉴얼을 따라 부지런히 글을 쓰고 정리를 잘해보라"고 했다.

세 번째는 백인 남학생. 역시 학습계획서를 함께 검토하고 어떤 책을 읽었는지 물었다. 그러자 그 학생은 "저는 이런 미팅 필요 없어요. 누가 이런 것에 신경을 쓰겠어요?"라고 말했다. 나름대로 잘하고 있는데 간섭을 해서 자존심이 퍽 상한 듯. 교사들은 '결국 네 문제지만 우리 모두가 네가 제때에 졸업하기를 바라고 있다'는 것을 알려주고 다시 한번 스스로를 추스르게 한다.

인턴쉽 현장 방문

11시에 영환 씨와 함께 크리스티나의 발레학교 멘토인 마크를 만나러 가기로 했다. 장소는 'Festival Ballet Providence'라는 곳. 그 발레학교의 원장이 멘토이다. 크리스티나는 멘토에게 자신은 발레를 하고 싶다는 의사를 밝히고, 발레학교에 자기가 무엇을 해주면 좋겠는지를 인터뷰를 통해 알아내야 한다. 발레학교에서는 그 지역 소수집단 출신의 초·중학교 학생들이 발레 교습에 대해 어떻게 생각하는지, 또 교습을 받고 싶어하는지에 대해 여론조사를 하고 싶어했다. 크리스티나는 그 일을 하기로 하고 질문지를 만들어 우선 자기가 예전에 다니던 학교(크리스티나는 흑인이다)를 찾아가기로 했다.

크리스티나는 여론조사를 하면서 공짜로 발레수업을 듣고 있고, 발레학교가 어떻게 돌아가는지 관찰하고 있다. 영환 씨는 이 모든 것을 꼼꼼하게 챙기면서, 멘토가 크리스티나를 소홀히 하지 않도록 이런 작업이 크리스티나에게 얼마나 중요한지, 또 인턴쉽의 취지가 무엇인지에 대해 설명했다. 이 작업을 제대로 해내지 못하면 졸업을 못한다는 말도 했다. 크크리스티나에게는 일정표에 멘토의 일정을 포함해서, 주간, 학기간 일정을 챙기고 모든 것을 적으라고 했다. 이렇게 해야 멘토와 학생 모두에게 인턴쉽을 통한 새로운 연결점이 생기며, 멘토가 바쁠 때는 딴 사람에게 잠시 맡겨서라도 제대로 챙겨야 한다는 것을 은연중에 강조한다.

발레학교를 나온 영환 씨는 세 번째 인턴쉽 장소로 갔다. 도밍고라는 학생은 나중에 대중음악 레코드 제작사에서 일하고 싶어했기 때문에 학교 근처에 있는 레코드 제작사에서 인턴쉽을 시작했다고 한다. 그런데 멘토가 너무 바빠 제대로 챙겨주지 못하고 있기 때문에 인턴쉽할 곳을 바꿔야 한다고 했다. 실제로 가서 보니 젊은 멘토는 작은 사무실에 온갖 기기를 갖다놓고 동료와 함께 정신없이 작업을 하고 있었다. 자기 일이 너무 많아 멘토가 되어줄 상황이 아닌 것 같았다. 영환 씨는 자신과 상담하기로 이미 약속을 잡아두었는데도 저러니 멘토를 하긴 어렵겠다면서 다음에 보자는 말을 하고는 나와버렸다.

메트스쿨을 지켜보면서 우리 대안학교들도 인턴쉽 학습을 해야겠다는 생각과 함께 그동안 얼마나 안일하게 생각해왔는지 반성하게 되었다.

메트스쿨을 방문하고 나서 한 생각

메트스쿨과 빅픽쳐 컴퍼니를 돌아보면서 새롭게 알게 된 사실 몇 가지를 정리해본다.

1) 큰 그림을 가진 작은 학교들을 많이 만드는 것: 나는 이 긴급한 상황에서 다수의 아이를 구하는 일을 하기 전에 일단 작은 구호선이라도 만들어 소수의 아이라고 건져야 한다고 강조해왔다. 그래서 '노아의 방주'를 만들었다. 그런데 빅픽쳐 컴퍼니 동네에서는 작은 통통배가 아닌, 거대한 타이타닉을 만들고 있다. 미국의 경우, 기존 대량생산체제에 맞춘 교육의 실패를 절감한 1970년대에 대안학교운동이 불같이 일었다. 도시 전체를 학교화하고 학교 담을 허물며 사회 자원과 연결하는 멘토 시스템을 활성화하면서 '자기 주도 학습'을 강조한 것은 다 이때 나온 새로운 교육 방식들이다. 미국은 지금 그 열풍이 한 차례 불어닥친 뒤에 두 번째 교육개혁 단계로 들어서고 있는데, 그 선두에 빅픽쳐 컴퍼니가 있다. 1970년대부터 무수한 노아의 방주들을 만들어온 작업의 결산이 여기서 이루어지고 있는 것이다. 하나의 모델이 나왔고, 이제 그것들을 확산하면 되는 시점.

그런 면에서 빅픽쳐 컴퍼니와 메트스쿨이 해온 일들은 매우 혁명적이다.

2) 파편화된 분열의 시대를 엮어가는 크고 작은 기획자들: 작은 기획자인 어드바이저의 역할도 중요하지만 큰 그림을 그리는 큰 기획자들의 역할은 더 중요하다. 작은 학교를 실제로 복제 재생산할 수 있는 기획을 해내는 일에 비중을 두어야 한다. 빅픽쳐 컴퍼니가 이상적 공간에 대한 모형 만들기, 교사 연수와 교장 자격 연수를 기획하고 실천하고 있는 것은 그런 면에서 아주 선진적이다. 이런 기획들은 작은 학교가 갖는 이점을 충분히 강조해야 할 것이다. 학생 수가 120명 남짓한 작은 학교에서는 일반 학교에 비해 교사가 그 학교의 교장이 되는 경우가 많다. 관료화될 위험성이 극히 드물고, 학교에서 일어나는 모든 일을 서로가 잘 알고 있을 것이므로 왕따와 집단 폭행 같은 일도 일어나지 않는다.

3) 21세기 교육의 비전: 십대에 한 경험은 사실상 한 사람의 일생을 좌우한다. 지금은 비전을 다시 명확히 하고 공유해나가야 할 때이다. 파편화된 분열의 시대, 시대의 좌표가 불분명해서 더 이상 진보를 기대하기 어려운 시대, 그리고 '불안정 고용시대'에 스스로 뭘 하고 싶은지 아는 것, 스스로 무엇을 잘하는지 아는 것, 그리고 스스로 자신에 대한 기준을 정할 줄 아는 것은 뛰어난 소수에게만 요구되는 덕목이 아니다. 특히 표현의 세대, 소비세대, 카오스의 시대를 살아갈 21세기의 아이들은 스스로 자신을 동기화할 수 있는 능력을 길러야 한다. 그러지 않으면 기계처럼 살다가 어느 날 갑자기 인생의 무상함에 젖어 폭력적이 되거나, 아예 처음부터 무기력해 있는 사람들을 양산하게 될 것이다. 스스로를 호명해 보는 것, 사물에 이름을 붙여보는 것, 스스로 업그레이드하는 것, 자원을 찾아서 일을 해결해내는 것, 시너지 효과를 낼줄 아는 것은 이들 세대가 갖추어야 할 덕목이다. 후기 근대는 동기의 위기가 가장 심각한 사회문제

로 떠오를 것이고, 교육은 바로 이 동기의 위기를 줄이는 어떤 것이어야 하는 것이다.

삶을 풍성하게 살게 한다는 표현을 쓰든, 삶을 견딜 만하게 한다는 표현을 쓰든, 어쨌든 지금 십대들은 거대한 변화의 소용돌이 속에서, 정보 홍수 속에서, 그리고 불확실성 속에서 수동적 관람자로 전락할 위험에 처해 있다. 스스로를 관리하기, 강제가 아닌 규율 만들기, 자기 삶을 스스로 책임지기, 그래서 나름대로 생기를 갖고 즐겁게 살아가기. 이를 가능케 하기 위해서 '내공'을 길러야 하는데, 바로 이것이 교육이 해야 하는 일이다. 빅픽쳐 컴퍼니에서 만든 매뉴얼과 파일들은 바로 이를 가능케 하고 있다. '경험의 정보화'가 본격적으로 시작되었고 그것의 유통이 가능해지고 있다는 것은 너무나 다행한 일이다.

4) 후기 근대적 비전: 메트스쿨은 너무 합리적이다. 다시 말해 '후기 근대' 또는 '탈근대적' 모습을 별로 드러내지 않고 있다. 나는 명상이나 좀 더 공동체적인 활동들이 있을 거라고 기대했는데 그런 것이 너무 없어 약간은 실망스러웠다. 아마도 이 부분이 앞으로 제1세계와 제3세계 대안교육 관련자들이 지속적으로 고민해야 할 주제일 것이다. 화상회의 같이 웹을 기반으로 한 연대 활동을 시작해가면서 자연스럽게 새로운 교육 활동을 개발하게 되기를 바란다. 그 이전에 일단 자기 주도 학습을 가능케 할 작은 학교를 천 곳 넘게 만들어내는 일이 급선무이다. 이것은 내 상상이고 소망인데, '안철수 바이러스연구소'처럼 아주 획기적인 작업들을 하고 있는 교사들이 스스로의 이름을 걸고 작은 학교들을 하나씩 만들었으면 한다. 학교 부지를 마련하기 힘들다면, 그리고 거대한 학교도 옆에서 보면서 배울 수 있어야 한다면, 거대한 학교의 한구석에 부적응 학생과 부적응 교사가 함께 만들어가는 작은 학교를 만들면 된다. 이제 더 이상

이분법적인 발상으로 사물을 보지 말자. 모든 학교는 다 똑같아야 한다고 말하지 말자. 자기 주도 학습, 자기 속도에 맞게 배우는 공간도 필요하다. 다양한 학교가 필요하고, 크고 작은 학교가 필요하다. 공포심을 버리고 새 실험을 하게 하자. 아이들과 나, 우리 자신을 위해.